# 家业永续

## 家族企业如何成功地完成代际传承

〔委〕伊万·兰兹伯格　著
许玉林　付亚和　等译
许玉林　张一　审校

商务印书馆
2012年·北京

*Ivan Lansberg*

**SUCCEEDING GENERATION**

**Realizing the Dream of Families in Business**



Published by arrangement with Harvard Business School Press.

**图书在版编目(CIP)数据**

家业永续:家族企业如何成功地完成代际传承/(委)兰兹伯格著;许玉林,付亚和译.—北京:商务印书馆,2005(2012.6重印)
ISBN 978-7-100-04708-1

Ⅰ.家… Ⅱ.①兰…②许…③付… Ⅲ.家庭企业—企业管理—研究 Ⅳ.F276.3

中国版本图书馆CIP数据核字(2005)第110521号



**家 业 永 续**
**——家族企业如何成功地完成代际传承**
〔委〕伊万·兰兹伯格 著
许玉林 付亚和 译
许玉林 张 一 审校

商 务 印 书 馆 出 版
(北京王府井大街36号 邮政编码 100710)
商 务 印 书 馆 发 行
北京瑞古冠中印刷厂印刷
ISBN 978-7-100-04708-1

2005年12月第1版 开本710×1000 1/16
2012年6月北京第2次印刷 印张30¾
定价:78.00元

# 商务印书馆—哈佛商学院出版公司经管图书
# 翻译出版咨询委员会

（以姓氏笔画为序）

# 致中国读者

哈佛商学院经管图书简体中文版的出版使我十分高兴。2003年冬天，中国出版界朋友的到访，给我留下十分深刻的印象。当时，我们谈了许多，我向他们全面介绍了哈佛商学院和哈佛商学院出版公司，也安排他们去了我们的课堂。从与他们的交谈中，我了解到中国出版集团旗下的商务印书馆，是一个历史悠久、使命感很强的出版机构。后来，我从我的母亲那里了解到更多的情况。她告诉我，商务印书馆很有名，她在中学、大学里念过的书，大多都是由商务印书馆出版的。联想到与中国出版界朋友们的交流，我对商务印书馆产生了由衷的敬意，并为后来我们达成合作协议、成为战略合作伙伴而深感自豪。

哈佛商学院是一所具有高度使命感的商学院，以培养杰出商界领袖为宗旨。作为哈佛商学院的四大部门之一，哈佛商学院出版公司延续着哈佛商学院的使命，致力于改善管理实践。迄今，我们已出版了大量具有突破性管理理念的图书，我们的许多作者都是世界著名的职业经理人和学者，这些图书在美国乃至全球都已产生了重大影响。我相信这些优秀的管理图书，通过商务印书馆的翻译出版，也会服务于中国的职业经理人和中国的管理实践。

20 多年前，我结束了学生生涯，离开哈佛商学院的校园走向社会。哈佛商学院的出版物给了我很多知识和力量，对我的职业生涯产生过许多重要影响。我希望中国的读者也喜欢这些图书，并将从中获取的知识运用于自己的职业发展和管理实践。过去哈佛商学院的出版物曾给了我许多帮助，今天，作为哈佛商学院出版公司的首席执行官，我有一种更强烈的使命感，即出版更多更好的读物，以服务于包括中国读者在内的职业经理人。

在这么短的时间内，翻译出版这一系列图书，不是一件容易的事情。我对所有参与这项翻译出版工作的商务印书馆的工作人员，以及我们的译者，表示诚挚的谢意。没有他们的努力，这一切都是不可能的。

哈佛商学院出版公司总裁兼首席执行官

万 季 美

# 告诉老板的话

## ——译者序

为本书写序，想了很长时间，不知道如何下笔。从开始翻译这本书，我就知道这是一本好书。首先，不在于书的内容，其主题就足以引起老板们读这本书的冲动。其实，我更喜欢原书的副书名——“实现家族企业的梦想(Realizing the Dream of Families in Business)”。当中国的民营企业在第一代创业者手中创立、成长，面临着未来的时候，一个不可回避的问题摆在他们面前：事业的传承谁与为继！也许我们更多地考虑的是“谁有能力”的问题。但是，当读这本书的时候，我们才真正找到了答案。

伊万·兰兹伯格先生作为家族企业的一员，经历了家族企业的发展、变革及交接等不同的阶段。他从一个学者的角度，研究了全世界一万多家家族企业，发现家族企业能够成功传到第二代的不超过30%，成功传到第三代的不超过10%。为什么会是这样呢？他最后得出一个结论：家族企业的传承，不在于继承的一代是否“有能力”，根本的原因在于第二代和第一代"想"的不一样！这时，我才真正理解了书名的含义。起初，我以为"实现家族企业的梦想"中的"梦想"两个字是一个文学词汇；其实，这个"梦想"正是家族企业传承的重要根基。当第二代家族成员失去了第一代创业者的梦想的时候，企业就失去了传承的力量。这使我想起了一次经历：

有一家地处浙江的家族企业，其成长的历程是中国民营经济的典型代表。2004 年做了 50 多个亿，2005 年将会达到 80 多个亿。在一个 CEO 的高层培训课程中，我注意到，两天的课程，这家企业的老板是那样地认真，不断地记录和思考。最后一天课程结束，这位老板走到我的面前，表示了感谢之后，一定坚持要用他的车送我。盛情之下只好接受。其实，从这位老板要用他的车送我，我就知道应该是一部好车。果然，那是一辆"宾利"，500 万一辆。车好，司机也帅。一路下来，我突然悟出了一个道理：坐这样一部好车，老板在干什么？——炫耀他的财富？显示他的身份？还是他的社会地位？都不是！如果他今年做了 80 多个亿，按 3%的利润算，一年下来，几个亿的收入将进入他的腰包。其实，财富对他来讲真的是一点价值都没有了。但是，他仍然以一种精神在学习，在思考。他告诉我，明年，他一定会超过 100 个亿。我在想，如果是我的话，别说做 50 个亿，就是做了 5 个亿，也许……是的，他为了什么？他是为了实现自己的"梦想"；而且，他还要把这个"梦想"变成企业发展的"愿景"，并以此来激励他自己和他的员工共同实现企业的发展。只有这样的人，才有资格坐宾利！而我们是没有这个资格的，因为我们没有这个梦想，或者说已经失去了这个梦想。

感谢伊万·兰兹伯格先生给了我们一本好书；同时，也告诉了我们不要在那个梦中醒来。因为，那是事业传承最重要的东西。

感谢我的兄长、朋友、合作伙伴付亚和先生与我共同翻译了这本书。

感谢我的学生张一、王剑、魏娜、高向东、王慧、赵皓月、胡静、温韵诗、郭金英、陈艳玲、吴刚、张明杰、陈伟杰，他们参与了这样一本好书的翻译工作。

特别感谢张一同学在最后的书稿校译过程中付出的辛勤劳动。当他还是一个本科生的时候，已经显示出扎实的学风和治学的功底。祝他在美国的学习成就他的梦想。

感谢本书的责任编辑李彬先生，他以负责的精神支持我们完成了本书艰难的翻译工作（本书的原文是那样地晦涩）。

更感谢商务印书馆，一个伟大的出版社！它为我们提供了我们想读的书。

许玉林于涧桥泊屋馆

2005年10月18日

献给玛格丽塔——

我的工作伙伴和心灵伴侣。

没有你，

也就没有一切。

# 目录

# CONTENTS

家业

# 序　言

这本书采用的论述方法源于我个人在涉及家族企业时所扮演的三种不同角色：一是作为一个对思想的产生、确认和传播颇有兴趣的学者；二是作为一个寻求延长家族企业寿命的咨询顾问；三是作为一个亲身经历了家族企业成功与失败所带来的欢乐与悲痛的家族企业的后裔。

1954年，我父亲建立了一家保险经纪人公司——塞古洛斯卡(Segurosca)公司，也就是后来委内瑞拉的古泊·兰兹伯格(Grupo Lansberg)公司。在全盛时期，古泊·兰兹伯格是西班牙语国家中最大的保险经纪人公司之一。尽管我在家族企业中从来没有担任过管理职位，但是我在五年之中一直同理查德·贝克哈德(Richard Beckhard)和他当时的妻子讨论和计划我父亲的接班人问题，这种会议每年至少举行两次。理查德·贝克哈德是组织变革领域的先驱，而他的妻子伊莱恩·凯普纳(Elain Kepner)则是一位格式塔心理学(Gestalt)专家。这种会议总是让人感到很兴奋。在计划刚刚开始的时候，我还是一个研究生院的学生。我深深地被这个问题所吸引，而这个问题恰恰又是在我们家族和企业的更新换代中不得不去面对的。

不幸的是，接班过程并不如我们原先所希望的那么顺利。当国家经济萧条时，我的哥哥和另一个非我们家族的职业经理人接管了整个公司。在面对经济危机的时候，他们没有作好迎接困难的准备，错误地采用了扩大规模的战略，这种战略最终导致了失败。之后，这两位被选定的接班人离开了公司，我的父亲开始重新管理企业。而此时，公司的规模只有原来的很小一部分。

对于我来说，这是一个痛苦而又重要的经历。它告诉我：世界上所有的计划都不能保证家族交接班的成功。除非在家族和商业环境中具备某些特定的基本因素，否则这些计划都会不可避免地失败。它同时使我认识到了这些过程的复杂性，也让我可以深刻地理解我的客户所面临的困境。

然而，我依旧坚信，尽管有它的局限性，有计划的接班过程还是可以极大地增加成功的概率。我家庭的经历对我职业生涯的选择产生了很大影响。当我发现这个领域中现有的研究极少时，我决定投身到这个领域中来寻求问题的答案。我非常关注这本书讨论的问题，因为我知道失败的代价。另一方面，我从一条古语中寻得些许慰藉：只要功夫深，铁杵磨成针。也正如一位学者型的企业主所说的那样，经验是在你不经意间得到的。

对于那些达到终点的人而言，他们的付出得到了应有的回报。对于父母而言,把他们终身不懈努力所创造的一切传给他们的后代,是将他们的梦想和希望传承下去的最好方式。对于接班者而言,再没有什么事情比弘扬他们父辈的基业并将其传给自己的后代更具有挑战性了。的确,没有比本能和道德情操更基本的东西了。在家族中工作的热情可以追溯到共居的石器时代。而后,这种热情深深地扎根于农业社会。在那个社会中,一个家族往往一起在一块土地上耕种长达数百年。在今天多变且现代化的社会中,家族已经倾向于分散。但在家族企业中,家族成员为了共同的目标和价值一起工作一生,正是这种本能的体现。

## 致　　谢

人们常说,写作是一件孤独的事情,事实的确如此。但是,至少于我而言,这本书是很多人努力、支持和智慧的体现,他们使这本书的完成成为可能。

本书的编辑霍华德·穆森(Howard Muson)是我的老朋友和本书的顾问,他对本书的贡献无法估量。他不仅帮我设计了本书的基本结构,同时,他对"奥卡姆剃刀"(Occam's Razor)原则的坚持使我将这本书中重要和非重要的思想区分开来。霍华德同时也恰到好处地安排了我书中的现实案例。他的编辑使本书的风格更加平易近人。最重要的是,霍华德非常大度而且耐心,从来不让我忘记我是这本书的真正主人。

我要感谢我的老师们:早先在麻省理工斯隆学院的迪

克·贝克哈德(Dick Beckhard)、哥伦比亚大学的荣誉退休教授莫顿·多伊奇(Morton Deutsch)以及耶鲁大学已故的丹·莱文森(Dan Levinson)。我16岁时在委内瑞拉第一次遇到迪克·贝克哈德。迪克激发了我早期对应用行为科学,特别是对家族企业的兴趣。这本书中许多居于核心地位的、关于制度和组织变革的本质的基本思想都源于迪克。另外,我对于家族企业中结构冲突的本质,以及培养(或抑制)兄弟合作关系或家族合作关系环境的很多思考,都源于莫顿·多伊奇的工作。莫顿使我深刻地理解了这样一种观点,那就是没有什么比一个好的理论更为实用。而说到丹·莱文森,尽管我只是在1994年他去世的前几年才认识他,但是他对我思想的影响却是深远的。他的发展理论模型,特别是他的梦想理论是本书的核心。

我同时也得到了一些非常优秀的同伴的支持。凯林·戈希克(Kelin Gersick)——我敬爱的朋友和商业上的伙伴——一直在鼓励我完成这本书。凯林阅读了原稿早期的一些版本,他鼓励我更深刻地挖掘我的思想。同时,他的评论和质问不仅使我更深入地了解书中讨论的事物,更重要的是,也加深了我对自己的认识。我还从我的朋友、芝加哥洛约拉大学(Loyola University of Chicago)的约翰·沃德(John Ward)那里学到了很多的东西。在过去的十年中,我很幸运地和约翰合作了很多经理人项目。他是一个相当慷慨的人,我很感谢他对本书的热情以及他对原稿的反馈。

我还要感谢哈佛商学院出版社的朋友们,他们为本书投入了大量的精力。卡罗尔·佛朗哥(Carol Franco)、霍利斯·海姆布什(Hollis Heimbouch)和霍华德·史蒂文森(Howard Stevenson)热情地赞许了家族企业这个研究领域,他们同时也是本书的早期帮助者。尼克·萨宾(Nikki Sabin)和珍妮特·科尔曼(Janet Coleman)提供了许多关于原稿如何进行提炼的有益建议。我特别要感谢哈佛商学院的拜·巴恩斯(By Barnes),他为本书提供了非常有建设性的评论。

其他许多同事也参与了经理人项目和咨询项目的研究,这些研究形成了本书中的很多思想。这些同事包括米歇尔·德斯加丁斯(Michele Desjardins)、凯瑟琳·格雷迪(Katherine Grady)、苏珊娜·费尔德曼(Susana Feldman)、芭芭拉·邓恩(Barbara Dunn)、玛丽·卢·菲利普斯(Mary Lou Phillips)、约翰·戴维斯(John Davis)、莎伦·罗格尔斯基(Sharon Rogolsky)、伊迪丝·佩罗(Edith Perrow)、奥尔登·兰科(Alden Lank)、罗德·科雷尔 (Rod Correll)、埃里卡·摩根 (Erika Morgan)、乔恩·马丁内斯 (Jon Martinez)、乔·阿斯特拉汉(Joe Astrachan)、菲利普(Philippe)和南波·德·加斯比·博宾(Nan-b de Gaspe Beaubien)。兰兹伯格公司的助理马里·弗思(Mari Firth)耐心地阅读了本书出版前的所有修改稿,改进图表,校对章节,使原稿成为一个整体。我衷心地感谢所有人。

我要感谢的还包括许多商业家族,他们是我真正的老师。他们将他们的梦想和关注的事情托付给我时所表现出来的信任和他们在面对代际传承过程中产生的挑战时所展现出来的勇气,都使我备受鼓舞。认识他们并且与他们一起工作是一种享受。我特别要感谢隆巴尔迪(Lombardi)家族,为了其他人的利益,他们不惜将他们的经验与我们一起分享。

最后,我要感谢我的家人。我用了将近十年时间来完成这本书。在这期间,家族事业的衰落和委内瑞拉经济的萧条,使我的父母日渐衰老。但是经历了这个巨变,他们依然相亲相爱,同时给予了我和我的兄弟姐妹无限的支持。我的母亲乔塞特·西尼尔·德·兰兹伯格(Josette Senior de Lansberg),永远对我充满信心,而这种信心正是我写作的原动力。我的父亲伊万·兰兹伯格·亨里克斯(Ivan Lansberg Henriquez),是我一生中最重要的老师:他对知识的强烈渴求、他在教育和写作方面的天赋、他的正直和坚韧,以及他在最艰难的时候依然保持着的幽默和远见,都是他给我的宝贵财富。

我的妻子,同时也是我的工作伙伴玛格丽塔(Margarita),给予了我无尽的爱和勇气。她阅读了本书原稿的多个修改稿,并且提出了她的建议。当我需要动力的时候,她会助我一臂之力;当我需要空间的时候,她会留给我自由的空间。她培育着我的梦想,而且从来没有怀疑过我的梦想终会成真。我还要感谢我的儿子丹尼尔(Daniel)和西蒙(Simon)。只要我一开始写作,他们总是显得那么耐心。丹尼尔对原稿中的重要部分给予了有益的评论和建议。西蒙则总是忍不住问我:"爸爸,一起玩一会儿吗?"他对生活的热情使我的工作富有远见。

1998年8月10日于吉尔福德(Guilford)

# 引　言

建立一个成功的家族企业需要付出巨大的精力、智慧和艰苦的工作，同时，还需要运气。事实上，从研究中可以看出，绝大部分企业在建立之初的前五年中就失败了。[1] 创始者需要用坚定的决心来应对这些严峻的挑战。而那些经过多年奋斗后成功的人们，则被他们的家族和社会视为英雄。

每个成功的企业在一定程度上都是一个奇迹。能够成功地世代相传并且延续至今的家族企业，更是一个伟大的成就。众所周知，家族企业能够长期存活的概率很低。只有不到30％的家族企业可以延续到第二代，这之中，又只有10％的企业能够成功地传到第三代。[2] 然而，一些世界上最著名的公司却都成功地在每一代中重新创造了奇迹。这些企业的家族所有者为了延续父辈留给他们的基业，克服了种种障碍——战争、经济萧条、自然灾害、市场的不利波动、关键领导者的突然去世。这些公司包括欧洲的公司，比如德国的宝马、丹麦的乐高、瑞典的宜家、意大利的皮埃特罗；日本的公司，比如松下和龟甲万；以及加拿大的西格雷。在美国，优秀的私人企业有庄臣父子有限公司、嘉吉公司、利维·斯特劳斯公司、玛氏公司、贝克特尔集团、金卡公司、米尔莱肯公司和许多由家族创立的、后来公开上市的公司，比如福特公司、坎贝尔汤料有限公司和纽约时代公司等等。

这本书是关于家族企业如何解决接班问题的。正如一国的君主、总统以及教皇都要面对在不引发仇杀、内战条件下顺利实现交接的挑战一样，大大小小的家族企业，包括街头的杂货铺和跨国家族企业也同样面临着这个问题，这对于一个企业能否成功至关重要。

尽管大多数美国企业可以被看作是家族拥有或家族控制的，但是，我们对于这些家族企业如何成功地传到下一代却知之甚少。在本书中，我们认为，家族企业中领导者的更替会以很多种形式出现，由于这方面的文献只关注其中的一种形式，即一个单独的占支配地位的领导者（通常是父亲）将企业传递给另一个单独的领导者（通常是儿子），这使得它们并没有全面地表现出家族企业代际传承过程中存在的复杂性。

我用一件轶事来说明这个问题。很多年前，我是瑞士洛桑管理发展学院的一名教师，讲授一系列关于家族企业接班和延续的课程。参加讲座的学员都是欧洲家族企业的所有者，其中一些企业甚至是在300年前建立的。我原本以为这些听众是一群富有挑战精神的人。然而，令我困惑的是，在第一次讲座中就有人坐立不安。在之后的讲座中，也总有不同的人显得心神不宁。

当我问他们原因的时候，一些人告诉我：我的一些观点对他们根本不适用。很明显，由于听众的背景不同，他们对讲座的反应自然也不同。尽管他们无一例外地都对“接班”的话题感兴趣，但是，因为各自公司的领导结构和他们面临的接班方式不同，他们的关注点也大相径庭。

学员中的大部分人都控制着其公司的全部或大部分股份，并且也负责公司的经营。在这些人中，有一些是公司的创建者，他们第一次着手准备接班计划；另一些人从他们父辈那里继承到管理权，他们希望避免他们父辈在将权力移交给他们时曾犯过的错误。

在学员中还有一些人，他们与他们的兄弟姐妹们共同享有管理公司的权力，尽管这些权力或多或少。这些人面临更为复杂的问题，即如何将他们的事业移交给各自的后代。在大多数情况下，这些后代之间关系比较淡薄，他们各自得到企业的一小部分份额。另外一些人来自历史悠久的大企业，这些企业好几代都由有堂表亲关系的人共同掌管，他们都是创始者的直系后代。在公司日益公众化而且日益依赖非家族的管理者的情况下，这些企业领导者的注意力主要集中于维护家族的利益以及家族对公司的控制。他们也注意学习那些广受尊重的公众公司是如何成功地管理接班过程的，并将其应用于他们的公司之中。

这些讲座让我重新评价我对接班问题的思考。在研究和咨询中，我遇到了很多传统的接班模式——所有者到所有者模型——不能适用的情况。我在洛桑的经历使我认识到，在家族企业中至少有三种基本的所有制结构:所有者控制制、兄弟合作制、家族合作制。如何分配所有权对最终形成的领导权结构有着重要影响。但是,这只是"纯粹的模型"。现实更为复杂。那些处在十字路口的公司可以向三个方向发展:继续运行它的现行结构,向一个更为复杂的结构发展,或者采取一个更为简化的结构。

尽管缺乏观察数据,但是我们仍然可以清楚地发现,接班问题是朝着更复杂的方向发展的。随着家族壮大、企业发展,家族企业在后面几代中变得更为复杂。在全世界,二战之后的那代创业者正在迅速地退出历史舞台。他们是人类历史上创造财富最多的一代(仅在美国大约就有 100 000 亿美元)。这些与家族企业密切联系的财富,将在未来 10 到 15 年内传递给他们那些出生于生育高峰期的孩子们。当这些后代们接管企业的时候,他们遇到了他们的父母们从未经历过的事情,包括集体所有权、领导责任的分担以及来自多个家庭的接班人等方方面面的问题。现在,接班过程不仅涉及父子关系,还涉及母女关系等多种关系。除此之外,近年来,由于大型企业官僚主义弊端的日益显现,以及上市公司工作的不确定性和压力,使得加入家族企业对年轻人而言是一个很有吸引力的职业选择。随着越来越多的人被吸引到这些职业中来,家族企业开始扩展规模,而家族成员也在这种扩展中实现着他们的职业抱负和生活愿景。

尽管不同的家族企业领导结构不同,并且这些差异会随着代际传承而发生变化,但是对所有企业而言,某些工作必须在过渡过程中完成。无论如何，年青一代总是会逐渐取代老一代控制权力，这是亘古不变的。因此，在持续多年的合作中，两代人必须一起去想办法解决面临的最棘手的事情：他们必须通过考查接班人的能力和智慧，来确定哪种形式的领导结构是理想而可行的；他们必须为候选人设计职业发展道路，并检验每个人的领导能力和达到预设目的的能力；他们必须设计出甄选下一代领导者和从一群候选人中挑选出领导团队的标准程序；他们必须协助新的领导者在股东中建立信任和权威。

然而，接班不仅仅是企业的系统和结构的进化，它也是人们生活的持续变化过程，是个人的发展和成熟。在一个家族企业，当孩子们逐渐长大时，他们的父母很早就会考虑如何使他们建立的公司基业常青。当临近权力交接的时候，这些思考变得更加刻意而且正式。当三四代家族成员都在企业中工作时，多个接班过程可能会同时发生。一个三代人都在公司的情况是，第一代将要退出公司，第二代处于稳定的执政期，第三代刚刚进入。

正是家族成员个人和整体的激情维系着企业员工和企业架构在多变的家族企业背景中共同进步。家族企业是高度人性化的系统，这个系统中大多数人都对他们的孩子和他们的配偶怀有深挚的感情。很多情况下，精心策划的战略和接班计划未能实现，就是由于没有考虑到这些深层的心理因素。

本书的一个核心理论假设就是一切成功换代的驱动力就是对未来的愿景，这种愿景经过多年的磨砺，不断地激励着家族企业中的一代又一代人。我将这种愿景称为“共同梦想”(Shared Dream),它创造了每个家族处理接班计划时的激情和动力。

“共同梦想”的概念发展自心理学关于人类发展的著作,特别是已故的耶鲁大学心理学家丹尼尔·莱文森(Daniel Levinson)的著作。莱文森在其具有里程碑意义的《生命的季节》(*Seasons of a Man's Life*)一书中,描绘了梦想在人们成熟过程中的力量。他认为,梦想是一种可以赋予人们生活的意义并且指引人们进行基本选择的未来预期。在很多商业文章中,促使企业家建立家族帝国的未来预期都是相似的。美国之梦就描述了一种强有力的未来预期,在这种未来预期中,一批贫穷的人们满腔热情地移民到了美国并最终建立了一个庞大的商业帝国,从而为他们的后代创造更好的生活。

尽管莱文森承认,梦想至少在部分上是由个人与社会互动形成的,但是他在书中主要还是论述了梦想在个人发展过程中的关键作用。在这本书中,我会扩展梦想理论的原有结构,然后用它去解释家族企业中形成未来愿景的过程,这种愿景是激励人心的,而且也是将企业传递给下一代所必需的。我的观点是,家族企业的延续需要将每一代企业接班人的个人梦想凝结成一个共同的、集体的梦想。这种共同梦想为所有权和管理权的有效转移提供了背景。在每个成功的家族企业中,企业对年青一代家庭成员的职业选择有着巨大的影响,每个年轻的家族成员都必须认同这种在家族企业中占主导地位的影响,特别是当他们的父母让他们参与执掌企业的时候。

如地壳板块运动一样，家族中几代人之间持续的、不可避免的交流推动着接班的过程，通过交流，年长者和年轻者努力达成共同的未来愿景，这种愿景使他们协同工作从而把家族企业延续下来。这种交流不仅对于一个企业的成功过渡至关重要，并且很大程度上形成了下一代的所有制和领导结构。在没有事先考虑家庭成员的梦想和热情的情况下，投入时间和资源去完成周密的战略和接班计划通常既浪费时间又毫无效果。每个接班计划都需要一个对未来的愿景。在家族企业中，如果没有事先考虑将要执掌企业的下一代人的梦想，这种愿景就无法形成。

在过去的 15 年中，我已经为美国和全世界超过 150 家家族企业提供过咨询服务。本书再现了我在工作过程中接触到的接班过程。我详细地记录了我对许多企业的观察；而且，在得到这些企业的同意后，我将使用其中的一些内容作为本书的案例(案例中的名字和细节都是经过修改的)。除此之外，我的一些研究和其他关于家族企业的经验也支持了我的分析。

本书对那些不断增加的寻求对影响接班计划的情感和政治力量更全面的理解的专业顾问和学者很有帮助。这本书提供的接班类型可以帮助他们深入思考客户的多样性以及影响客户公司成功延续的因素。我也希望本书可以帮助那些至今还没有认清在规划未来时可供选择方案的范围的企业，我认为，本书将有助于拓宽他们的视野。

我在结论中提出了许多企业所持有的错误观点。比如说，一种观点认为，接班就是企业传给新一代领导者或领导群体的那一刻发生的事情。其实，接班是个过程，而不是一个事件。将接班简单地理解为是选择新的领导者的想法过于狭隘了。这本书对“接班”和“延续”作了区分，“接班”是指单独的一件事情，而“延续”则是将代际传承的计划视为一个终身的、不断进行的过程。

成功的领导权力的转移依靠计划，但是我们可以看到，只有计划并不能保证其成功。在家族企业中，企业组织架构是家族所有者人格的延伸。这种强大的精神上的潜在倾向有时候会阻碍计划的过程；但是如果运用恰当，这种潜在倾向也可以成为推动计划向前发展的动力。作为一个社会心理学家，我特别关注特定环境中塑造人们情感和行为的情景因素。在接班计划中，我将我的角色定位于帮助一个家族进行必要的环境改变，从而顺利完成领导权向新一代的转移。

本书的目的不是提供一个可以按部就班完成接班的标准化程序，而是对接班过程如何在权力的转移中开展进行深层次的分析。在本书中，我提供了许多家族企业如何成功实现代际传承的详细案例，从中我得出了不少可以运用于实际的经验。我的主要观点总结如下：

*接班是一个旅程，其终点由家族的共同梦想所决定。*为了成功，家族必须时刻记得那个终点 ，并且清楚到达终点还需要什么。不管终点是什么，家族成员必须明确几个基本的问题：我们拥有足够的资源吗？这个终点激发出关键成员的热情了吗？我们可以增强我们未来协同工作的能力吗？当接班过程不仅需要掌权者发生变化，而且需要组织中的领导结构和所有

权的基础发生变化，这个富有挑战性的旅程将更为复杂。

所有权是理解家族企业中权力归属的关键所在。一个企业的所有者曾经告诉我："家族企业的金科玉律就是股份多的人掌权。"是一个人拥有所有的股份，还是两个家族成员各占50％的股份，或是很多家族成员分别占有其中的一部分股份。上述问题决定了一个家族企业中的权力和行为以及在下一代可行的结构。

接班是由生物钟驱动的。企业中老一代的年龄和他们指定的接班者的年龄决定了接班发生的时间。参与者的相对年龄也极大地影响了家族达到接班计划某个特定阶段的可能性。为了理解年龄在接班中的影响力，就需要理解人生发展中各阶段的心理。比如，仅通过这个企业中领导者的年龄就可以精确地预测接班事件的发生。这种例证有力地证明了上述的说法。

在适当的条件下，共同管理可以奏效。父母们经常希望他们所有的后代可以在企业中同心协力地工作，但是他们也知道集体领导制注定要失败。而更为复杂的系统，例如兄弟合作制和家族合作制，就更难以管理。然而，人性比人们想象的更为灵活，很多鼓励集体领导和集体所有的家族，都找到了协调和管理冲突的方法。我们有强有力的证据来证明，在合适的条件下，这些方法可以奏效。本书中将对这些条件予以探讨。

领导权力的交接提供了重新规划公司发展方向和重振公司的机会。通常，在选择新的领导者时，家族企业只考虑过去的需要而不是将来的需要。但是，老一代的领导风格和战略目标往往不适合持续变化的市场环境和竞争需要。在任何企业中，成功都会滋生自满，而精力不济和疏于重新评估战略目标是许多企业衰落的主要原因之一。在最终选择接班人之前，战略规划是新领导者最重要的要求。

在家族企业中，试图牢牢控制所有权和决策权无疑是自掘坟墓。复杂的家族企业的延续依赖于建立获得家族股东支持的公开机构。家族企业中的不同成员——管理者、股东、其他家族成员——应该知道他们的权利和义务的界限，避免侵入其他利益主体的领域。就长期而言，企业的连续发展需要建立每个家族成员都可以要求他们的合法利益和提出他们所关注的事务的机构。我将详细地描述家族企业中的主要管理机构——董事会、家族理事会、股东大会——的功能，以及如何使它们共同致力于接班和企业延续的准备工作。

最终，家族企业的延续依赖于向每一代灌输管理的思想。阻碍接班计划并造成家族企业衰落的缺陷众所周知：自大和创始人的不愿授权；老竞争对手的威胁；家族扩大所衍生的威胁；家族成员的个人行为占用公司维持生存的现金流；老一代对离开企业的潜意识抵制。这些因素共同对企业的传承延续造成威胁，除非年轻人在很早时就被灌输这样的思想：企业的资源绝不应该被榨取，因为那是经过祖辈艰苦奋斗才得到并得以发展的珍贵财富。他们对管理家族企业所肩负的使命就是，将继承而来的企业变得更加强大以及受人敬仰，并且将这一企业传给后代。

SUCCEEDING GENERATION

# 第一部分 家族企业的形式

永续

家业

# 第一章 为接班之旅设计新的路线图

当考虑接班的时候，家族企业的所有者和为家族企业提供咨询的专家通常认为，接班只存在一种方式，即从一个控制型所有者向另一个控制型所有者的权力转移（CO—CO模式）。这个领域中的论述大多局限于这种形式的接班。这实际上没有考虑在很多家族企业中，已经存在或者倾向于成立团队领导。

这种对CO—CO模式的根深蒂固的偏爱同被人们普遍认同的权威的科层制的偏爱一样。每个企业都应该有且只有一个最终决策者。行政委员会、总裁办公室或者类似的旨在分担决策责任的安排，都被认为是一种令人难以满意的折中。顾客、供应商甚至雇员往往都不认同这种安排。

从公司决策制定的角度来看，只存在一个单独的领导者通常更为方便。当权力集中在一个人的手中时，大部分决策都可以被快速地、不经正规流程地作出。当有几个所有者共同管理企业时，领导责任变得分散，这有时会导致缓慢而又无效的决策。对众多家族企业而言，一个领导者使得企业更为清楚和简单，而多个领导者会使企业显得无序而且复杂（即使不构成危险）。

我一直保留着这种偏见，直到我遇到了越来越多的愿意用平等合作伙伴关系来运营家族企业的家族成员。这些家族成员告诉我，他们通过共同协商作出大部分决策。有时，我会略带怀疑地问他们："谁是这里真正的领导？当意见发生冲突的时候，谁拥有最终的决策权？"答案往往是"我们都是这里的领导"。我对这种说法仍然保持怀疑。我一直认为，这种所谓的正式团队合作结构就是在不伤害彼此感情的情况下，势力较弱的成员接受势力较强的兄弟姐妹的统治。在我仔细观察这些企业的时候，我发现在一些企业中，所谓的"我们"就是"我"。在这些企业中，虽然有权力共享的意识，但是只有一个人才是真正的最终决策制定者。

然而，在其他一些权力共享的企业中，我却不能确定谁是"最终的老板"。当责任被分割的时候，每个合作者在他的管理领域内拥有实质性的自主权，但是涉及企业整体的决策却是通过协商得到的。例如，除非取得大部分人的同意，合作者们一般不会作出一个大规模投资或清算资产的决策。在头衔和津贴，以及自己办公室规模和权力分配方面，合作者们都小心翼翼地保持着彼此的平衡。他们通常能设计出巧妙的共事方式，在可能会产生争议的问题上培养共识，维护彼此的团结。但是，正如我们可以看到的那样，家族合作者为了使冲突最小化所采取的措施常常违反了不少合理的行政管理规则。的确，家族合作者常常对外人如何看待他们独特的组织结构和管理政策十分敏感。

很多年前，一组科学家通过对大黄蜂的研究表明，根据空气动力学原理，大黄蜂根本就不能飞。当然，我们知道，尽管大黄蜂的结构并不如蚊子那么符合空气动力学原理，但是事实上，它们能飞。尽管我观察到的家族合作制就像大黄蜂一样结构怪异，但是事实上，这些企业是稳定而且健康的。其中一些合作者已经共事了 25 年甚至更久，他们一起打拼并从中取得乐趣。

这种合作关系的存在使我不得不去质疑家族企业中集体管理方面论著的缺乏。为什么这种管理模式被忽略了如此之久？共享的领导权力为什么会产生？怎样产生？是什么让这种共享的领导权力达到预期的效果？又是什么让这种管理模式变得越来越普遍？

本章主要探寻什么导致了人们对共享领导权力态度的转变。对共享家族企业领导权力的热衷来源于父辈们对共享企业所有权的偏好，也就是说，他们会将财产或多或少地传给他们子女中的每一个人。有证据表明，在越来越多的家族企业接班计划中，企业主们开始对集体制企业感兴趣，而其中更有不少企业已经有过了这种经历。这样的事实为我们描绘了一幅不幸的场景：很多家族企业根本没有注意到前途路上的荆棘坎坷。我的经历和研究表明，这种接班所面临的挑战在很大程度上被人们忽视了。

很显然，集体管理不是在每个家族企业中都可行。当家族成员们陷入互相争斗并且彼此充满敌意时，这种管理模式就会注定失败。同时，所有者管理制的优点也无法否认——简约明了的管理体制和领导安排使得管理更加方便易行。如果在家族的每一代中排除其他所有的继承者，只让一个后嗣继承所有权和管理责任，那么，大多数的家族企业接班就会更为顺畅。但是，无论是从经济上还是从感情上而言，在家族企业中，排除其他所有的继承者未必是可行的。

### 一些“金科玉律”

家族企业的研究者和实干家倾向于支持管理论著中一种广为流传的观点，即集体管理是无效率的。例如，克里斯滕森（Christensen）在他对家族企业接班的早期研究中称：合作管理制仅仅在过渡时期有效，直到找到一个合适的接班人为止。[1] 与此类似，哈里·莱文森（Harry Levinson）在他一篇堪称经典的《哈佛商业评论》文章中也指出了兄弟合作制的弊端：

> 通常情况是，兄弟二人在企业中拥有同样的股份并且都是董事会成员，在这种情况下，问题将会异常复杂。在董事会中，他们可以从同样强硬的立场来争论公司的政策。然而，在涉及企业运营时，一方却必须服从于另一方。从属的一方——通常是弟弟——会发现自己很难去适应从属者的角色……[2]

我们可以注意到，莱文森认为兄弟俩不应该在企业运营中处于平等地位。相反，他提供了如下解决方案：“如果存在一个或多个兄弟在董事会中，那么，作为一条规则，应该只有一个人是运营官。”但是，莱文森也为自己留了余地。他承认，在极少数情况下（例如兄弟之间工作协和），即使违背了他的“规则”，企业也能够运行良好。他的结论是非常清楚的：兄弟之间在管理和所有权方面都合作的制度安排不足取。

在本杰明·贝克（Benjamin Becker）和弗雷德·蒂尔曼（Fred Tillman）合著的《家族所有的企业》（*The Family Owned Business*）中，他们鲜明地描绘了只有一个领导者的益处：

> 每个家族企业必须有一个老板…… 企业的所有者必须考虑在企业中指定一个在他离开管理职位后的最终决策制定者。在选择的过程中可能会伤害家族成员的感情，但这是必须采取的步骤…… 如果企业中有两个或是更多的家族成员，为了避免可能的冲突，在有生之年，企业的所有者应毫不犹豫地赋予其中最富竞争力的成员以足够的权力。[3]

最近的作者们或许更清楚共享所有权和管理权的危害。本杰明·本森（Benjamin Benson）和他的同事们——他们都是为家族企业提供咨询服务的资深咨询师——在一本针对家族企业所有者的畅销书中是这样评论共享管理权的：“在我们的经验中，大多数企业需要一个具有最终权威的领导者。一些难以决定接班人的所有者让他们的孩子们自行决出接班人，而这往往会造成灾难性的后果。”[4] 对于共享所有权，他们认为："多个家庭掌握所有权需要一种人、态度和技能的特定组合。这种所有权模式的失败概率相当之高，以致很多咨询师常常直截了当地建议与其去维持企业，不如将它卖掉。"[5] 最后，他们得出结论："股东的增多是家族企业高死亡率的主要原因。"[6] 在本森等人的这本书中贯穿着他们对接班问题的两步解决措施：首先，选择一个接班人去领导企业；第二，将公司的决策控制权集中在接班人的手中。

类似地，利昂·丹科（Léon Danco）在《家族企业》（*Family Business*）杂志的一个专栏中写到："实现权力共享——平等的合作关系，共同管理，总裁轮换——无异于南柯一梦…… 我的经验告诉我，在家族企业中只能存在一个领导。"[7] 丹科被认为是家族企业咨询方面的先驱。尽管他不属于学院派，但是因为他在这个领域中已经工作了将近 40 年，他的思想对理论上和实践上的接班人计划都具有深远影响。他的畅销书《超越生存》（*Beyond Survival*）着眼于单个所有者管理模式并几乎通篇论述接班人计划。他在书中提出的许多实践观点已经成为这个领域的标准，包括开发一个独立自主且又精干的董事会，重视培训和选择接班人，以及设计一个退休计划并且在创业者的有生之年将权力移交给接班人。[8]

所有的这些都是合理的解决方案。但是，在一些家族企业中实施这些措施非常困难，尤其是当企业已经不再处于个人能够完全控制的阶段。在一代一代的传承中，随着公司的扩张，家族成员不断壮大，所有权也越来越分散，企业所面临的环境变得愈加复杂。对老一代而言，这很大程度上增加了在决定以下问题时的困惑：谁是下一代中最合适的企业领导者？企业能为多少寻找工作的家族成员提供职位？什么管理结构最适合这种复杂的情况？类似地，公司中的年青一代则必须意识到企业和家族中的环境已经发生了巨大的变化，简单延续上一代的管理方式可能会带来灾难性的后果。为了在他们执掌企业时获得成功，年青的一代可能必须采用全新的管理方式和管理结构。

在更为复杂的企业形式中，问题的实质发生了巨大的变化。选择接班人的过程会因为挑选者与候选者关系的不同而大相径庭，父母、兄妹、叔侄会作出不同的抉择。而同时，如果挑选者本身就是一个集体，或者需要选出一个集体来接班，那么这个过程就又有不同。集体妥协产生的接班人对家族企业而言是个政治斗争的噩梦。试想一下，一个第二代的家族企业由三个家族成员掌权，他们拥有相同的所有权，并且都担任领导者角色。当这三个人需要去评价彼此的孩子时，他们能做到合理公正吗？他们是否会提拔自己的孩子而不是别人的孩子？高层职位在家族成员中的分配方式以及每个家庭给他们后代分配的股份都将会对下一代中整体权力的平衡产生直接影响。不论接班的最终安排如何，家族企业必须考虑到这些额外的难题。

同样地，当采用了集体管理模式的上一代领导者把权力移交给下一代的时候，情况又是截然不同的。现任的领导团队应该被新的领导团队所替代吗？下一代家族成员们能否像他们的父辈们那样团结协作？家族企业是否应该重新转向单一领导模式？如果真是这样，上一代所建立的共享权力会如何影响新领导者的管理？希望过去建立的管理结构在未来如何运行？这些都是在考虑接班类型时必须慎思的重要问题。

### *所有者控制模式的替代品*

共享领导权力的安排变得越来越普遍。1997 年的一项对全美国 300 家家族企业的调查发现，有一个以上 CEO 的企业超过 11.2%，另外有 1%的企业说它们有两个以上的 CEO。更为重要的是，在这次调查中，超过 42%的被调查企业认为多个 CEO 是他们企业在下一代可能会采取的管理方式。[9]《华尔街日报》(*Wall Street Journal*)的一项调查表明，当家族企业所有者们面临接班问题的时候，他们会考虑一个范围宽广的领导权力安排。在调查中，15%的企业计划形成一个拥有两个或更多子女的行政委员会；40%的企业在选择设立一个接班人还是集体接班人时考虑征求董事会或者外部第三方的意见；只有 35%的企业明确表示只会任命一个接班人。[10]

我近几年在各种会议上收集的统计数据也表明，企业所有者们的选择和偏好开始变得多种多样。在 401 个样本中，大多数企业所有者希望将他们现有的单一领导制在下一代转变成为家族合作制，他们的数量比愿意在下一代中继续维持单一领导制的企业所有者多一倍。可推知，他们希望在第二代中看到孩子们以团队形式管理。另一个值得注意的现象是，在 127 个兄弟合作制企业中，有 54 个(42%)希望在下一代继续保持这种结构，而不是向更复杂的家族合作制结构演化，虽然这种结构在他们下一代中出现是很正常的。这说明了老一代认为他们了解的结构在下一代中也会运作良好。

从意大利文艺复兴时期的富格家族(Fuggers)到 19 世纪的罗斯柴尔德家族(Rothschilds)，以及这个世纪的洛克菲勒(Rockefellers)和杜邦家族(du Ponts)，一些世界上最大的商业巨头公司都是通过家族合作制建立起来的。如今，人们通过大量的媒体报道可以得知，很多颇具实力的家族企业都是由于家庭成员之间的敌意和家庭内部矛盾而最终分崩离析。但也有大量的例子表明，家族合作制可以稳健地存在并取得骄人的业绩。

其中一个例子就是阿斯普伦德(Asplundh)树木专家公司，这家公司专门为电话和电力公司提供修剪树木的服务，业务遍及美国 50 个州和海外 8 个国家。格里菲思(Griffith)、卡尔(Carl)和莱斯特(Lester)三兄弟在他们的瑞典籍父亲过世之后，为了挣学费而进入树木修剪业，在宾夕法尼亚的柳树林(Willow Grove)建立起了这家公司。据《福布斯》(*Forbes*)杂志报道，很长时间里都是由格里菲思监管修剪业务，卡尔负责账目，莱斯特提供技术支持并负责研发。到 1968 年，三位创始人都已经去世或者退休了，公司传到第二代手中。此时，所有权和领导结构都变得更加复杂。格里菲思的儿子巴尔·阿斯普伦德(Bar Asplundh)被推选为总裁，其他七位兄弟和堂兄弟均加入董事会。1982 年，卡尔的儿子爱德华·阿斯普伦德(Edward Asplundh)接任总裁。1992年，克里斯·阿斯普伦德(Chris Asplundh)，第二代家族成员中最年轻的一位，继爱德华之后接任总裁。今天，阿斯普伦德公司为132位股东共同所有，他们全部来自阿斯普伦德家族。公司收入已经从1984年的一亿美元增加到了1995年的九亿美元。公司董事会完全由家族成员构成。现有16位家族成员在公司里任职，他们无一例外地都是通过了公司规定的教育和培训要求才进入公司的，这种体系被《福布斯》杂志称为“循规蹈矩的裙带关系”。复杂的所有权关系和多个领导模式在阿斯普伦德公司里有条不紊地运行着。[11]

总部位于西雅图的高级百货连锁公司诺思通(Nordstrom)是另一个成功处理这种复杂关系的案例。公司于1901年由瑞典移民约翰·诺思通(John Nordstrom)和另一个合伙人创建，最初是一家鞋店。没多久，约翰就买断了这家公司。老约翰的三个儿子埃弗里特·诺思通(Everett Nordstrom)、劳埃德·诺思通(Lloyd Nordstrom)和埃尔默·诺思通(Elmer Nordstrom)在上世纪30年代经济大萧条期间接管了公司。他们意识到，他们的团队工作能力对于公司的成功发展是至关重要的。三兄弟中的老大埃弗里特自然地被选为总裁，但他们同时约定：总裁、副总裁和财务总监的职务每两年轮换一次。他们开始像一个团队一样工作。他们共同讨论重大决策，通过寻求一个大家都可接受的方案来尽可能地消除意见分歧，而不是采用少数服从多数的方法作出决策。三个人都不愿意凌驾于别人的观点之上。罗伯特·斯佩克特(Robert Spector)和帕特里克·D.麦卡锡(Patrick D. McCarthy)所著的《诺思通方式》(*The Nordstrom Way*)一书把这种管理模式称为"兄弟共同决策制"。在60年代初期，三兄弟对于通过收购西雅图的百事特(Best)商场进军女士服装市场的路线产生了分歧。老二埃尔默提出异议:"我们事实上并不了解服装市场,我觉得我们应该做些我们知道怎么做的事情,比如在旧金山扩展我们的鞋店。"劳埃德的回答是:"那好吧,我们取消这个计划。"事实上,他已经在收购百事特商场的谈判桌上花费了四年时间。埃尔默对他的回答非常吃惊:"等等,伙计,如果你们都同意收购的话,那我们就干吧。"一位后来成为第三代合作管理人的吉姆·诺思通(Jim Nordstrom)当时也在场,他被父辈们的讨论深深折服:"他们总是尽最大努力达成一致,在讨论中尽可能地尊重别人的理念和期望。我想这对我们所有人来说都是很宝贵的一课。"[12]

吉姆那一代继承者们必须说服他们的父亲们他们有能力经营公司,并且会像埃弗里特、劳埃德和埃尔默三兄弟一样团结和睦。三兄弟当时有些犹豫不决,他们想把公司卖给一家基础扎实的零售商,从而保住他们辛苦创造的财富。吉姆和他的两个堂兄弟布鲁斯·诺思通(Bruce Nordstrom)和约翰·诺思通(John Nordstrom),以及劳埃德的女婿杰克·麦克米伦(Jack McMillan)争辩说,他们能够比任何列入出售对象的大公司经营得都好。他们提交了一份详尽的经营计划,其中写到计划通过公司上市的方式把公司从他们父辈的手中买过来。最终,他们的父亲们同意了。四位诺思通家族的堂兄弟就像他们的父亲们一样，继续以团队决策、权力共享和达成共识的模式来经营公司。他们继续走商品多样化道路，在满足顾客特殊需求方面取得了全国性的良好声誉，同时向全国各大城市扩展渗透。他们的领导一直延续至1995年底，不久，吉姆在1996年去世了。在他们的领导期间，诺思通的销售额从5 700万美元飙升到40亿美元。现在，第四代家族领导团队已经作好准备去延续他们祖辈们走过的道路。他们共有六个人，都只有三十多岁，而且一直都在公司里工作。在1996年，他们组成了一个联合总裁团，并且需要向两位在董事会中长期担任副董事长的非家族经理人汇报。

局外人常常困惑于家族集体管理制究竟是如何有效运作的。家族成员们经常达成一种特有的妥协方案，这种方案使得他们之间允许存在不同意见但又不致破坏相互的感情。也许每只大黄蜂在构造上都略有不同，但是，它们都能飞！已故的家族企业顾问芭芭拉·霍兰德(Barbara Hollander)写过关于一家服装连锁店的案例。这是一家坐落于西弗吉尼亚惠灵的服装连锁店，三十多年来都是由她父亲萨姆·斯通(Sam Stone)以及她的两位叔叔马克(Mark)和阿瑟(Arthur)共同经营。三兄弟在理查德股份有限公司(以霍兰德弟弟的名字命名)的所有权是平等的，同时在行政团队中的权力运用上也是平等的。萨姆充当着监督者的角色并掌管财务，因此被认为是领导者。但有一段时间，最年轻的弟弟阿瑟掌握着公司的运营，从而也成为了一个强有力的领导者。

三兄弟都认同一个目标，就是使公司成长，并且在关系到公司利益的决策上三人都有平等的决策权。然而他们也认识到，每个人都应该有属于自己的权限。幸运的是，公司允许三兄弟中的每一个都拥有高度的独立领导权。他们在不同的城市都有独立的办公室。但是，每当要作重大决策的时候，他们就会飞回纽约，在他们母亲厨房的饭桌上把事情解决。[13]

霍兰德对她父亲和叔叔们之间的和谐关系有着很深的印象，而且他们在退休之后仍然是很好的朋友。她坚信，兄弟合作管理制可以有效地运作，"但这需要一个前提，就是创业者和他的后代们都要作比其他普通公司更周密的规划。"

许多谈论团队建设的文章都会提及兄弟合作管理制。兄弟组成的团队确实拥有一些特征使得它们成为一个与众不同的绩效单元。兄弟之间的合作关系拥有一些其他团队并不具备的东西。在同一个家庭里成长的兄弟姐妹们拥有一些共识，包括对其他人的目标、态度以及在特定情景下的反应的理解和赞赏。这种共识将有助于他们共同管理公司时的和谐与坚定。

我曾经和两兄弟共事过，他们从他们的父亲那里继承了价值几十亿的纺织品制造企业。哥哥高中毕业以后就进入了公司，没有受过多少正规教育。而弟弟有一个化学工程学学位，这对企业来说是非常重要的。公司是以父亲的名字来命名的，而父亲的名字和哥哥的名字是一样的，所以当弟弟加入之后公司就改名了。兄弟俩在所有权和决策权上都是平等的；由于法律原因，他们还轮流担任董事长。他们把公司形容为"双头人"。他们在处事风格和方式上的差异常常导致兄弟间的激烈争执。哥哥倾向于保守主义和风险规避，而弟弟则更像一个冒险家。私底下两个人都希望自己成为企业的唯一领导。事实上，他们没有意识到，他们思想上的差异会提高高层管理决策的质量，弟弟的冒险态度可以激励企业的飞速发展，而哥哥的谨慎又可以避免企业冒不必要的风险。这需要二人之间不断地沟通，使得自己在思考时融入对方的观念。

### 多重领导的趋势

将注意力聚集在一个所有者向另一个所有者的权力转移（CO—CO 接班模式），同时默许企业中独裁的存在，使研究和实践产生了诸多后果。从研究的角度说，这意味着直到最近，我们对集合管理制能否运作以及能在何种情况下运作的问题几乎没有任何研究；从实践的角度看，它制约了人们对独裁管理的可行替代品的思考。对所有者控制制的关注束缚了家族企业研究者形成对实际存在的多种管理结构和领导安排的正确评价。

很多这样的安排看起来是对那些被广为接受的管理理论和实践的至理名言的公然反抗。这些至理名言包括：在理想的工作体制中工作责任必须明确定义；大锅饭会导致员工低激励度和组织紊乱；严格的精英管理制好过平等待遇。的确，这些至理名言可以使得组织更加紧凑且易于管理，但是它们并不应该被当作一个特定家庭或特定企业的严格标准。

事实上,人类行为和组织活动与这些名言相比更具有可塑性。

在过去20年中,经济和技术的发展颠覆了许多大家长期认同的管理观点。马克斯·韦伯(Max Weber)所设想的官僚等级制曾一度被认为是家族企业的理想管理模式,现在却被很多人认为已经过时了。国际竞争和消费者对质量的更高要求,使得灵活性生产成为必需。大的公司需要生产质量更好的产品和更加经济的服务。为了迎接挑战,许多公司开始采用高新技术、高技能劳动力以及能够培养敬业和协作精神的新型组织形式。事实上,这些花瓶似的管理安排会引发不少混乱:它们通过宽泛而非详细的工作描述来鼓励员工的自我管理;它们通过团队工作化和类似利益共享法这样的薪酬平均分配来推动员工协作;它们还试图通过领导权和所有权的分享来鼓励员工承担责任。很多这样的新技术都存在于由家族成员拥有和管理的较小的家族企业中。

对于家族企业,我们可能还持有概念上的双重标准。由于不正式性和缺乏专业性,家族企业经常饱受批评,并且在和有高度理性化组织结构的大型上市公司比较时也不被看好。但同时,当今的大公司都在争取反大型化和反中心化,从而重获小型企业所具有的优势。为了防止官僚主义所带来的组织僵化,大公司正在授予其各个业务单位越来越多的自主决定权。

未来学家阿尔文·托夫勒(Alvin Toffler)在他的《权力变迁》(*Power Shift*)一书中指出,中小型家族企业拥有诸多战略优势，从而能使它们完美地适应未来的经济环境。这些优势包括高度的生产灵活性、长期高效的资本利用、丰富的管理决断力以及对产品和服务质量的承诺。托夫勒认为，传统的等级制度以及伴随它们的清晰的职位描述和详尽的员工及生产手册很快将会不复存在。[14]

在赫尔曼·西蒙（Hermann Simon）对公司的研究中，他肯定了小型化与灵活性的优点，并称之为"不为人知的冠军"。西蒙是国际咨询家和研究学者，他考察了14个国家的公司，这些公司在其领域中都是全世界（或全欧洲）数一数二的。这些公司都竭尽全力致力于产品质量和服务。在西蒙调查的122家德国公司中，有76%是私人所有的，私人所有则意味着很可能是家族企业。其中的大部分已经经营了好几代：23.5%成立于1845—1919年，40.5%是在战后的1945—1969年成长起来的。令人吃惊的是，虽然大部分公司都被一个独裁者——一个"使命的偏执狂"所统治，但是超过80%的公司由行政委员会正式领导，这些行政委员会由拥有所有权的家族管理者和非家族的经理人组成。[15]

多领导的趋势在大型上市公司的管理层也很明显。在对270家随机选择的家族和非家族企业的研究中，万塞尔（Vancil）发现，由一个高层管理者管理的企业的比例自1964年以来明显下降。如今许多公司是由"一对儿"管理者来分担高层职责：董事长和总裁或CEO。万塞尔还指出："到1984年，第二大普遍的（高管层）结构是由三个或更多的经理组成，每人行使最高的五个权力中的一个或多个。"在这些例子中，“团队共同负责公司的健康与生存，这导致了一个共同分担的结局。”[16]根据万塞尔的研究，高层领导权共享的趋势源于当今商业环境下许多高层管理者所面临的日益增加的复杂问题。高层管理者面临的诸多难题可以通过团队领导的方式得到更好的解决。

接班意味着巨变，特别是当接班的结果已经完全不为家族成员所掌控的时候。直到最近，企业对于新式的接班方式几乎还一无所知。学术研究者和实践者对以所有者控制制为主导的领导模式研究得越深，就越陷入其中，也越倾向于把其作为唯一可行的接班方式。最新研究表明，由或多或少的平等合作者们运作的家族企业的数量在不断增加，许多家族企业也在考虑引入共享所有权和领导权的管理模式。在下一章，我将列举家族企业的类型，一个分类的架构将有助于我们认识到所有者控制模式的诸多可能替代品。

# 第二章　接班的类型

在第一章中，我已经说明了在家族企业研究领域中长期存在着一种偏见，阻碍了对这些企业现在面临和将要面临的接班问题的复杂性的理解。同时，我认为，人们对理想的独裁式接班的普遍认同缩小了其他可行的接班形式的选择范围。在本章中，我将会展示各种潜在的接班类型，包括可能发生和已经发生的接班类型。研究这个复杂问题的第一步是了解家族企业的基本形式。接下来就要构建一个框架来梳理各种可能的接班类型；在接班过程中企业可能从一种基本形式转变为另一种基本形式，不同的转变造就了不同的接班类型。

我提出的框架基于这样的假设，即所有权结构是区分不同家族企业形式的最有用的变量。合法的决策权力最终来源于法律授予股东的财产权。尽管在理论上，上述说法适用于所有企业，但是因为大的上市公司所有权分散，所以管理的控制权主要集中在高层管理者的手中。[1] 相反，家族私人掌管的企业以及被家族控制的上市公司中，所有权通常掌握在相对较少的股东手中，而且他们大多数相交甚密。这些企业中，所有者的影响是直接而深入的。然而，在很多较大的公司中，特别是在那些上市公司中，家族需要通过控股公司和复杂的信用系统等机制间接地施加他们对公司的影响。我发现，在那些历史悠久的公司中，仅从单个家族成员的持股数上很难准确判断整个家族对公司的控制程度。正如蔡特林(Zeitlin)[2] 发现的：一些传奇式的家族企业，比如杜邦、美隆(Mellons)、福特(Fords)和洛克菲勒，都是通过他们的银行或是保险机构控制家族中巨大数额的股票，并且精心安排旗下的公司互相控股。

不管所有者是否在公司中处于管理层，他们都拥有最终的决策权力。这种假设并没有削弱企业中管理权力的重要性。这里的关键点是，在很多家族企业中，传统意义上的所有权和管理权常常避而不谈，但是当两者产生分歧时，所有权往往压过管理权。

当我们把目光集中于所有权分配以及这种分配对管理的影响时，很容易发现家族企业存在着三种基本形式：所有者控制制、兄弟合作制、家族合作制。见图2－1[3]：

图 2－1 家族企业的基本形式

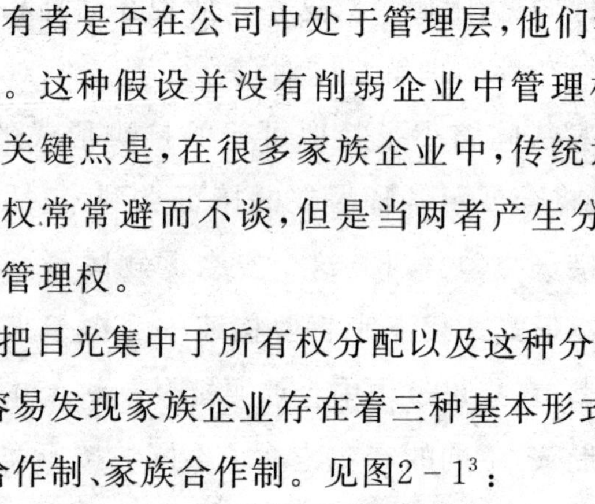

从时间上来看,家族企业的这些基本形式与企业所处的历史阶段有关:第一代时的所有者控制制企业在第二代变成兄弟合作制企业,然后在第三代变成家族合作制企业。

杜邦公司就是这种演变的一个典型案例。杜邦公司现在是美国最大的化学制品生产商。在法国资本的帮助下,杜邦·德·内缪尔斯(du Pont de Nemours)于1802年创建了杜邦公司。杜邦于1834年谢世,此后,公司由单一所有者控制制转为了兄弟合作制。他的儿子艾尔弗雷德(Alfred)、亚历克西斯(Alexis)和亨利(Henry)接管了公司。为了确保家族控制,他们收购了其他合作者的全部股份。接着,在1902年,三个杜邦家族的堂兄弟皮埃尔(Pierre)、艾尔弗雷德(Alfred)和科尔曼(Coleman)买下了公司。皮埃尔接着买下了科尔曼的股份,同他的两个兄弟一度成为了企业的所有者。但在他们之后,通过家族旗下的克里斯蒂安娜证券公司(Christiana Securities),为数不少的家族成员们都拥有了股票。到了现代,德高望重的非家族成员CEO欧文·夏皮罗(Irving Shapiro)试图减少杜邦家族对企业的影响,因此,这家证券公司很快被解散了。即使这样,杜邦家族仍然拥有企业中最大的股份,很多家族成员依然在董事会中享有席位。[4]

尽管企业类型与企业年限之间经常存在关联,但是过程并不总是像公式一样精准地遵循着这种关联。比如说,一些相当著名的家族企业并不是由一个单独的企业家建立的,而是由两个或者更多的兄弟合作建立的。布卢明代尔(Bloomingdale)百货商场和嘉吉(Cargill)谷物帝国都是由兄弟合作制创建的。同样地,很多家族企业世代都保持了所有者控制制。比如说,意大利的枪支制造商伯莱塔家族(Beretta)已经在13代中,将股份以直线形式传给单独的接班人。事实上,现任的CEO乌戈·古萨里·伯莱塔(Ugo Gussalli Beretta),是由他叔叔钦点接任的,因此接班得以保持在同一家族之中。[5]

在检验可能发生的接班类型前,简单描述一下家族企业的这三种基本形式是有必要的,特别是要注意每一种形式的结构特征。

### 所有者控制制形式

也许没有人会比利昂·丹科更了解所有者控制制企业。阅读丹寇的论述时,我们可以很快地意识到,这种形式的家族企业的特征在于所有者控制权的集中程度。

> 所有者控制制拥有类似于一张蜘蛛网的组织结构。所有者处于网络的中央,定期地去走访他的工场负责人、仓库总监和销售经理。但这仍是一对一的对话,没有人聚在一起来制定目标或者分析数据,没有人告诉老板应该避免做什么样的事情。对于雇员而言,说这些话意味着叛乱,他们的工作基于对老板的管理哲学的服从。忠诚和受雇用时间提供了向组织高层发展的阶梯。[6]

所有者不可避免地参与到他们企业运营的所有方面。他们对企业提供的产品和服务有深刻的了解,并且是组织与一些至关重要的外部资源(比如银行、供应商和客户)联系的纽带。他们个人签收企业的贷款并且用自己的私人财产作担保。正如丹科形容的那样,所有者控制制组织通常像一个大轮盘,它围绕着所有者这个轴心旋转。从购买回形针到重大采购,信息事无巨细地都汇聚到中心来;然后,所有者的决定再向外辐射到各级管理者和外层的员工。见图 2-2:

图 2-2　所有者控制制的企业结构

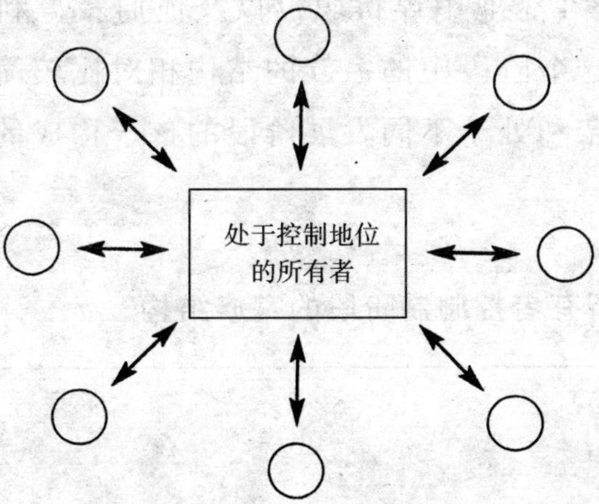


这种结构在企业发展的早期可以有效地运作,因为此时企业对顾客需求和市场要求的快速反应非常重要。然而,当企业发展到一定规模并且具有一定复杂性时,正如所有者本身一样,这个结构也变得超负荷了。当企业的复杂性超过一个临界点后,所有者就再也不能适应企业信息处理的要求,从而必须放权委任。然而,对于企业所有者而言,要做到这一点非常困难。一般而言,不论公司的规模多大,所有者都会控制所有的关键决定。正如沃德等人指出的那样,所有者控制制企业经常缺少一个真正起作用的董事会。一般情况下,在这种企业中,即使存在一个董事会,它的作用也只是一个迎合所有者的橡皮图章而已。

尽管许多所有者忙于经营企业而不能花费太多的时间与家族成员在一起,但是因为事实上他们掌控着家族的经济大权,这使得他们在家族中拥有绝对的权力。通常情况下,企业对家族会产生重要的影响,并且所有者可以决定哪个家族成员能够在企业中谋得职位以及他们获得利益的多少。一般而言,这个阶段中的家族的结构相对比较简单,类似于由父亲、母亲和处于不同发展阶段的孩子构成的核心家庭。见图 2－3:

图 2－3　所有者控制制阶段的家族结构

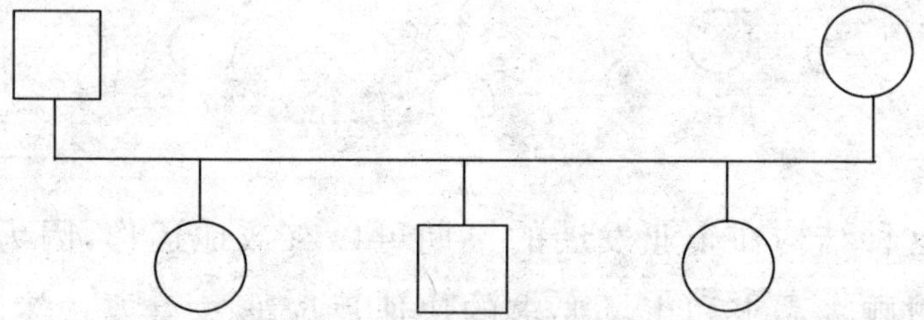

当所有者同时也是企业的创造者时,他能够获得一种可以渗透到公司文化各个方面的象征地位。[7] 在这些公司中,组织文化通常反映了创业者的心理状态和世界观。创业者这种特殊的身份对接班有着重要的影响。一方面,接班人会发现创业者很难被效仿;另一方面,从创业者到第二代的接班过程非常具有挑战性，因为家族企业缺少最高领导者离开而由新的领导者执掌企业的经历。

不是所有的所有者控制制企业都是第一代的企业。所有权和管理权可以在任意一代中传递给一个单独的后代。但是通常，只有在下述情况中这种现象才会发生：当下一代中只有一个家族成员对企业感兴趣时；当父母们坚信只有把企业交给最富竞争力的孩子才是最明智的选择时（给其他孩子别的资产，比如说房产或人寿保险收益）；当所有者有一个强烈的信念，即将所有权和控制权都集中在一个人手中来保证政策的统一性和管理的有效性时。

## 兄弟合作制形式

在这种形式的家族企业中，所有权结构在一群兄弟间被差不多地平分。很多父母都偏爱这种结构，他们希望他们的孩子以团队的形式工作。这种结构中，没有任何人比别人有明显的优势，这时候就必须找到分享决策权的方式。

分享的所有权暗示着兄弟间彼此负有责任，需要直接或是间接地了解彼此的需要、观点和偏好。协调兄弟之间的投入是很费时间的，而且并不总是很顺利的。当一些兄弟合作者没有参与到公司的管理中时，这种情况尤为突出。在这种情况下，那些参与公司管理的兄弟比只作为股东的兄弟更了解公司情况，对管理决策有着更多的影响。维持兄弟间的势力平衡是这些管理体制需要应对的基本挑战。

兄弟合作制有两种基本的形式：魁首制形式和领导权力分享形式。[8] 魁首制这种形式由一个团队组成，这个团队中有一个被大家普遍认可的领导者。这个处于领导地位的成员不能也不会单方面行动；相反，这些兄弟很早就懂得以协商的方式来行动，并且通过促成持续的交流来达成共识。在一些家族企业中，这些处于领导地位的家庭成员的角色被正式地认可，并通过头衔和薪水加以区分；而在另一些家族企业中，他们只允许通过非正式的方式来影响别人。为了使这种兄弟合作关系牢固并且有效，领导者必须证明其管理才能，让其他兄弟姐妹们知道，通过给予其相对更多的权力，他们的经济利益可以得到提升。当处于领导地位的家庭成员在公司中施加权威时，他必须始终避免让他的兄弟姐妹们产生这样的错觉：他在扮演他们父亲的角色。当他这样做时，合作关系中的冲突就不可避免了。

兄弟合作制的第二种形式是领导权力分享形式，在这种情况下，家庭成员们以团队的形式来领导公司。这种体制中的合作者不仅是平等的股权所有者，而且也拥有平等的管理权力。在一些这样的合作关系中，存在一个“总裁办公室”，所有重大的管理决策都由家庭成员们以团队的形式作出。见图 2-4。薪水和红利都平等地分配，也许在家庭成员们的职责上会存在一些职能或是部门的区别，但是他们在决策权上是平等的。在这种体制中，使雇员和局外人了解并且与这种领导权力分享制合作是一个关键的挑战。

图 2－4　兄弟合作制的企业结构

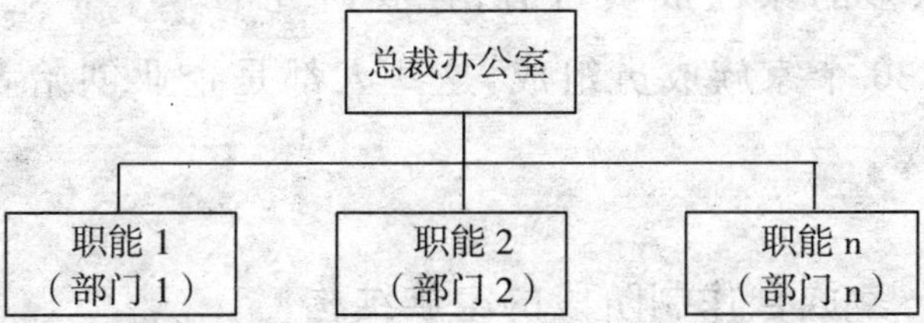


采用兄弟合作制的家族结构比所有者控制制的家族结构复杂得多。现在，家族中包括父母、兄弟姐妹和他们的配偶和孩子。见图 2－5：

图 2－5　兄弟合作制阶段的家族结构

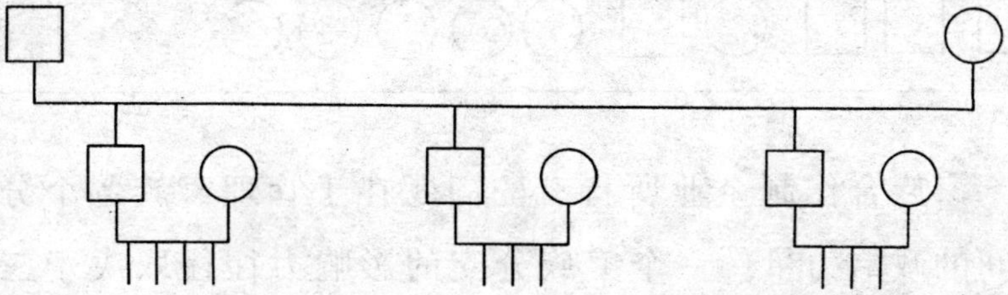

正如我们后面将要看到的，兄弟合作制是采用领导权力分享形式还是采用魁首制形式，会对下一代中的接班问题产生重要的影响。

### *家族合作制*

这种类型的家族企业的特征在于，在家族几代的发展过程中，所有权在家族的各个分支中被分割得支离破碎。见图

2-6。这种结构的典型特征在于其家族王朝的性质和企业的股票由众多的家族成员持有；在我研究的一个企业案例中，股东由 230 个家族成员组成，这些人都是企业创始者的直系后代。

图 2-6　家族合作制阶段的家族结构

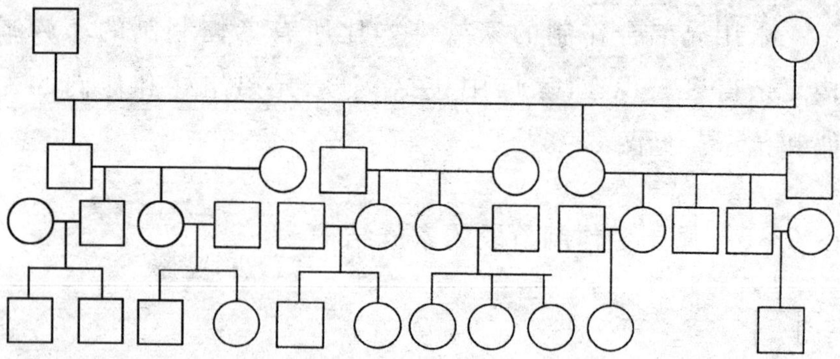

家族合作制企业所特有的问题在于管理家族各个分支之间的政治力量。一个家族分支的影响力往往取决于三个因素。首先，这个家族分支中相对于其他分支的成员越少，则越有可能控制更多的股票且拥有更大的影响力。第二，一个家族分支中的成员结成联盟并具有一致行动的能力；然而，很少有哪个家族分支拥有足够的股票来形成对重大决策的明显的控制权。第三，一个家族分支中身居公司高层职位的成员数目：一个家族分支占据的高层职位越多，其相对于其他家族分支的影响力越大。

在家族合作制企业中，高层管理职位通常由几个家族分支的代表所占据;除此之外,还有大量的持股家族成员,他们一般不参与公司的事务。在家族成员呈几何数级增长时,企业规模只是线性增长。一段时间后,家族成员个人持股的数量就会减少,因此,没有参与公司经营的家族成员们更关注公司给他们提供稳定的红利的能力。股东团队变得越大,参与公司经营和不参与公司经营的家族成员间的信息就越不对称,这常常会打击那些参与公司经营的家族成员。

营运资金和流动股权之间的取舍是一个困扰家族合作制的两难抉择。一方面,当企业扩张时,它需要不断增加的营运资金;另一方面,当所有者团体增大时,个人越来越不可能依靠分红来维系他们的生活。很多股东会选择将他们的股票变现。如果管理者希望将企业保留在家族中,他们需要提供足够的资金来应对这些变现需求。

在一个大家族中,每一代面临接班时,家族成员的年龄跨度越来越大。在一个核心家庭中,最大的孩子和最小的孩子之间的年龄差距不会超过 10 年或是 15 年;而在一个家族合作制企业中,同辈分的成员中,最大的堂兄或者堂姐与最小的堂弟或者堂妹之间相差 30 岁是很常见的。在所有者控制制企业中,管理权和所有权的接班一般都会同时发生;但是在家族合作制企业中,这两种接班倾向于分离。当越来越多的家族成员成年后,所有权开始持续不断地从父母手中转移到孩子那里。然而,管理权的接班却是当高层领导者准备退休时发生的。因此,所有权和管理权的接班通常不是同时发生,协调一致的。同样,家族中的各个分支发展自己的事业也是很寻常的事情。这样，作为一个整体的家族资本来控制企业所有权的能力被削弱了。

除非整个企业已经非常专业化，否则在这些企业中的管理领导权最多也就是个摆设。由于领导这类家族企业的人只拥有企业股份的很小份额，因此，他们必须通过成功地管理企业并在企业内形成自己的影响力才能保住自己的领导权。如果企业的业绩下滑或是出现家族内部纠纷，处于领导地位的家族管理者会迅速地丧失驾驭家族股东的能力。当公司治理结构例如董事会缺失时，这种情况尤为明显。

除此之外，高管层中的家族成员经常发现他们充当着保管人的角色。当家族成员个人的股权随着家族的扩大变得越来越少，他们无法期盼到持续不断的酬金，而这些酬金是激励处于控制地位的所有者的重要组成部分。例如，在我研究的一个案例中，一个家族领导者受到了来自家族股东对他的自主管理权的各种限制，他对此感到非常沮丧。他说他再也不能以一个企业家的方式来工作。他同时也抱怨他要花大量的时间使其家族成员们了解并信服他所作出的战略决策的理由。

我们必须在脑海中记住这个重要的事实：在一个典型的家族合作制企业中，股东的行为并不等同于传统意义上的资本家。他们通过继承获得了他们的股权。因此，如果他们并不热衷于企业事务，他们从心理上就疏远了企业，不关心它的运营并且偏向规避风险。很多家族成员只关心分红的数量和频率。有时，他们甚至不懂管理企业投资的基本经济原则。

掌管企业的家族成员需要花费大量的精力使不参与经营的家族成员形成统一、经济上理性的股东。当职业经理人掌管企业时，保持家族持股人对企业的忠诚显得尤为困难。金宝汤(Campbell's Soup)公司的多兰斯(Dorrance)家族的事例可以清楚地说明这个问题。金宝汤公司是多个食品领域的巨人。在20世纪80年代晚期，当公司的利润下滑时，很多持不同意见的家族成员扬言要卖掉他们的股票。如果他们真地这么做，公司将会损失高达66亿美元的销售额。当20世纪90年代戴维·约翰逊(David Johnson)成为公司的新任CEO后，他改变了公司的战略，并且增加了公司的利润，这种情况才平静下来。

家族合作制企业通常分化成为很多不同的事业单元，这些事业单元又由一个家族控股的企业所控制。家族成员在各个事业单元中的分布并不是随机的。通常的做法是，事业单元由家族成员和非家族成员的职业经理人共同管理。某个家族分支的后代在某个事业单元中占有统治地位的传统并不少见。这样，家族分支的专业化得到发展。在一些企业中，创业阶段就已经存在的事业单元继续处于领导地位；而在另一些企业中，它已经变得无足轻重甚至不复存在了。

控股公司通过一个往往是精心设计的治理结构来实施控制的，这个结构包括：各个家族分支的代表和外部管理者组成的董事会、家族委员会、股东大会以及家族基金会。见图2-7。这种治理结构的功能是规范日益复杂的家族持股人之间的各种经济需求和利益。这些结构也规定了所有权、管理权和家族决策权之间的界限。[9]

图 2-7　复杂的家族合作治理结构

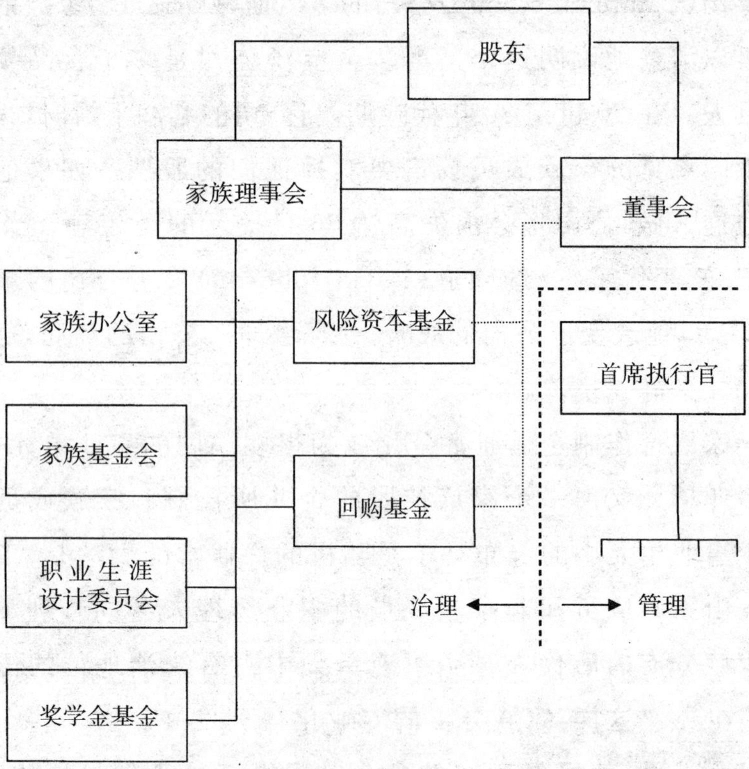


## *类型之间的过渡：接班之旅*

我们已经看到了三种基本的家族企业形式：所有者控制制、兄弟合作制、家族合作制。这三种形式的家族企业在结构上和文化上存在着本质的区别。在一种家族企业中有效的策略，对于另一种家族企业却往往是一场灾难。每种家族企业的形式都有自己独一无二的结构特征；每种形式都存在各自的优点和缺点；每种形式都需要领导者不同的管理技巧。正如我们将要看到的那样，这些不同将会对接班的本质产生很大的影响。

当目前控制家族企业的一代开始考虑转移所有权和管理责任的时候，接班之旅就开始了。当这些人把企业的控制权彻底地交给下一代后，这次旅途也就驶到了终点。这个框架的思想精髓在于，这一接班之旅开始和结束时的家族企业形式会对接班之旅本身产生深远的影响。

当接班只需要在保留公司基本形式的条件下实现领导权的交接时，很多过去积累的关于如何实施领导权威以及如何作出决策的知识都可以传给下一代。然而，当接班不仅仅需要领导权的交接，还需要企业基本形式的重构时，适应性就变得相当重要。在这种情况下，过去有效的策略很难在未来也起作用。事实上，在这种接班过程中，必须投入大量的精力去忘却许多现存的行为假设和组织流程，而这些东西被许多人认为是以前企业成功的决定因素。

我将要描述的框架会对三种接班类型在概念上加以区分。首先，存在这种类型的接班：领导权的变更并没有伴随着公司基本形式的改变，即人员变换了但是权力机构保持不变。我称这种接班类型为“循环”。这种循环式的接班包含三种形式：所有者控制制到所有者控制制、兄弟合作制到兄弟合作制、家族合作制到家族合作制。见图 2-8：

图 2-8　企业形式保持不变的接班

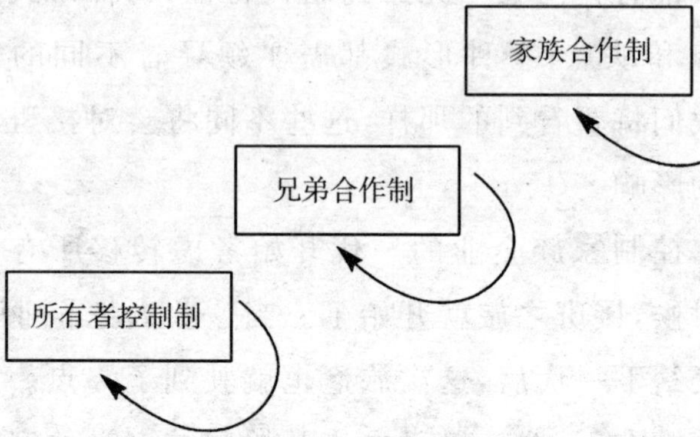


当一个企业所有者成功地将公司的控制权传给他孩子中的一个,并且只传给这一个时,此时这个孩子传承了他的管理权,那么,这个公司就经历了一个所有者控制制到所有者控制制的循环。这是最普遍的接班形式,并且存在着诸多的案例,比如福布斯(Forbes)股份有限公司、意大利伯莱塔公司等等。一个最有名例子的是庄臣公司——庄臣蜡和雷达杀虫剂的制造商,在四代中都只有一个单独的家族成员作为它的领导者并且是具有控制权的股东。公司的现任 CEO 塞缪尔·C. 约翰逊(Samuel C. Johnson)描述了将股票的控制权集中在最有智慧的家族成员手中的好处:"幸运的是,我们公司在每代中都只有一个合适的接班人……很显然,如果一个强势的领导者卸任后有几个人都要争夺权力,那么公司的局势将会一团糟。"[10]

兄弟合作制的循环通常是这么一种情况:老一代中,一个兄弟买断了别的兄弟的股份,并将股份传给其子女,这样,其子女们又可以用相同的合作结构运营公司。一家名为布莱克—麦克唐纳(Black & McDonald)的加拿大公司,是这种接班形式的一个典型案例。布莱克—麦克唐纳公司是一家在加拿大全国为商务楼安装电器和机械系统的公司,它于1921年由两个参加过一战的战友建立。在购买了他的合作者的股权后,麦克唐纳将所有权传给了他的两个儿子:约翰(John)和比尔(Bill)。他们二人作为合作者一起管理公司超过30年。由于约翰的孩子都对公司不感兴趣,所以他希望将他的大部分股份留给比尔的四个儿子,这四个人都计划把自己的职业生涯献给这家位于多伦多的公司。两个老一代的合作者认为,比尔的儿子们最终将平等地控制和管理公司,就像他们所做的那样。

兄弟合作制的循环在这种情况下也会发生:公司的控制权从同一代中年长的兄弟管理团队转移到年轻的兄弟管理团队。这种类型的兄弟合作制到兄弟合作制的循环较为少见,因为它的出现要求的条件更为苛刻。首先,年轻的兄弟必须愿意而且能够接管公司。其次,年龄分布必须足够宽,年轻的合作者才有足够的时间在他们接管公司后建功立业。也就是说,接班团队必须足够年轻,能够在未来若干年内领导公司。[11]

当公司控制权从一代家族成员传至下一代家族成员的时候,另一种接班形式的循环发生了。家族合作制到家族合作制的接班倾向于发生在一些家族王朝中,一般都发生在从第三代传到第四代或者更往后的时候。在美国,几乎没有家族能够在第三代的时候还执掌企业,许多家族后代都在其他领域工作，因此这种形式的接班很少见。但是，也有一些美国的企业，像嘉吉公司和米利肯(Miliken)公司，至少在一代中存在过家族合作制。在欧洲，家族王朝却很普遍，因此很容易找出像米其林(Michelin)、乐高(Lego)、科多纽(Codorniu)这样的公司，它们已经在三代中成功地延续了家族合作制。一旦公司变成了家族合作制企业，公司的股票将分散在数量庞大的家族成员中，要脱离这种形式非常困难。在这个阶段，要进行企业形式变革就需要将公司的股票和控制权集中在少数的所有者手中，或者将大部分的股票卖给家族以外的人从而削弱家族对企业的控制。

第二种类型的接班涉及公司的权力和控制结构的根本性变化。在这种接班类型中，公司向一个更复杂的结构转变。我更愿意将这种类型的接班称为进化接班，意思是，在这种接班中，企业结构从一种相对简单的形式进化到一种相对复杂的形式。有三种形式的进化接班：所有者控制制到兄弟合作制、兄弟合作制到家族合作制、所有者控制制到家族合作制。见图 2-9：

图 2-9　三种形式的进化接班

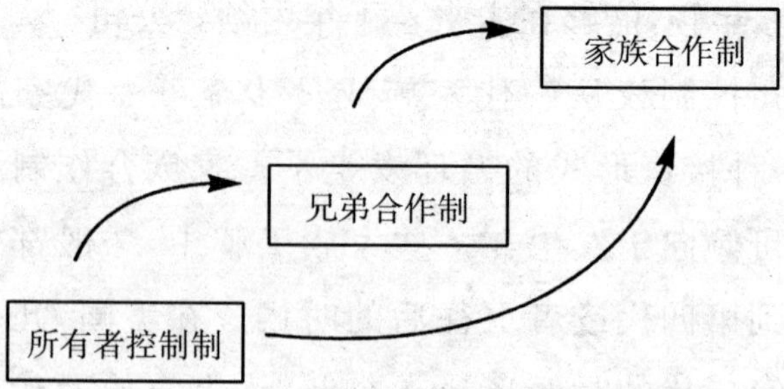

从所有者控制制到兄弟合作制的转变会导致一个家族企业领导结构的巨大变化。原先由一个人单独作出的决定现在要由一个经济利益紧密联系的兄弟合作团队作出。这种改变重新定义了那些关于如何作出和执行决策的基本规则，[12]它要求核心股东通过相互影响来适应。

当兄弟合作制转变为家族合作制时，这个变化意味着权力和治理结构的彻底重建。随着股份从联系紧密的兄弟管理团队转移到广阔的家族体系中，管理必须适应需求和观点的多样化；同时，统治权和管理决策权的区别和融合也变得愈加复杂。对规范来自家族内部各个团体的家族参与者的管理结构的需求变得相当紧迫。这种类型的接班常常发生在那些历史悠久的公司中，它们至少已经经历了整整三代人的发展。这种公司在美国相对稀少，而在欧洲、亚洲和拉美的国家中相对较多。

第三种形式的进化接班相当罕见，即直接从所有者控制制转到了家族合作制。当处于控制地位的所有者忠于家族企业传承的理念，却苦于没有直系的后代愿意或有能力接管公司时，这种进化接班就会发生。在这种情况下，所有者会雇用一个“过渡管理者”来管理公司，直到控制权可以被直接传递到其孙子孙女的手中。通过这种隔代信托机制，这种类型的接班常常与使遗产税最小化的策略相联系。[13]从统治权的角度看，为了使得从单个决策制定者（包括控制型所有者和过渡管理者）到由家族团队构成的集体决策制的转移更为顺畅，复杂的适应历程不可避免。

我所要介绍的最后一种概念上的接班类型是从复杂结构向简单结构的转变。我把这种类型的接班称为退化，意思是，接班使得企业向着更简单的形式转变。有三种退化接班形式：家族合作制转变到兄弟合作制、兄弟合作制转变到所有者控制制、家族合作制转变到所有者控制制。这种类型的接班很少发生，因而也缺少对其的了解。因为将股票的控制权从一群家族成员手中集中到一个家族分支的亲兄弟手中，抑或将股票的控制权从一群家族成员或者一些兄弟合作者手中集中到一个人手中，对股票的流动性提出了很高的要求，所以这种类型的接班很少发生。[14]然而，我还是研究并列出了这种类型接班的几个案例。见图 2－10：

图 2－10　三种形式的退化接班

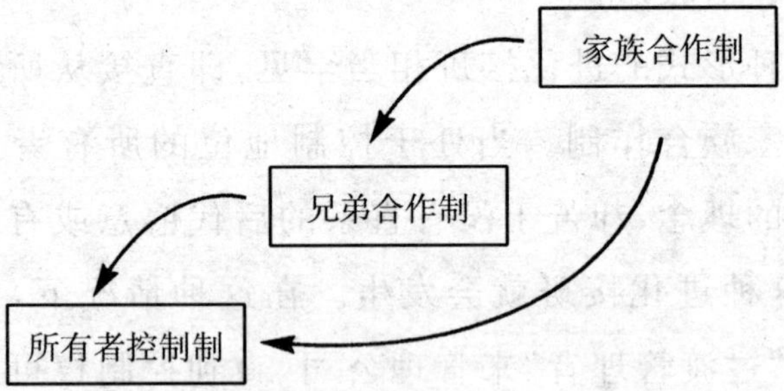


当一个家族合作制企业变得太大时，一个或多个家庭分支可能决定将他们的股份卖给单独的一个分支，这个企业可能会回到兄弟合作制。家族中的几个分支变得对家族企业

不再感兴趣并决定将手中的股份变现，这并不是少见的事情。在有些案例中，家族成员们决定将企业分割成更小的独立单元。如果这种分割是按照家族分支而进行的，那么分割出来的小公司就可能变成一个自主的兄弟合作制企业。

类似地，从兄弟合作制转变为所有者控制制也可能发生。在兄弟们决定将他们在公司中的股份卖给一个兄弟时，这种情况就会发生。更经常的情况是，兄弟们意识到他们更愿意无拘无束地去经营自己的公司，所以决定将公司分割成多个小的独立公司。通常情况下，父母们通过平均地分配公司的股权来强迫他们的孩子们以兄弟合作制的方式共同工作，而没有充分考虑他们的孩子们是否愿意或者是否能够成为合作者。当兄弟们有自由去选择他们喜欢的独立自主的工作形式时，这种合作关系就自然寿终正寝了。

类似的变化在家族合作制企业中也会发生。当一个家族分支的成员们买断所有其他分支的股权并且让自己分支中的一个成员单独担任领导者时，或者当家族中只有一个继承人愿意或有能力接管公司时，这个公司会从一个家族合作制企业回到所有者控制制企业。

### *不同类型接班的发生频率*

没有全面的调查显示，目前采用三种家族企业的基本形式的企业各占多大的比例，或者有多少企业计划在下一代转向不同的形式。然而，在过去的四年中，为了对选择的多样性和所有者的偏好有个初步的概念，在由我主持的家族企业研讨会中，我系统地收集了有关这方面的信息。在详细地解释了家族企业的三种基本形式后，我发放了一份简短的问卷，让他们选出哪种形式的家族企业最恰当地描述了他们的家族企业目前的所有权和控制权结构，哪种形式的家族企业最恰当地预期了他们的企业传递到下一代后的结构。问卷代表了401个家族企业的所有者。见表2-1：

表2-1　当前和未来所有制的分布情况统计

| 当前的所有制 | 未来可能的所有制 | | | |
|---|---|---|---|---|
| | 所有者控制制 | 兄弟合作制 | 家族合作制 | 总计 |
| 所有者控制制 | 85 | 161 | 3 | 249 |
| 兄弟合作制 | 8 | 54 | 65 | 127 |
| 家族合作制 | | | 25 | 25 |
| 总计 | 93 | 215 | 93 | 401 |

在样本的401个企业中，249个(62.1%)认为他们目前是所有者控制制企业，127(31.7%)认为他们是兄弟合作制，25个(6.2%)认为他们是家族合作制。在249个所有者控制制企业中，85个(34.1%)希望他们的公司在下一代能够继续沿用这种形式，但是161个(64.7%)希望转变为兄弟合作制，只有3个(1.2%)希望跳过一代变成家族合作制。

在127个兄弟合作制企业中，65个(51.2%)希望进化成家族合作制，54个(42.5%)希望继续沿用兄弟合作制，只有8个(6.3%)希望回到所有者控制制。样本中全部的25个家族合作制企业希望在下一代继续保持这种形式，这说明一旦企业进入家族合作制阶段，就更倾向于循环那种形式，而不是返回到所有者控制制或者兄弟合作制。

考虑到样本规模的局限性和样本的非随机性，这个调查的结果不能被看作可以代表所有的家族企业。然而，这个调查的数字显示，家族企业的所有者的确会考虑一个比典型家族企业论著中出现的方案宽泛很多的接班选择。除此之外，这个调查的结果与更广泛的调查的结果是一致的。比如说，1997 年由阿瑟·安德森（Arthur Andersen）公司主持的一项对3 000家家族企业的调查显示，10%的被调查企业中有两个CEO，另外有 1%的被调查企业中有超过两个的 CEO。更令人吃惊的是，42%的被调查企业说它们的公司在下一代中会采用合作 CEO。

## 交接的过程

一个家族企业是循环现有的类型还是发展为其他的类型，将会对与接班相联系的大部分实质性问题产生重要的影响。这些问题包括：谁将参与管理接班过程？将会遇到什么样的阻力？掌握控制权力的高层如何卸任？接班人如何取得并且巩固他们的权威？

为了形象地说明那些把组织从三个基本形式中的一个演化到另一个时产生的冲突，我们可以用体育运动来作比喻。控制型所有者像一个网球单打选手一样，他们必须决定自己的战略，而且注定不可能适应参加团队比赛，只有在能使他们显示个人力量且能获得个人荣誉时才会爆发。像一个网球明星一样，所有者有着强烈的自我实现需要、影响整个公司的强有力观点和对权威特别是对仲裁者和家族以外的董事会成员的轻视。因此，让吉米·康纳斯（Jimmy Connors）或是安德烈·阿加西（Andre Agassi）去执教一支篮球队显然是不明智的。篮球队更多地是依靠五个队员之间的精诚协作、信息共享、团队精神以及处于次要地位的刺激成功欲望的自我实现欲。从所有者控制制转到兄弟共同所有和共同管理后，家族企业恰恰就如同一支篮球队。而像康纳斯这种类型的人是并不胜任去教授团队协作的。

下一代中没有人愿意去学习这些。他们毕竟是成长于“蛛网组织”的背景中，并且已经把父母——也就是企业原先的所有者——的处事风格印入脑海。父母所有者的支配和领导的企业家风格强调的素质在一个集体兄弟合作制企业中是灾难性的。年青一代的家庭成员因此面临着额外的挑战：在实质上对成功合作关系最重要的要求——平等的团队协作——是充满敌意的一个组织环境中，他们努力学习着这些新技巧。公司中的每个人都认识到是前任领导者的管理风格导致了公司的成功。为了转变为兄弟合作制，在新的、合作的管理风格无法保证达到相同结果的情况下，下一代却不得不去忘记他们前辈的管理方式。

同样的结构不匹配也发生在企业从兄弟合作制转变为家族合作制的时候。上一代领导者对于权力共享和团队工作的大量经验可能对于下一代领导者起不到多少帮助作用。我们可以将这种改变与试图运营一家大型足球俱乐部的五个冠军球队的篮球队员相比较。[15]这五个人了解彼此的习惯，通过没有束缚的面对面的交流，他们私交甚笃。但是管理一个大的足球俱乐部是相当复杂的，大的足球俱乐部存在许多梯队、周密的赛季日程表、教练和俱乐部官员经常性的日程冲突，以及比篮球比赛多得多的球员和疯狂的球迷。众多的队员和教练对彼此的习惯和需求都知之甚少。联赛的组织者可能对处理球队之间的政治斗争并不在行，就像兄弟合作者们可能完全不能够处理家族分支之间的冲突一样。俱乐部中多种活动的协调需要结构、规则和政策上的支持，所有的这些都被一支篮球队——或者说是兄弟合作团队——视为是麻烦且被迫接受的负担，篮球队员们更习惯于非正式的工作方式。但是在交接的过程中，在下一代中唯一最重要的成功因素——管理结构——却受到整个组织的抵制。比如说，当家族成员们从他们的长辈那里寻找解决问题的建议时，他们会被告之“友好相处”或“一起去喝杯酒然后坐下来把问题解决”，而这正是当年这些互为兄弟的长辈们的做法。

交接的过程在进化接班类型中尤为复杂，因为向一个更复杂化的领导结构的转变增加了低估挑战的可能性。在这些交接的过程中，两种结构在一个公司中很难共存，因为两种结构特征迥异，会使一方的支持者与另一方的领导者发生冲突。见图 2-11。比如说，当老一代企业家还在继续单独控制企业的时候，兄弟合作者们却已经开始试图建立作为将来领导团队的权威。

结构冲突[16]的危险由于几个原因而加剧。一般情况下，现在处于控制地位的领导者没有意识到将来制度的要求与现有的有效制度不符。因此，他们培养和教导下一代的能力

图 2-11 交接的过程

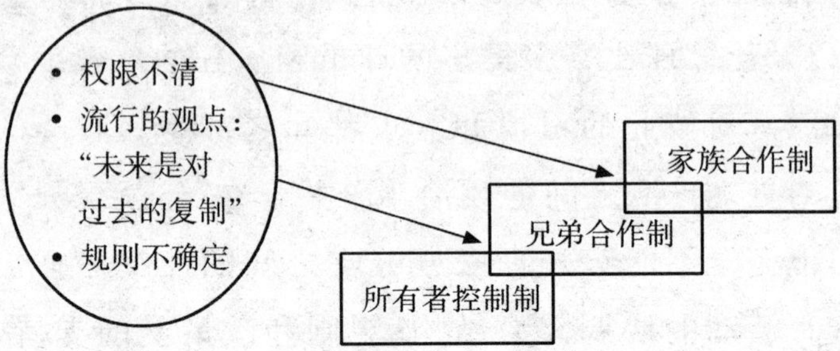


大打折扣。同样，年青一代没有充分认识到结构的变化。当他们效仿老一代的领导模式时，他们就会遇到麻烦。事实上，认为在过去有效的东西在将来也有效的假设，在整个企业中，包括非家族成员和家族成员中，都被普遍接受。甚至外部的利益相关者，比如顾客和供应商，由于已经习惯在商业上与单一领导者打交道，也倾向于抵制企业向兄弟合作制的转变。

不同制度的价值观之间的基本冲突呈现出多种形式。如果控制型所有者不经意间将他们的世界观强加给兄弟接班团队时，两代之间的冲突就会愈加明显。因为别人认为他们的知识和经验与未来的成功并不相关，老一代经常会有抱怨感并且感到未受重视。谁真正在掌管公司变得越来越模糊：老一代作出的决定常常遭到新一代领导团队的漠视甚至否定。如果父母试图决定将某一个子女培养成下一代的领导者，兄弟之间的敌对关系将会爆发，在后代之间形成的将是恶性竞争而不是合作。

处于交接过程的人们，往往认识不到接班历程的紧张压力主要是由两个大相径庭的权力结构之间的重叠所引发的，即单一领导者和领导团队的权力重叠。在这种情况下，双方通常不愿反省自己，而是指责对方造成了这种压力。从背景或是结构的角度理解接班问题，将会使人们的注意力从相互埋怨中转移出来，为建设性地解决问题铺平道路。这也使得斡旋和学习成为可能。比如说，可以设计一些方法帮助老一代确定他们的经验中，哪些是需要传授给下一代的，哪些是不需要传授给下一代的。这可以使得老一代的经验不被低估或是漠视。在换代引起的领导权力改变中，将一些经验传授给下一代是十分有价值的，这些经验包括对产业的理解、与雇员打交道的价值、维持客户忠诚度的技巧等等。然而，如果企业要成功地转向未来理想的状态，对领导权力和治理结构的本质认识必须改变。如果人们认识到他们所知道的很多东西可能与未来无关，他们会更乐于探求适应性更强的替代方案。事实上，当两代领导者认识到他们面临着要使企业适应未来需要的共同挑战时，老一代和新一代的合作将会加强。

### 同时接班

上文提供的框架已经定义了九种可能的接班模式：三种是领导权力的改变但是保留同样的公司形式——循环接班；三种是领导权力的改变同时公司的形式更加复杂——进化接班；三种是领导权力的改变同时简化了公司形式——退化

接班。

在这里，我们必须强调，这九种接班模式都是“理论类型”，现实世界更为复杂。比如说，公司不一定在一个时间点只经历一个接班；接班换代也不会突然发生。我们可以认为，接班时期以下一代中第一次有人进入公司为开始，以老一代领导们把其对股票的控制权交给下一代并且退休为结束。变革发生的时间和计划变革所需要的时间是由家族中起关键作用的成员们的年龄所决定的。如果孩子出生得比较早，计划的时间将会非常长，比如大约 20 年；相反，如果孩子在父母年纪稍大的时候才出生，一些相当关键的任务所用的时间——诸如训练和指导接班人的时间以及老一代准备退休的时间——都会相对较短。正如我们将要看到的隆巴尔迪家族的例子，两种或者三种类型的接班可能会在一个公司中同时发生，而每种接班都面临着一系列互不相关的有待解决的问题。

# 第三章　隆巴尔迪家族

我在1983年第一次接触隆巴尔迪家族[1]，那时，他们请我做他们的咨询顾问。这个家族找我咨询并不是因为他们遇到什么麻烦了，而是因为他们的虚怀若谷使他们认识到他们的公司——同时也是他们的家族——已经成长到了如此庞大的规模，从而使得规划未来并不是一件容易的事情。他们希望一个家族外的人员来帮助他们理清复杂的代际之间的问题，并且构建一个组织结构来保证领导权力顺利地转移。

有趣的是，隆巴尔迪家族的交接过程同时包括两个独立的领导权力转移。第一个是从所有者单独控制制，即创始人保罗·隆巴尔迪（Paul Lombardi）先生，到他五个成年孩子的兄弟合作制。当隆巴尔迪家族巩固这个第二代的接班时，同时也开始关注第三代的接班问题。在第三代，所有权将被分给27个家族成员，他们的年龄处于10—35岁。一些第三代家族成员已经开始在公司中工作，他们都渴望向上一代证明他们是合适的接班人选。两个接班都有一系列的关于公司统治权和领导结构的选择。

隆巴尔迪公司是加利福尼亚州的一个零售和卡车货运公司，营业额达55 000万美元。它拥有一系列的集市、一个进口公司、房地产集团以及地处索诺马山谷（Sonoma Valley）的酿酒厂。隆巴尔迪家族是北加利福尼亚州最著名的商业帝国之一。帝国之父老保罗先生已经80多岁并且已经退休了，他在20世纪40年代末期从意大利的托斯卡纳（Tuscany）移民到美国。他的儿子，50多岁的小保罗，是一个严谨认真的CEO。他在哈佛获得了MBA学位，并且已经为隆巴尔迪公司工作了15年。

对在西北太平洋地区多种多样且分布广泛的顾客和供应商而言，小保罗是一个非常出色的家族企业代言人。在他的领导下，隆巴尔迪公司的规模已经增长到了原先的四五倍。但是，小保罗并不是一个控制型所有者，他同他的三个年轻的弟弟和一个年轻的妹妹共同分享决策权。罗伯特（Robert）、斯蒂法诺（Stefano）、丽塔（Rita）和弗兰克（Frank）在公司中都拥有和保罗一样多的股份；而且，他们和他们的配偶也都在公司中任职多年。

这些弟妹们都欣然承认，小保罗的领导增加了他们的财富，并且使公司在利润和影响力方面都达到了一个新高度。但是当他显得独揽太多的权力或是在公司中寻求自己私利的时候，他仍然会受到阻碍。他那些同样也受过良好教育、工作努力并且富有竞争力的弟妹们坚持要一起协商所有重大问题。如果他越过界限并且在没有协商的情况下独自作出重大决定，他们就会提醒他："别这样！你不是我们的父母。我们在公司中拥有相等的股份，我们想对影响我们利益的重大问题拥有发言权！"

尽管他们都是见多识广的中年人，但是隆巴尔迪家族中仍然存在着尔争我夺，这种争执可以追溯到很早的家族历史中。小保罗的弟妹们不会忘记，在他们童年的时候，作为他们中最年长的一员，小保罗经常扮演着父母的角色并对他们发号施令。然而，这是一个从很早就懂得团结合作并且乐于为了共同的目标而奋斗的家族。作为成年人，他们总是在寻找弱化彼此差异的方法，有时甚至互相开开玩笑来保持家族的和睦。隆巴尔迪家族之间也存在冲突和紧张，但总体而言，他们是一个模范的兄弟合作团队。正如我们将要看到的那样，他们依然很信任他们的父母老保罗和安娜(Anna)。尽管他们已经老了，但是他们的影响依旧可以被强烈地感受到。隆巴尔迪家族是一个雄心勃勃、勤勉努力、见多识广、兴趣广泛、充满活力、富有爱心的家族。为了理解他们家族之间的融洽关系，我们有必要了解一些他们的个人特质和抱负。见图 3-1。

82 岁的老保罗·隆巴尔迪是隆巴尔迪公司的创建者。我第一次见到他时，他是 72 岁。他依然保持着托斯卡纳人的根基和传统，从来不忘记自己起步时的卑微。老保罗融合了个人魅力和与生俱来的精明，同时，他又坚持不懈地追求他的成功。作为一个移民来的采摘水果的人，他曾遭到过索诺

图 3-1 隆巴尔迪家族

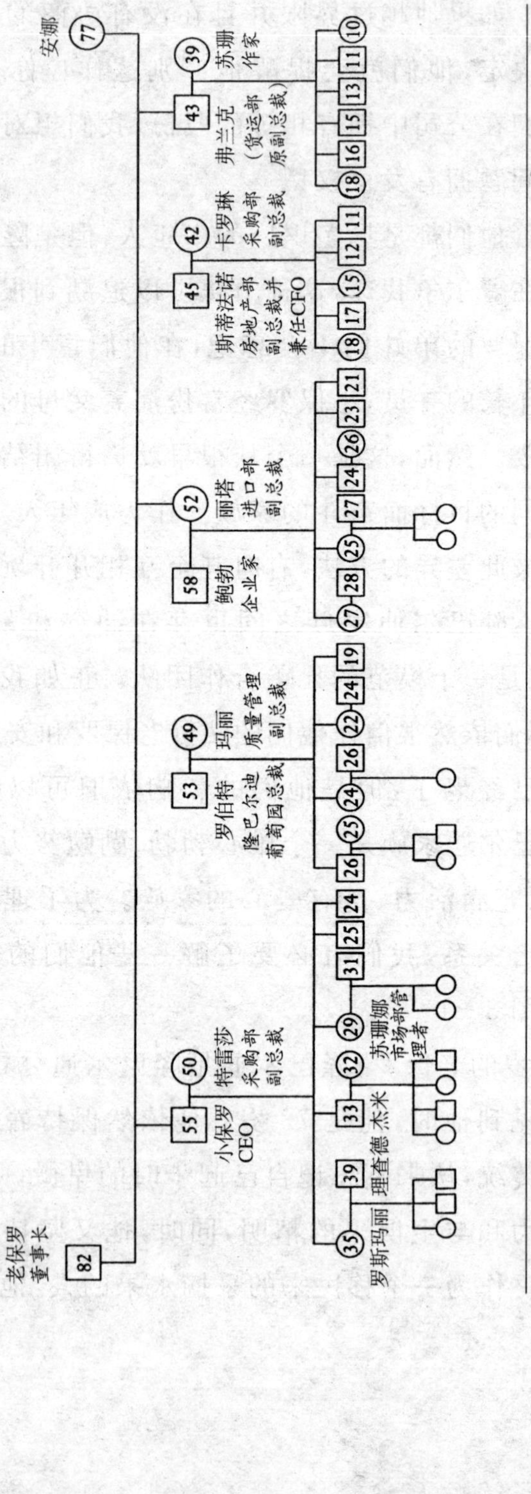

老保罗
董事长
安娜
小保罗
CEO
特雷莎
采购部
副总裁
罗伯特
隆巴尔迪
葡萄园总裁
玛丽
质量管理
副总裁
鲍勃
企业家
丽塔
进口部
副总裁
斯蒂法诺
房地产部
副总裁并
兼任CFO
卡罗琳
采购部
副总裁
弗兰克
（货运部
原副总裁）
苏珊
作家
罗斯玛丽
理查德
杰米
苏珊娜
市场部管
理者

马当地种植者的歧视。但是，他千方百计地攒钱，终于买下了当地的一个小蔬菜农场。在最初几次尝试失败后，他后来的连锁市场中的第一个市场开业了；之后，这个市场又派生出了很多相关的商机。创始者的智慧和经历常常被后代们援引。“仔细品味失败就是为巨大的成功铺路”是他最喜欢的格言。另一个他在家中常常引用的格言是“如果我们可以梦想，那么我们就可以实现”，这暗示了这个家族对树立伟大目标的重视。在近些年来，他已经退休，并且身体每况愈下。

安娜·隆巴尔迪现年72岁。尽管她比她的丈夫更为沉默寡言，但是她一直强有力地在幕后推动着兄弟之间的平等与合作。安娜是一个具有部分德国血统的女子，她在来美国之前与她的丈夫在欧洲相遇并结婚。在他们的市场开业的早期，她是她丈夫的会计，并为家族的工作道德树立了榜样。当孩子们还小的时候，她参加孩子们参与的每个重大的学校活动——从体育比赛到诗歌朗诵。丽塔说：“我母亲发明了质量时间的概念。”毕其一生，安娜都对隆巴尔迪公司有着重要的影响，但是由于年龄和健康状况的原因，她现在已经很少参与公司的事务。

55岁的小保罗是隆巴尔迪家族第二代中的长子。作为市场部的领导，他显示了其商业领导才能。在他的管理下，公司将连锁超市从加利福尼亚州扩张到西北部的其他州，数量也从1979年的12个店增加到1990年的65个店。尽管他是家族第二代的魁首，但是小保罗觉得他缺少他人的认同和赞赏。他常常发现自己的权威与其父亲相差甚远。他父亲时常提醒他，他执掌的是一个兄弟合作制企业，因此不能自己随意地作出任何决定。而事实上，小保罗把他父亲的话理解成："以前只有一个国王，那就是我，而现在你只是诸多君王中的一个。"

作为一个投入很多时间在公司中的非常辛勤的管理者，小保罗不会用委婉的语句来批评家庭成员和员工们所犯的明显错误或是不遵从指导的行为。他发脾气时就像火山爆发，但是由于他平时很和蔼，所以也经常能被他人谅解。近年来，小保罗一直受到心脏病的困扰。现在他考虑在五年后退休，然后开始慢慢体味生活的美妙。小保罗与特雷莎（Teresa）结婚并且有五个孩子。特雷莎在其工作职责内是一个非常成功的企业家。作为一个高级采购员，她已经在公司工作了很多年。

53岁的罗伯特·隆巴尔迪是隆巴尔迪家族第二代中的次子，掌管隆巴尔迪葡萄园，负责生产多种流行的葡萄酒。尽管在企业中是一个强势并且深受爱戴的管理者，但是罗伯特似乎对政治更感兴趣。他最近刚被选入加州立法机关，并致力于将来竞选州长。作为一个哈佛大学肯尼迪政治学院的毕业生，罗伯特是一个开明的知识分子，并且承担起履行家族的社会责任的任务。他在加州的许多环保组织和慈善机构中都非常活跃。尽管在外表上比小保罗柔和一些，但是当发生冲突的时候，他也是非常强硬且坚持对抗的。一些家族成员们说，在一定程度上，他是想达到政治上的卓越地位以便与他哥哥在商业上的地位不相上下。罗伯特的妻子是玛丽，他们也有四个孩子。玛丽与特雷莎和丽塔三人一起在采购部工作了很多年，并且最近开始负责在公司实施全面质量项目。

丽塔·隆巴尔迪，52岁，多年负责进口部门的工作。她负责采购在隆巴尔迪市场销售的种类繁多的工艺品、衣物和宗教用品。作为第二代中唯一的一个女性，她在"反抗大男子主义"和维护家族和睦中扮演着重要的角色。她亲切和蔼、平易近人，而且由于她的公正、敏锐判断和对人的深刻洞察，她受到所有人的信任。尽管她在商业中富有经验，在所有权和管理权中也享有平等的权力，但是她很遗憾没有接受像她兄弟们接受过的那种教育，并觉得对于她而言，这是一个继续发展的障碍。作为一个使兄弟们保持团队工作方式的家庭成员，丽塔被认为是她母亲自然的接班人选。丽塔嫁给了鲍勃(Bob)，他们有五个孩子。鲍勃是一个独立的企业家，从来没有在这个家族企业工作过。

斯蒂法诺·隆巴尔迪，45岁，领导房地产部门。他负责为公司新的市场购买和租赁土地。由于接受过会计师的培训，他深入地参与公司的财务管理和信息化发展。在他的兄弟们和姐姐看来，斯蒂法诺在处理数字和摆弄最先进的高科技产品方面，似乎是最得心应手的。在团队中，他不如他的兄弟们健谈，在表达自己的感情时显得很不自在。但是，在私底下，他和他兄弟们一样表达清晰，并且可以随心所欲地来一次雄辩的演讲。他在房地产界有很高的威望，并且在旧金山州立大学教授一门关于房地产的课程。他与卡罗琳

(Caroline)结婚并有五个孩子。卡罗琳拥有 MBA 学位，她同丽塔一起在采购部工作。

弗兰克·隆巴尔迪，43 岁，是家族第二代中最小的。他负责卡车货运部门。卡车货运部门已经经营了五年，但是最近由于巨额亏损而关闭了。同他的父亲一样，弗兰克富有个人魅力并且是一个天生的企业家。他是一个喜欢与顾客和供应商打交道的优秀的销售人员。然而，他可能不是一个好的管理者。同时，卡车货运部门的失败为兄弟团队的凝聚力提出了一个严峻的考验。

弗兰克是个爱冒险的家伙，他喜欢参加各种户外运动，从登山到潜水。他经常在世界各地参加马拉松跑步。弗兰克希望进入公司主流的领导位置，但是他必须努力工作，向他的兄弟们证明，他已经从卡车货运部门的失败中吸取了教训并且能为隆巴尔迪公司的发展作出巨大的贡献。弗兰克的妻子是苏珊。苏珊是一个富有成就的诗人和小说家，也曾在公司中工作过。弗兰克和苏珊有六个孩子。弗兰克对六个孩子非常疼爱，并对他的工作使他经常离开家庭而感到很愧疚。

隆巴尔迪公司是一块规模浩大的画布，其色彩既有艳丽明亮的一面，也有稀薄浅淡的一面。从创始人传给第二代的第一次接班大约在 20 世纪 70 年代后期已经完成；然而，未来的所有权安排至今仍不明确。现在，这五个兄弟姐妹拥有 55％的公司股份，这些股份是平均分配的。而且最终他们将会继承他们父亲的 35％的股份（10％已经分配给了员工）。

股份如何在第三代中分配还没有最终确定。

此外,第二代和第三代的家族成员必须对未来公司的结构达成共识。这 25 个堂表兄弟姐妹会像他们的父母那样服从同样的安排吗?公司结构能够发展到足够容纳所有家族分支包括那些不参与公司管理的家族股东的雄心壮志吗?公司中的家族成员们能够学会协调他们的利益并作为一个团队来工作吗?这个阶段太多的复杂性确实会损害家族的财富和遗产吗?家族应该重新调整股权结构并将权力集中在少数将来能像他们父母一样和谐工作的堂表兄弟手中吗?回到一个人统治的形式是否会更加简单?

为了了解隆巴尔迪家族的各种选择和规划,我们必须仔细审视家族的价值。接着,我们必须看看小保罗是如何成为隆巴尔迪公司的领导者,以及兄弟合作关系是如何发展的。

## 第一次接班的缘由

如同在很多家族企业中发生的那样,一次无法预期的事件使得接班突然到来。在 1977 年的夏天,老保罗在北加利福尼亚海岸游泳时被卷入一个旋涡之中,险些淹死。他在医院里恢复了将近半年的时间。幸运的是,这个事故发生的时候,小保罗正在从纽约返回的途中,他在那里接受了一个大型超市连锁店的为期两年的培训项目。在那之前,他已经管理了隆巴尔迪公司的市场部五年时间。现在,由于他父亲的缘故,他被召回来去制定那些影响企业未来的决策。

一句格言说得好:权力是自己争取来的而不是别人给予

的。小保罗不仅快速地填补了领导权力的真空，并且在很短的时间内开始领导公司开展新的事业。他拓展了公司在房地产方面的投资。他发现，过去公司的卡车车队仅仅只是将产品运到市场上，这样，车队会有许多的闲置时间。因此，他成立了一个小型的卡车部，并且任命他最小的弟弟弗兰克来管理。当市场部的首席运营官罗伯特显得有点不安分的时候，小保罗成立了一个独立于公司在索诺马(Sonama)的葡萄酒酿造厂的部门，并让罗伯特负责管理。这个部门在罗伯特的管理下迅速地发展起来。这令罗伯特很满足，过去他总是因为从他的哥哥那里抢订单而起摩擦。罗伯特的新职位给予了他更多的自主权，也给了他更多的时间去实现他的政治目标。

当小保罗开始巩固他的领导权力的时候，他的父亲渐渐从那次事故的虚弱中康复过来。当老保罗在1980年回到公司后，他面临着无可否认的事实：他的孩子不仅有条不紊地管理着公司，而且还使公司利润得到了提升。他意识到，小保罗已经在隆巴尔迪公司中占据了统治地位。他经常通过指责他的兄弟所做的事情、否决一个项目或者设置他的兄弟合作者的行为界限，来表明自己的影响力。此时的老保罗依然拥有CEO和董事长的头衔。不过这些头衔有时会令小保罗心烦，他觉得这些头衔对外传递着老保罗仍然统治公司的信号。在那次事故后的五年时间内，老保罗宣布了他的退休，并正式将CEO的工作交给了小保罗。

然而，如果人们认为这个接班是完全没有准备的，那就大错特错了。不管有意识的还是无意识的，老保罗和安娜都希望他们的五个孩子最终能够共事，一起建立一个商业帝国。很早的时候，他们就像很多商业家族一样，有一系列关于孩子们能力和他们各自未来角色的考虑。更为重要的是，他们一直在培养兄弟姐妹之间的合作精神。

作为长子，小保罗从小就被培养去承担领导者的角色。但是，隆巴尔迪家族也非常关注其他所有孩子的教育和培训。这五个兄弟从很早开始就在家族企业中工作。儿子们被鼓励去最好的学校学习，接受商业以外的对隆巴尔迪公司有益的训练。家族鼓励弗兰克和斯蒂法诺休假一年，和他们的家人一起去波士顿，参加麻省理工久负盛誉的斯隆商学院奖学金项目。

尽管小保罗已经为他承担的角色作了很充分的准备，但是他的父亲从来没有明确地表示过小保罗就是他指定的接班人。甚至在他出事之后，老保罗还有另一个选择：不接受正在发展中的集体领导制度，而是将小保罗作为唯一的指定接班人，继而帮助他的儿子建立权威。通过坚持所有者控制制形式，家族也许可以将决策制定得简单而且统一，从而可以维持长期建立的统治习惯。如果哪个孩子不满，他也可以通过给他们一些股份或帮助他们建立自己的公司来安抚他们。

然而，由于这五个充满智慧而又雄心勃勃的孩子都在公司，保罗·隆巴尔迪选择了一种与他的管理模式截然不同的管理模式。事实上，老保罗和安娜已经考虑了很久合作结构的问题。意识到新的一代事实上已经接管了权力，老保罗和安娜于是将股份平等地分配给了他们的五个孩子，并且对发展中的新的领导风格表示认可。

### 兄弟结构的演化

由于小保罗的巨大努力，公司发展得非常迅速。1982年以来，隆巴尔迪公司的年收入已经增加了150%。小保罗觉得他的业绩巩固了他的权威。小保罗的弟妹们意识到了他作为一个管理者的成就，并且在一些重大问题上愿意听从他的领导。一段时间后，一种微妙的均衡形成了，这使得小保罗可以站在一个足够的高度来领导公司。同时，这种均衡也制约着小保罗，使他清醒地认识到，重大的问题也需要咨询他的弟妹们。这种兄弟合作关系的建立是这个团队最显著的成就。同时，小保罗愿意去领导一个团队的意愿，也使得这个系统可以有效地运作。

在小保罗的领导下，隆巴尔迪公司成功地利用了经济机遇不断地成长。经济力量与兄弟姐妹们的雄心壮志之间的微妙交互反应造就了现有的组织结构和授权方式。一个很明显的例子是，酿酒厂正成长为一个大的公司从而需要特殊的关注，而市场部并没有配备相应的力量来满足这些要求。所以，将其分拆出去成为一个独立的公司是个不错的选择。同时，小保罗也想找一个理想的市场部首席运营官，这个人不应像罗伯特一样总是挑战他的管理权威。重建一个新的部门为小保罗提供了一个让罗伯特离开的绝好的机会，并且也可以让这位第二代中的次子去做自己喜欢做的事情；同时这也允许小保罗雇用一个新的首席运营官。

三个兄弟的配偶已经证明了她们对企业的价值。小保罗的妻子特雷莎是这三个人中第一个就职于公司的，在丽塔领导的进口部门担任首席采购员。不久以后，罗伯特、斯蒂法诺和弗兰克的妻子也都相继成为进口部的采购人员。裙带关系对企业的确有促进作用。所有这些配偶都受过良好的教育、富有见识并且具有品位，她们比企业中的其他员工更频繁地出现在交易会和产品市场。她们为隆巴尔迪店铺采购精美的商品，同时也像其他家族成员一样获得了丰厚的回报。

现有的组织结构很好地满足了家族的情感需要。隆巴尔迪家族的成员们将大部分时间都投入到各自的事业上。在这个家族中当然也存在争斗和敌意，在权力如此高度集中的组织中，缺少冲突将是一个危险的信号。尽管隆巴尔迪家族的成员们时常对彼此大呼小叫，但是他们一直在努力淡化这种差异，从而继续保持他们之间亲密的关系。如果说有一些差异是应该存在的话，那就是家族成员们要避免被完全淹没于家族生活中，他们需要建立起独特的个人特征。

比如说，老保罗的儿媳妇们都在进口部工作，她们之间相处融洽。但是小保罗的妻子特雷莎还是受到一些妒忌，因为在很多年里她都是采购人员中的“女魁首”。但是，当斯蒂法诺的妻子卡罗琳在加州最顶尖的学校获得了 MBA 学位后，情况发生了变化。她带回了很多关于新产品和价格战略的新创意，这大大提高了她在部门中的影响力。不久之后，特雷莎离开了这个部门去领导隆巴尔迪基金会，卡罗琳取代了她成为了首席采购员。

尽管小保罗是被其弟妹们承认的魁首，但是他的决策权力远远不如他那统治了公司25年的父亲。在公司中老资历的非家族经理人面前，这些兄弟们必须忘却早年在他们父亲那里接受的培养。小保罗的权力范围受到各种繁文缛节的限制。当他自己作出了决定，而他的弟妹们却认为应该同他们协商的时候，他会被告知他已经越权了。因此，他知道了下次再发生类似问题的时候，应该同弟妹们先协商一下。当他自己作出了决定，然而并没有受到弟妹们的反对，他就知道可以在他的权力范围内做这件事情了。

直到近些年来，父母们才公开讨论并且清晰明确地界定了他们长子的决策权力的范围。他们同意让CEO决定在一定数额之下的应急支出以及不超过两年的风险投资。这些合作者们现在每周都需要开一次会，来讨论公司面临的重大问题。小保罗知道，对于公司有深远影响的事情，他需要得到他的弟妹们的同意，比如兼并一个有风险的企业、向正在运作的项目再注入资金以及处理与公司治理有关的事务。

当然，就重要问题达成共识通常会花费大量时间。在多变的市场中，当必须很快作出决定来获取机会优势或者防止灾难的时候，这常常就是一个缺陷。隆巴尔迪家族的兄弟们已经达成了共识：当必须的时候，小保罗可以灵活果断地作出决策。在事后，他可能会因为他的弟妹们不同意他的决策而受到苛责，但是他必须在关键时候承担起领导责任。

尽管有时候小保罗对于那些强加于他身上的限制感到恼火，但是他认识到，同弟妹们商量常常改进了决策的质量。隆巴尔迪家族成员中的每个人都接受过不同的培训，拥有不同的经验和能力，这使得这个团队经常可以看到问题的各个方面以及个人可能忽略的某些决策细节。这个体系与日本企业的体系相类似：企业通常花费大量时间来达成共识，但是一旦达成了结论，合作者们便会全力以赴地去支持并且不断努力地去推动执行。

### *兄弟合作体系的先天风险*

隆巴尔迪公司很幸运，它拥有足够的产业，每个兄弟都有能够施展他们天赋和领导才能的领域。但是，在这种多重领导的体系中，存在着一些先天的风险。那些念念不忘老一代所有者的高层经理们可能会发现可以利用一个兄弟来对抗另一个，有时，顾客、供应商甚至雇员也会这么做。隆巴尔迪家族已经很多次陷入了这个问题的泥沼中。现在，他们通常会去向兄弟们确认他们听到的从一些非家族人士口中传出的小道消息。

一个更为根本的威胁来自于过度的分权和过少的责任。在 1993 年，隆巴尔迪家族遇到了这个问题。当时，一个管理咨询组对公司的事业部做了全面的财务审查，发现有些事业部的利润非常丰厚，但是另一些却难以为继，亟须注入资本。除非公司作出一些关键性的决定来剥离没有利润的业务，否则它的现金流将会受到严重地削弱并且会危及未来的发展。

这个问题的困境来自于每个部门都拥有足够的自主权，而这个体系是为了保持兄弟之间的和睦而建立的。当老保罗仍然在公司中掌权的时候，他可以否决孩子们的任何投资意向，只要他认为这个项目投资风险太大或者回报太低。然而，在近些年来，这些投资决策开始由部门领导们自己决定，其中许多都是隆巴尔迪家族的第二代成员。他们不会把公司利益置于首位，也不会去考虑投资的回报和机会成本。

咨询报告导致了隆巴尔迪公司的重大结构变革，这使得家族利益和公司利益的冲突暴露出来。削减成本的计划要求公司放弃几个不赚钱的业务，而其中的一部分是一些家族成员们青睐的项目。他们不愿意不作任何抗争就轻易放弃这些项目。然而，幸运的是，咨询报告的数据具有足够的说服力，使他们相信公司关闭一些业务的选择是严格地基于经济方面的考虑，并不带有个人偏好。

结构重组的最大挑战是兄弟们的团队管理能力。一个需要关闭的部门是卡车货运部，这一部门一直由公司注入资金。它原先已经获得了几个大制造商的货运合同，只是后来由于疏忽处理订单、延误交货以及机器故障才失去了这些合同。这些失败直接归咎于弗兰克的疏于管理。其实他有销售的天分，他健全了部门的账目，但是最终却不能满足客户们的需求。当咨询师们强烈地反对任何挽救这个部门的努力时，家族的第二代成员们面临一个关键的问题：弗兰克在家族企业中的未来会怎样？很显然，如果弗兰克是另一家公司的经理人员，他可能会被那家公司辞退。弗兰克必须对他管理的失败负责：他既不能否认对损失的责任，也无法拿出继续对卡车货运部投资的有力证据。但是，把他从隆巴尔迪公司开除将会严重地损害家族关系。

弗兰克的兄长们非常清楚，这个决定将会为将来可能发生的同样的情况提供先例。不管他们作出什么样的决定，他们都必须意见一致。他们准备了一个备忘录，通知弗兰克他们不能提供给他另一个部门经理的位置，但是如果他愿意继续留在公司里，他们可以为他在总部提供另一个职位。弗兰克觉得这个建议相当合理。他决定先自己做一两年的销售顾问，然后再考虑回到公司工作。其间，他将继续担任隆巴尔迪的一些子公司的董事。

### *承认每个兄弟的贡献*

在集体管理的企业中，合作者们努力不断地在家族和睦和持续领导、快速决策这两者之间保持平衡。只有当兄弟彼此之间充满友爱和信任时，这个结构才能有效运作。在兄弟合作关系中保持家族合作和有效管理的关键在于建立对彼此意见、需求和观点的尊重。在隆巴尔迪家族的案例中，这主要依赖于父母对第二代合作者们持之以恒的支持。他们的母亲安娜一直是家族文化的关键要素，是防止出现恶性竞争的权威。后来，在安娜变老之后，丽塔开始承担这个角色来调剂家族内部的关系。像很多家庭中年龄居中的人一样，丽塔成为了家族成员的内部咨询顾问并得到了所有人的信任。当然，作为公司一个部门的领导和五个希望得到公司中管理职位的孩子们的母亲，她的动机可能会受到严重的怀疑。然而，为了使获得的支持不减少，第二代家族成员们必须想办法加强他们彼此之间的信任。

他们开始慢慢地学会公开表达对彼此努力的赞赏。由于存在天然的竞争关系，很多兄弟姐妹都不愿称赞他们的兄弟或是姐妹。即使称赞是他们最容易、最方便给予对方的东西，他们仍然吝啬于他们的赞美。所有的隆巴尔迪家族成员都工作勤勉，并且他们都朝着有利于整个家族的方向努力。最近，他们试图更经常、更大度地去认可彼此的业绩，他们常说“你做了一项完美的工作”或者“我真地感谢你为那项工作付出的时间和努力”之类的话。这些举动可能看起来很平常，但是它们极大地帮助了家族成员们减少彼此之间的敌意并建立起未来合作所必需的信任。

尽管小保罗非常自信并且坚持己见，但是他非常需要对他为壮大企业所做的一切的认同。他的父亲，像所有成功企业的创始者一样，已经被认为是家族的英雄。第二代家族领导者也渴望同样的英雄地位。在第二代的接班完成之前，小保罗对企业的贡献已经得到充分的认同。他的弟妹们逐渐意识到这种认同的重要性。在家族会议中，他们承认：首先，他已经管理了这个企业 15 年；第二，公司的成长大多归功于他的努力。

公司向外界宣扬小保罗的功绩和形象也同样重要。作为合作体系的领导者，他的权力在企业内部受到制约；但是对外他需要有足够强有力的形象来有效地应对各种公众问题，因为公众们仍然存在着“独裁偏好”。例如，银行家们通常想知道谁在公司中一言九鼎。因此，公司在举行公众活动的时候，家族成员们首先介绍公司的早年历程和创始人的精神。接着，他们会介绍小保罗——现任的领导者。最后，由小保罗本人详细地谈论公司近期的成就和未来的目标。

当有问题开始分裂兄弟感情时，合作者们必须找到维持合作关系的措施，这种合作关系对未来至关重要。例如，罗伯特希望有六个月的带薪假期，从而能够全身心地投入到他在州立法机构的第一任工作中。他说，如果没有薪水，他在州立法机构工作的时候他和他的妻子将不能维持现有的生活方式。他还强调，作为一个州立法者，他的高度曝光率可以提高公司的声誉。

小保罗坚决反对这个要求。他认为，不管他们多么地为罗伯特而骄傲，但是，给一个不工作的家族成员支付薪水违反了管理规定。作为成功的家族企业，隆巴尔迪公司坚持第一代的企业规章，避免制度因人而异。事实上，这是管理领域中普遍认同的观点。但是，在兄弟合作制企业中，过于严格地遵守“业务第一”的规章可能会造成令人不舒服的感觉，并最终导致团队合作的失败。在一些情况下，为了保持兄弟之间的和谐，不得不作一些妥协。事实上，隆巴尔迪家族就是这么做的。他们同意让罗伯特继续担任一些隆巴尔迪子公司的董事；同时，罗伯特也接受降低了的薪酬水平。

小保罗担心，他的弟妹们可能会试图让他尽早退休从而取而代之。他的弟妹们在尽力缓解他的这种忧虑。由于担负着越来越多的保持家族企业高速成长的责任,小保罗在1989年决定放弃他市场部主管的职位,将精力集中于CEO的职责。他制定了辞职的计划,并讨论谁将接替这个部门的职位。在那几周内,他非常担心他的某个弟弟或者妹妹会谋求这个职位,进而挑战他的领导权力。

当他真正辞职的时候,他觉得很吃惊,但也如释重负,因为他的四个弟妹都没有要求这个职位。他们很明显都没有侵入小保罗势力范围的意图。取而代之的是,他们决定提拔一个合格的非家族职业经理人来领导重要的市场部。(后来,小保罗向我讲述了他辞职那晚做的一个梦。他梦到几个蒙面人让他举起手来,并且把他拉到房外。当他按照他们的要求做的时候,他们突然扔下他们的枪,转过去跑了。在我为他作分析之前,小保罗没有将这个梦和辞职的事件联系起来。这个梦其实暗示了他在辞职前的焦虑和一切过去后的解脱。)

### *下一代:更广泛的选择范围*

从第一次接班开始,第一代的创始人就花费多年时间为隆巴尔迪公司塑造了领导权力安排和完全不同于老保罗自己创造的企业文化。在下一次接班中,兄弟合作者们面临着更为复杂的选择。

合作者们可以选择延续现有的领导结构,也许第二代中的某一个合作者会希望成为新的魁首。在这种情况下,他们可以将权力保持在第二代手中十年甚至更长时间。但是,没有人去寻求接替小保罗的市场部主管的职位，而那个职位被认为是接替 CEO 的必经之路。在小保罗强势领导的阴影下，也许四个弟妹不会像当年小保罗接替他们父亲那样去接替 CEO 的工作。也许他们认为应该做的就是通过发展自己的部门来在公司的发展过程中留下独特的印记。

事实上，当第二代合作者们讨论谁将成为市场部的领导者时，他们也讨论了 CEO 工作的接班问题。他们决定，只有当第三代作好准备接管公司的时候，下一次领导权力的变化才可以发生。第三代家族成员们是应该循环同样的结构，还是应该采取不同的管理体系至今仍然没有定论。但是已经有迹象表明，第二代的合作者们非常倾向于在下一代中复制他们的结构。比如说，他们在公司中拥有相同数量的股份，他们也倾向于将他们的股份再平分给他们的孩子们。然而，当股份平分给了 25 个第三代家族成员时，公司必须处理比只平分给 5 个人时更多的事情。有了更多的所有者，就会有更多的声音和需求，而这些声音和需求必须得到协调。多少不参与企业事务的家族股东是家族企业所能容纳的极限？如果隆巴尔迪家族决定将股权集中在少数人的手中并且减少股东的数量，这将如何影响家族中的关系？

当家族企业试图在第三代家族成员中继续平等地分割股份时，一些问题就不可避免地出现了。隆巴尔迪家族是幸运的，因为每个第二代家族成员有着差不多数量的后代。在许多家族企业中缺少这样的平衡，这使得第三代中所有权的安排变得非常复杂。例如，在我的另一个第三代接班的咨询项目中，有一个第二代的家族成员只有一个孩子，而另外的三个都有三四个孩子。如果第三代的股份是在四个家庭中平均分配，而不是给每个第三代家族成员相同的股份，这样有一个家族分支中的孩子将拥有 1/4 的股份，他将会比其他第三代家族成员们有更大的影响力。如果其他三个分支的第三代家族成员不能以同一个声音说话，他们的家族分支在企业决策中的影响力将会减少。

隆巴尔迪家族的第三代成员必须应对越来越多的家族企业问题。因为他们在不同的家族背景中成长，甚至生活在不同的社区，他们并不像他们的父母那样了解自己未来的合作者。第二代的合作者们还可以一起追忆起他们父辈艰苦奋斗的情景，但是这些第三代家族成员们了解的仅仅只是那些巨大的财富。

由于第三代家族成员的数量庞大，而且企业的高层管理职位有限，因此不是所有人都能够获得这些职位的。兄弟合作关系的成功完全依赖于发展一种体制来确保合作者之间的协作。而在第三代中，当很多家族成员想要参与到企业中时，持续不断的成功则依靠一些制度化的结构来确保专业化的管理。在第三代中选择一个领导的过程比第二代中更为复杂。除此之外，第二代中的每个家族成员通常希望自己的家族分支能够在高层领导职位中取得一席之地。隆巴尔迪家族第二代的成员们已经发现，小保罗为了使他的儿子杰米(Jamie)成为最终的接班人，有些太急于求成了。33 岁的杰米·隆巴尔迪是管理层中的最年长的第三代家族成员。

最年长的第三代家族成员进入企业产生了很多很棘手的问题。通常,第三代的成员会反映第二代领导者之间的紧张关系;同时,他们也会不可避免地被这种紧张关系所限制。比如说,小保罗的一个女儿苏珊娜(Susanna)拥有一个酒类学的学位以及一个MBA的学位。她已经成为了酒业公司市场部的管理者,因此必须向她的叔叔罗伯特负责。在这个职位上,苏珊娜经常处于两难境地。在平常的谈话中,她的父亲会问起她酒业公司遇到的财务困难,这使她非常为难。她想对她的父亲说出她的想法,但如果她透露了关于酒业公司太多的信息,就似乎是对罗伯特不忠,而这些信息从部门报告的渠道得到显然更为合适。苏珊娜会被考虑成为她家族分支的代表吗?她对自己和自己的部门忠诚吗?这些三角问题显示:在第三代家族企业中,管理问题和家庭问题微妙地纠缠在了一起。

隆巴尔迪家族已经开始逐渐认识到家族企业的第三代的接班中存在的问题。如果五个第二代合作者试图在下一代中建立一种有效的合作关系,他们必须建立一种机制,用以甄选和培养那些有可能成为下一代领导团队的第三代家族成员。但这绝不是唯一的选择。隆巴尔迪家族也可能认为过于复杂会削弱企业,最好的方式还是恢复到单一所有者的形式。如果企业拥有富裕的现金从而能够回购所有家族成员的股票,同时,第三代家族成员中最终出现了一个卓越的领导者并且明显强于其他同代人,那么回到单一所有制尤其具有吸引力。也有可能,隆巴尔迪家族觉得只选择少数的领导者会伤害家族成员的感情，造成五个家庭的分裂。此时，他们也许会雇用顶尖的管理天才来接管高层行政职位，从而使得企业专业化。当一个非家族成员被任命为市场部的主管时，对于这个选择无疑是一种激励。

不管家族的选择是什么，为了准备第三代的顺利接班，必须在第二代巩固一个强有力的合作基础。第二代合作者和他们后代年龄的分布广泛使这个过程复杂化。每接班一次，年龄的跨度就变得更大，这对企业中的领导权力有深刻的意义。现在，在隆巴尔迪家族中，小保罗的长子杰米已经在管理职位上工作了；而第二代中最年轻的弗兰克的最小的女儿只有十岁，她还需要等很多年的时间才能够被提拔到管理职位上。很显然，在第三代家族企业中，由于存在如此大的年龄跨度，最年长的第三代家族成员将会首先得到高层领导的职位；最小的只能最后一个轮到担任领导职位，前提是如果还有机会的话。这会使家族之间彼此的力量失衡从而引发冲突。

事实上，有一些第三代家族成员和弗兰克是同时代的人。他们彼此之间相当接近的年龄可以强化两代之间的关系。比如说，弗兰克与他那在进口部工作的侄子杰米年龄相仿。但是，这也可能会加剧两代人之间的冲突。小保罗有个女儿罗斯玛丽(Rosemary)，在家族决定关闭卡车货运部之前，她的丈夫理查德(Richard)一直在那里工作。弗兰克觉得理查德工作不称职，于是将他开除。事实上，因为理查德只比弗兰克小 4 岁，作为同龄人，他常常以同辈的身份对待他的老板。这种做法造成了两人之间的冲突。弗兰克觉得理查德对他没有足够的尊重并且行为常常越轨。弗兰克在没有询问小保罗和其他兄长的情况下开除了理查德,这引起了家族内部持续了几周的骚动。

年长一些的第三代家族成员急于获得他们在企业管理中的地位,从而显示他们对企业职业化传统的拥护。当第二代合作者们讨论第三代家族成员进入企业的标准时,这些年长的隆巴尔迪家族成员认为,大学学位和在别的企业一年的工作经验是最低的要求;而第三代家族成员们讨论同样的问题时,他们提出的标准更为苛刻:MBA 学历以及在别的公司五年的工作经验。

事实上,并不是所有希望在公司工作并且沿着公司规划的职业路线到达高层职位的家族成员都能得到他们想要的东西。这就是很多拥有像隆巴尔迪家族拥有的资源的家族仍鼓励他们的后代开创自己的事业的原因。通常情况下,开创新事业的意向会被家族内部推崇备至。隆巴尔迪家族对深植在他们血液之中的企业情结和勤劳传统引以自豪。(除了作为家族企业的 CEO,小保罗还拥有他自己在萨克拉门托的旅行社。很自然,他的很多客户都是隆巴尔迪公司的员工。)

因为新的事业会推动未来的发展,家族希望在未来保持企业家精神的长存不朽。隆巴尔迪家族的一个做法就是为希望建立自己公司的第三代家族成员设立风险基金。家族理事会负责审核对资金的申请。一个第三代家族成员已经获得了在旧金山开办一个艺术画廊的资助，另一个在基金的帮助下创办了一家贺卡公司，还有一个成为了运动器材的分销商。

谁将成为下一代的领导者以及采取何种结构来管理如此之多的股东是两个令人头疼的问题。基于这两个问题的谈判将会变得更为复杂。隆巴尔迪家族建立了由各个家族分支的代表组成的家族理事会。这个理事会召集第二代和第三代的家族成员一起讨论家族的目标和价值观。理事会也为家族和股东的重要事务制定政策，这些事务包括招聘亲属的标准以及希望变现的家族成员出卖股票的规定。

在这种情况下，有一种方法往往是比较可取的，就是让家族之外的董事们独立选择下一任 CEO，他们只服从于家族理事会的否决。然而，隆巴尔迪公司未来管理的详细安排则必须由第三代家族成员们自己决定。这些决定中的大多数将取决于第三代家族成员们的个人偏好以及智力和能力上的相对强弱，也将取决于家族成员们能否一致地认为谁最胜任领导者职位，最后，还会取决于接班过程发生时公司的实际需要。

因为隆巴尔迪公司从第一代到第二代的接班并没有被很好地计划过，而是小保罗为了应对突发事件而采取的临时措施，所以第三代没有模式可以遵循。他们仅有兄弟合作治理公司的模式可以参考。但是，他们并不能想当然地认为对他们父母有效的东西也将会对他们奏效。

## 合作关系的未来压力

隆巴尔迪公司的重组已经非常成功。关闭无利润的事业部并且投资新的、前景广阔诱人的产业极大地提高了公司的业绩。第二代合作者们向专业化企业和规范化结构迈出了第一步,期望这能使得第三代的管理也富有效率。他们计划为控股公司设立一个有三个独立董事参与的董事会。他们雇用了一个非家族成员的高层管理者和一个负责使公司财务系统现代化并且负责制定合作者每周议事日程的强势管理者。他们还建立了一个帮助管理家族财富的家族办公室。

兄弟合作关系已经进入了它的成熟阶段,但是也有一些新的问题亟待解决。老隆巴尔迪身体虚弱,需要持续的药物护理。虽然四个兄弟和他们的妻子都尽其所能地帮忙,但是作为唯一的一个女儿,照顾老人的负担几乎都落在了丽塔的肩上。在这个时候,这些兄弟们清醒地认识到,在他们的父母都去世之后,团结协作对于他们的合作关系而言比以往任何时候都更为重要,但是也可能比以往任何时候都难以达到。丽塔对填补这个空缺有着不容置疑的决定性的作用。但是,这个合作圈中所有的成员都提醒他们自己,一定要努力避免表现出对这种安排的对抗。

父母的医疗状况也对公司提出了一个直接的经济问题。尽管已经彻底地离开了隆巴尔迪公司,但是老保罗夫妇仍然控制着与业务相关的重要资产,比如不动产。这些资产被用作公司很多投资的抵押品。第二代合作者们意识到，他们缺少对家族其他财产的控制会极大地影响他们之间的关系甚至是公司的运营。虽然他们不想显得对父母不尊敬，但是他们还是想说服他们的父母现在就将那些资产转移给他们。可是他们又不知道如何与他们生病中的父母谈论这个问题。

这个案例显示，当把所有者控制制企业中的标准接班模式运用于复杂的兄弟合作制企业或者家族合作制企业时，会忽略许多重要的资料并因此会造成错误的诊断和不当的解决方案。隆巴尔迪公司的事实表明，兄弟合作制企业能够有效运作。集体领导制并不如一些专家认为的那样注定会因内部不和而走向毁灭。然而，隆巴尔迪家族的经历也显示，在每代中重新检验过去的假设，并且发展适合家族新出现的需要和变化的商业环境的领导权力结构，也是相当重要的。

最后，这个案例表明，在一些企业中，家族可能必须处理接班重叠的问题。正如我们看到的，在隆巴尔迪公司，一些意想不到的事情使老保罗离开了公司几个月，这期间，小保罗和他的弟妹们开始执掌权力。当老保罗回到公司后，他仍然挂着董事长的名号，并且继续保持强有力的影响。但是当下一代显示出他们有能力运营公司的时候，他的权力削弱了。同时，第二代家族成员的孩子们也开始进入公司，他们就开始思考一些第三代家族成员会遇到的问题。

正如我们在前面的章节讨论到的，在任何一次接班发生的时候，领导者们都会有一个广泛的选择。在隆巴尔迪家族中，当新的领导者在巩固他们权力的时候，老一代的领导人仍然对公司施加着影响。甚至当这个过程还在进行的时候，第三代的家族成员们可能已经进入了公司，并开始准备将来接管公司。隆巴尔迪家族的第二代成员们能够容忍家族企业中普遍存在的冲突并且心平气和地处理这两个接班的问题。他们在创始者丧失权力后依然称颂他的贡献；同时，他们也在为下一代新的合作结构铺平道路的时候设法为自己的孩子争取最大优势。

SUCCEEDING GENERATION

# 第二部分 共同的梦想和接班计划

永续

家业

# 第四章　家族梦想：接班的起源

如果说接班是一次旅行，那么给旅行者指引方向的灯塔就是家族的共同梦想。共同梦想是一个家族共有的对于未来的愿景，这种愿景激励着家族成员投身于规划未来的艰苦工作中，去做任何需要做的事情以保持家族的团结和实现家族的目标。共同梦想决定了接班旅途中的每一次选择，从公司的战略计划，到未来领导人的选择，再到下一代会采用的领导权力结构的类型。

一般的管理学论著都倾向于假定"愿景"是一种可以从上至下强加给公司的东西，是领导者工具箱中的一件工具，需要时便可以随手抽出借以激励下属，目的达成之后就把它拿走[就像前总统老布什(Bush)提到的"愿景这东西"]。[1] 还有的人把它看作一个抽象的、空洞的概念，在进行实际的商业决策时几乎没有任何用处[路易斯·郭士纳(Louis Gerstner)宣称，在帮助 IBM 转型的时候，"愿景"并不是他所要的东西]。



永续

在家族企业中，共同梦想是一种非常私人化的东西，必须经过很长的时间才能从内部产生出来。共同梦想来自于家族基本的价值观和渴望。它表明了他们是谁，他们希望成为什么样的人，他们希望打造哪种类型的企业，以及他们希望如何被别人看待。例如，德国的许多家族企业就为这样一种图景所驱动：它们要在本行业中取得工程技术方面的领导地位。其他一些公司，像摩托罗拉（Motorola）、戈尔合伙人企业（Gore）和诺思通，一直为它们广受尊崇的组织文化而感到骄傲。报纸行业中的家族企业世代以来都从它们对严格的新闻标准的追求以及对民主进程的贡献中找到了动力。

共同梦想经常包含丰富的内容，表达了一种强烈的激情。有时，它表达了家族成功所遵循的原则。在追求利润之外，它还经常具有一种宗教式的指引或者拥有一种社会使命感。很难想象亨茨曼化学公司（Huntsman Chemical Co.）的新一代领导者会不遵循摩门教徒的生活方式，会不继续像乔恩·亨茨曼（Jon Huntsman）和卡伦·亨茨曼（Karen Huntsman）那样对各种慈善事业鼎力支持。也很难想象加拿大的赖克曼（Reichmann）家族新一代领导人的商业原则会不由正统的犹太法律和习俗所引导。

梦想不是一系列的目标。目标远远比梦想更明确、更具体。毫无疑问，清晰的目标能够鼓舞人心，但是从心理学的角度来看，这种鼓舞一般都是短暂的。梦想提供了一个更为宽广的心理情境，在这一情境中，人们可以对一系列特定的目标进行组织并且确定它们的优先顺序，然后充满着激情去努力实现它们。梦想在更深的情感层次上起作用，因此经常和那些对于个人有重要意义的虚构的象征相联系。可以这样说，梦想是需要赢得的战争，而目标则是即将开始的战役。梦想具有让人们在一生中都保持激情的力量，能够引导他们那些最基本的选择，比如职业、婚姻和生活方式。最重要的是，共同梦想赋予了家族企业以意义——它对“为什么延续这个企业对于家族而言是重要的”这一问题作出了深刻的解释。

这样一种愿景是不容易被塑造的。它是通过一个持续进行的交流而被锻造出来的。在这一交流中，每个成员都把他的个人梦想和一些更大的、值得整个家族去为之而努力的愿景联系起来。家族成员们表达他们个人梦想的这一过程可能要持续很多年。许多人投入了相当多的努力将他们的个人梦想同家族成员分享，而这仅仅是达成未来愿景的一致意见的第一步。但是不管要花费多长时间，这一努力都是值得的。一个企业能否成功地进行接班并且在接班之后能否继续生存依赖于家族成员创造这样一种共同愿景的能力。

梦想(Dream)[2] 促使作为企业家的父母们立志打造一个企业并将它传递给他们的后代。梦想这一概念在关于家族企业的文献中频繁地被提到，但是很少有过更深的挖掘或严格的定义。我在本书中定义的“共同梦想”来源于研究成人心理发展方面的权威丹尼尔·莱文森的观点。他的工作揭示了梦想在一个人生活中的重要作用。莱文森认为，梦想是一个人对于其所希望的生活方式的一种愿景，这种愿景决定了这个人在生活中每一步的目标、期望和选择。这一愿景塑造了一种生活结构，这种结构在每一方面都决定了一个人如何去看待自己的社会角色，包括和有重要意义的人群的关系以及职业上的雄心壮志。萨特(Sartre)曾经说过："我们是自己选择的产物。"人生中的那些关键选择反映了决定生活结构的那种指导性力量——梦想。在成熟过程中的关键时刻，人应该回顾和调整自己的梦想，以使它既能适应变化了的心理需求，又能够满足不同年龄阶段的外部现实。莱文森的经典作品《生命的季节》一书介绍了他对 40 个人的人生轨迹所进行的深度研究的成果。在这本书中，莱文森描绘了个人梦想的一些特质：

> 它具有愿景的特点，能够以想象中的可能性来激发热情和活力。在开始的时候，它很难被表达出来，并且和现实只有极微弱的联系，尽管它可能包括有具体的想法如获得诺贝尔奖或加入全明星队。它可能会采取戏剧性的表现形式，就像英雄神话那样，如伟大的艺术家、企业界大亨、完成宏伟壮举并获得耀眼名誉的体育界或文艺界的超级明星。它也可能会最终采取平凡但是却令人激动和持久的形式，如一个杰出的飞行员、一个好丈夫和好父亲、一个社区中令人尊敬的成员。[3]

莱文森认为，梦想是一种处于"变迁中的现象"。它形成于成年早期，是探索和适应成年人生活的各种可能性的一种基本工具。莱文森最初是在阅读了著名心理分析学者 D. W. 维尼科特(D. W. Winnicott)的作品之后提出这一概念的。[4]

按照维尼科特的观点,儿童在成长变迁时期会想象未来其自身以及世界的多种可能性。他认为,"在幻想、玩耍和进行其他虚拟的冒险时,儿童实践着这些想象"。和维尼科特一样,莱文森也把梦想看作是一种幻想和现实的混合物,它刺激着未来情景的构建。这些情景紧紧地瞄准了那些能够实现的梦想,这样的梦想能够推进对职业生涯和人生规划都必不可少的精神实践。同时,这些情景也会和幻想融合在一起来推动创造性和激情。

成人发展理论最初主要关注个人的生活。莱文森承认,在某种程度上梦想是由社会情境塑造而成的,但是他没有探索这一形成过程。尽管管理学文献把设计愿景看作是领导人必备素质,但却没有任何一种严密的理论能够描述愿景是如何孕育和发展的,也没有任何一种严密的理论能够说明为什么愿景能够激起一个企业中数目庞大的人群的热情。例如,沙因(Schein)曾经讨论过许多组织化的过程。在这些过程中,组织的领导者,特别是那些创始者,将他们的愿景灌输到他们所建立的组织文化中。[5] 然而,沙因把这些愿景当成了天上掉下的馅饼。他没有探索这些领导者的个人生活和他们的愿景之间的相互关系。在家族企业这一环境中,这种关系是无法回避的。有时候,领导人的个人雄心和其对于企业的愿景事实上是不可分割的。

有人曾经提出过企业由集体愿景驱动的观点,但是没有在其他社会学家的研究工作中得到发展。例如,夏皮罗(Shapiro)和索科尔(Sokol)暗示说:企业家的活动能否向前进展更多地依赖于“他身边的那些人”——包括家庭和朋友圈中能够提供道义上或财政上支持的人，而不是依赖于那些成功人士。他们也谈到：“家属——尤其是父亲或母亲——在塑造一个人在企业行为上的热情和信誉方面起着最重要的作用。”[6]杰出的家族企业理论家和研究者戴维·赖斯（David Reiss），描述了这一过程背后的社会机制。赖斯详细地论述了“共同观念”和“家族范例”的形成过程。这个形成过程是一系列关于人类社会本质的假设。这些假设塑造了家族成员和他们的社会环境之间的关系。按照赖斯的观点，这些假设在基本的心理水平上发挥作用，是从家族过去的经历中汲取经验去应对未来的灾难。简而言之，范例来自于家族成员不断地对过去克服严重危机的经历的学习。[7]

在商业世家中，关于企业创建的故事——这种故事展现了家族在面对危机时获取胜利的能力——可能会吸引年轻的家族成员直接投身到家族的事业中，或者激发他们去开创自己的事业。那些希望看到他们的事业被成功传递给下一代的父母们，可以通过和他们的孩子们谈论对于未来的希望和梦想来做到这一点。事实上，赖斯的研究显示，在一个“每一个成员都彼此独立自主，相互协调尊重”的情境中，成员之间一起制定未来的共同观念（或梦想）的过程，对于每一个人来说都将会是引人入胜的，并且还能极大地丰富阅历。[8]

为了设计一个可行的共同梦想，家族成员的个人梦想必须有实质性的重叠；否则，他们就不具备足够的共同基础来勾勒出一幅让人满意的未来的蓝图。共同梦想并不是家族成员个人梦想的总和;相反,它只是包含了每个家族成员个人梦想的一部分。这一部分使其愿意投身于一项家族共同的事业,比如维持一个家族企业。显然,越是具备共同的基础,进行有效合作的可能性就越大。家族成员之间对于事业上的某个共同愿景的热情很可能有程度上的差异。一个热切期望在家族企业的管理层中谋得一席之地的成员的个人梦想可能会和共同梦想有很大重叠;而其他的仅仅想作为股东或董事会成员的兄弟姐妹们的个人梦想和共同梦想的重叠之处可能就小很多。个人梦想和共同梦想都是动态的,随着个人生活环境的变化而演变。随着年龄的增长,个人梦想和共同梦想契合的程度可能会产生变化。这就是为什么共同梦想和个人梦想一样必须定期和现实相对照并重新通过谈判来改善以保持它的激情和动力的原因。当成员们的个人梦想具有最大重叠的时候,计划的过程可能会充满激情地飞快向前发展。

## 如何编织共同梦想

共同梦想在形成愿景的过程中产生。这是一个持续的、开放的讨论过程。通过这一过程,家族成员们澄清了他们的想法和对未来的期望,包括他们自己的和相互之间的期望;通过这一过程,他们评估了自己的梦想与现实的差距和可行性。几代人的梦想之间相互契合的程度取决于父母们梦想的连贯性以及他们在向家族成员们阐释梦想时的清晰程度和体恤程度。个人梦想和共同梦想之间的平衡对于家族成员的心情祥和以及企业的和谐发展是不可或缺的。达到平衡的能力依赖于每一个家族成员的个性化程度和个体成熟度。

在理想情况下,正如我们看到的那样,在商业家族中,当下一代家族成员还很年轻的时候,这些讨论就已经开始了。事实上,如果从家族中的下一代成员还很小的时候就开始和他们进行开诚布公的交流,如果他们感到自己可以自由地去追求自己的个人梦想哪怕这种追求使得他们在家族企业外开创了自己的事业,那么我相信,年轻的家族成员们一定会更倾向于将他们的个人梦想和共同梦想联系在一起。

孩子们一生下来就进入了一个父母们已经编织好的复杂的织锦中。随着他们的成长,他们必须决定他们是将自己的个人梦想编织成家族的模式,还是将自己的线条从家族的织锦中抽出来,寻找另一种不同的充满希望的模式。对于他们来说,家族的事业几乎不可能不产生影响,家族的事业是一种塑造他们的自我认知和人生需要的力量。一方面,这一事业可能是使他们的梦想得以实现的工具;另一方面,它也能成为他们实现梦想的障碍。他们可以选择充满热情地进入它,也可以选择另外一种完全不同的职业道路。不管他们的选择是什么,这一事业都很可能在他们对于自我和对于世界的成长过程中起着重大的影响。

矛盾的是,年轻的家族成员们必须先远离家族才能更好地融入它。事实上,一个成功的家族企业有可能会阻碍成员的个性化发展过程。在一些家族,孩子们期待成熟和发展的冲动在家族内部引起了深深的忧虑。一个家族可能会尝试把孩子们更紧密地和家族联系起来,而不是鼓励他们成为独立的、完全成熟的成年人。出于同样的缘由,年轻成员可能在他们的心智和心理完全成熟之前就被诱惑去追逐金钱和权力。米诺金(Minuchin)曾如此谈到他在家族企业中的经历:

> 所有家庭都会遇到的自治话题迟迟得不到解决,因而在一般的美国家庭中父母和孩子们常见的那些冲突会在这些家庭成员人生的很长一段时间里持续上演。这些家庭中的孩子们一直在为这样一个问题挣扎:"我是我自己呢,还是我父母的儿子或女儿?"学会去区分、去理解他们和他们的父母在心理上的差异通常是问题的中心。[9]

当在家族企业中工作的孩子们发现他们不得不牺牲大部分他们的个人梦想时,他们可能会变得沮丧。让他们自己的身份和职业理想附属于他们父母的梦想将导致深深的自我背叛感。有很多这样的令人遗憾的例子:很多人屈从于家庭责任,放弃了自己的个人追求而成为家族企业的管理者,而对于这一角色他们毫无激情和忠诚感。[10]最后的结果通常是个人和企业都遭受了惨重的损失。

那些在追求他们梦想的过程中不断受挫的人们,可能会压抑他们的失望情绪以避免面对痛苦。一些人为了隐藏他们的梦想而投入了大量的心力,害怕坦率和诚实地承认他们的梦想会让自己陷于尴尬。例如,在一个艰难创业的家族中，一个年轻人希望成为一个风景画家，过一种平静的生活。他可能会觉得如果他不小心地隐藏他的愿望的话，就会受到其他家族成员的嘲笑。对其他的一些人，他们的梦想必须小心隐藏倒不是因为梦想太过卑微，而是因为其太过远大。对许多企业家来说，他们理想中的宏伟目标和实际上取得的成就之间的巨大落差使他们羞于承认这一点。

那些被迫舍弃了他们自己的个人理想的家族企业接班人不大可能成为鼓舞人心的领导者。没有一种得到充分发展的梦想，他们不能找到一种愿景去激励他们的经理和雇员去搬走挡在家族企业面前的大山。当面临重大决定时，他们经常游移不定，左右为难。

商业家族中的女性成员——事实上，不仅是在商业家族中，全社会都是这样——如果想要追求她们自己的梦想，常常需要克服许多的困难。例如，吉利根（Gilligan，一位儿童心理学家，其作品对文化女权主义的形成曾经产生很大影响。——编者注）和正处于青春期之前的女孩们面谈时，了解到她们中的许多人都有关于自己人生中应该做些什么的丰富的梦想；但是到了青春期之后，这些梦想都大大地萎缩，有的甚至消失了。[11]非常令人遗憾，年轻的女性们通常不具备一种支持性的社会和心理环境去鼓励她们有效地尝试和构建自己的人生之梦。在许多家庭中，女儿们从很小的时候开始就接受着这样的说教，她们应该去照顾和帮助家里面的其他人，因而不允许去发展和追求自己的梦想。[12]

我发现，并不是所有的企业所有者都具有梦想。为什么有的人有梦想,而另一些人却没有,是一个值得在未来的研究中进行探索的关键问题。我相信有些人没有梦想是因为他们在人生的早期没有被鼓励去这样做,或者是被鼓励不去这样做。年轻人的梦想使他们具有热情和力量去探索一个"如此丰富,如此美丽,如此新奇"的世界。[13]再过些时候,那些从未经历过那种高电压的生活的人的梦想就很难被探测到了,因为电流变得如此之小。[14]

一个年轻的商业家族在早期被锻造出来的共同梦想,可能比一个在后来愿景的形成过程中构建起来的梦想更为强大有力。然而,有一点非常清楚,如果没有这样一个梦想,企业所有者们将不会有动力去劳神费力地进行接班人计划;相反,他们可能更倾向于继续保持企业的现有模式,直至其陷于停滞和失败,或者当遇到一个充满诱惑力的机会时,就将企业卖掉。后一种决定极有可能为他们的下一代带来持久的失望。1993年,一项针对家族企业所有者(这些所有者在20世纪80年代卖掉了他们的企业)的400名孩子的调查显示,他们中四分之一的人曾经努力想要买回被父辈卖掉的企业。尽管这些孩子们可能在开始的时候支持这桩交易,但研究显示,他们在后来都对此感到深深的遗憾。"他们那时候不理解自己和企业之间的联系纽带有多么强大,"一个家族企业咨询顾问在《华尔街日报》上如此评论到,"那是他们的遗物,而不仅仅是一堆资产。"[15]这些年轻人曾经努力为家族的事业构建梦想,但是已经太晚了。也许这些家族从来没有培养出一个共同梦想,因此他们更加愿意放弃家族的事业。

### 三种基本企业形式下的梦想

更早的时候，我们发现是否延续家族现有的企业形式还是采取一种新的形式的决定会对接班过程产生重要的潜在影响。我相信这一过程是由一股强大的情感潜流所驱动的。这一过程很少是像那些指导书中所说的那样，是经过周密思考从而非常理性的。这些决定的理性因素总是和情感上的错综复杂的因素交织在一起。后者在决定最终的企业形式时扮演着重要的角色。人们总是在还不明白自己究竟想要什么的时候就匆忙进行人生的重大选择，甚至没有完全弄清楚情况。矛盾的是，有时候选择便是什么也不做，然后关于未来企业形式的决定在偶然的情况下就产生了。

典型的情况是，直到现任的家族领导人接近退休的年龄，家族才开始对于接班人问题予以关注。然而，到这时候，许多事情都已经发生，限制了可行的选择空间。孩子们的数量、他们的性别以及他们的年龄都已经不可改变，任何计划都只能围绕这些来制定。从总体上来说，他们的兴趣、态度和素质都已经变得非常清晰。意外事故和其他无法预见的悲剧可能已经带走了很多的可能性。家族的人际关系结构在家族的演进历史中已经稳定了下来。例如，一种兄弟合作的模式已经不是一种可行的选择，因为成年的孩子们已经不能和谐共处或者已经选择了在家族企业之外开创自己独立的事业。

接班人计划发生时的家族和企业的状况为计划过程的

进行提供了情境。天性、教养和环境的复杂融合过程对每个家族来说都是独一无二的。它反映了家族的历史和作为一个群体的特质,融合了许多家族成员的个人选择,有的是有意的,有的是偶然的。在任何家族企业中,家族成员的经历、他们的价值、他们的能力和他们之间相互公开交流的传统都和这个家族能否发展出一个为企业的延续提供基础的共同梦想有很大关系。

我和家族企业所有者以及他们配偶的交谈中发现了一个反复出现的主题:在他们愿景的不断完善过程中,他们经常把家族企业看成是达成他们个人梦想的一种工具。这种主题通常包括定义宽泛的一些场景,也包括环境、结构和人群的一些细节描绘。这些画面在一定程度上被浪漫化了,因为它们都是被理想化的场景。

对于创业者而言,梦想本身就是家族帝国的基石,它调控着巨大的财富和权力。梦想使得企业成为一种可以建功立业的工具,比如技术上的巨大突破。其他的企业拥有者可能把他们自己想象成后辈们的榜样和家族利益的保护者。而另一些人则可能把他们的家族企业看成是成为伟大慈善家的手段,这些慈善家在他们所在社区中获得了一种意义深远的领导地位。梦想赋予了企业家们的工作和家庭以意义,这使得他们能坚定地去面对在创立企业的过程中所遇到的挑战和兴衰更替。这就是他们创造力的源泉,使他们能够面对持续变化的环境。

在某种程度上,认识企业中的梦想的组成因素可能比认识家族中的同样因素要容易。在企业中，企业家一般都对于资源具有直接的控制权，拥有雇用和解雇的权力，能够在某种程度上要求其他人依其梦想行事。当然，这个梦想在实际上是否能成功依赖于市场环境和企业的经济状况。然而，在家族里，这名企业家只是一系列关键性人物中的一个，正是这些人塑造了孩子们的行为和期望。其他的关键人物包括其配偶、祖父母、姑姑、叔叔、儿媳或女婿还有孩子们。在家庭中，这名企业家可能不具备直接的对于资源的控制权，因而当然也没有权力去雇用或者解雇谁。如果这个梦想需要其他家庭成员的协助，他们可能不像雇员那样容易指挥。

在那些传统的性别分明的家族中，母亲们通常都是家族中共同梦想的指路人。这种梦想常常就像是一种黏合剂，给家族中的其他成员带来一种凝聚力和归属感，频繁地强调通过参与到企业中来达到家族成员之间长久的和谐与融洽。在我所研究的大量的已经传承到第三代的欧洲公司中，创业者的妻子直到晚年仍能对公司起到重要的影响。在一次一年一度的股东会议上，95 岁高龄的老妇人坐在她的轮椅上，向她的 36 名后人以及他们的配偶们致词。她娓娓地谈到家族的重要性，谈到先辈们作出的数不清的牺牲。她回想起她丈夫当年如何努力以公平而尊敬的态度去对待供应商和顾客。她描绘他当年如何恪尽义务，遵守承诺，即使在最艰难的时候也坚持偿还债务，包括在两次灾难性的世界大战期间。她督促年青一代要努力保持家族的良好声誉，提醒他们创始人留给他们的遗言："我没有给你们留下很多钱，但是我给你们留下了一个受人尊敬的好名声。对它善加利用吧,它是你们最珍贵的资产。"她告诫家族成员们继续把企业当成一个事业去经营,但是同时也要记住"你们最重要的资源是每晚都回家和家人待在一起"。最后她警告子孙们,不要公开炫耀他们的财富,那样只会"引起嫉妒和怨恨"。

当她讲完之后,人们恭敬地站起来,爆发出热烈的掌声。她的演讲不仅重新点燃了家族成员们对他们的价值和遗产的热情,而且归纳了家族成员中潜藏着的共同梦想——"保护好家族的遗产并使其得到发展"。她的远见为这个复杂的横跨多代的家族企业提供了团结感、凝聚力和目标感。

但是,那些在企业中没有正式职位的母亲们,当她们感觉到自己被人忽视了的时候,她们可能会感到更加痛苦。有些母亲通过看着自己喜爱的孩子成为企业的新星、不断赢得胜利而从中感到骄傲和满足。当这些儿子或女儿们身处某个有一定权威的职位时,他们的母亲就希望得到这种承认:她们也为家族企业的发展作出了巨大的贡献。

关于企业未来发展的一些图景通常和父母们的梦想紧密相连。尽管它在刚开始的时候可能还很不完善,但是随着时间的推移,在一系列家族传统和英雄故事的支持下,它会变得越来越具体。例如,一个所有者控制制的企业的梦想对一个符合父母期望、能够继承父母的遗产并将之发扬光大的孩子大加赞美。在小汤姆·沃森(Tom Watson,Jr.)的自传《父亲、儿子以及公司》(*Father, Son & Company*)中,他令人惊异地开诚布公地叙述了他父亲对于他在IBM的工作的热切期望。老汤姆·沃森(Tom Watson,Sr.)虽然不是IBM的创立者,但却使它得以发展壮大。现在,他期望自己的儿子能够将IBM发展得更大,从而延续父亲的成就。有意思的是,使得小汤姆能够退休而离开公司的一个原因是,他感到自己已经完成了父亲托付的使命。当他从自己的职位上退下来的时候,公司规模已经是他父亲时代的两倍。小汤姆取得如此巨大的成绩,不过是为了证明他自己确实完成了对于父亲的承诺。[16]

所有者控制制家族企业的梦想鼓励父母和其子女形成密切的言传身教的关系。当这种师徒关系建立起来后,父母的梦想就由以自我为中心转向对接班人的培养。看着孩子一天天成长起来,父母会感到一种生命的延续,因为他一生的事业将由他自己的亲骨肉带入未来。而孩子则被期望着对上一辈的希冀作出回应,通过圆满地完成交付给自己的重任以证明自己没有辜负父母的期望。例如,一个企业家的梦想可能会在他长子或长女所掌控的企业里演变为一种特定的愿景。所有者控制制家族企业的梦想和这种独裁式的理念紧密相连:一个理想的组织应该有,也只应该有一个独一无二的领袖。正如我所揭示的,这种理念常常把长子看作选择接班人的标准。

相反,一个兄弟合作制家族企业的梦想则不仅认为要有一个成功的企业,而且要有一个团结一致的家族。这里的愿景是孩子们并肩走向未来,在父母百年之后仍然能够保持家族传统的兴旺发达。兄弟合作制家族企业产生了一系列具有亲和力的领导人形象,这些领导人用一种建立于平等基础上的机制取代了个人权威。法国大革命就是源于这种强有力的感情诉求。[17]为了达到这种梦想,兄弟合作制企业的成员应该彼此照应,相互协助,让家族的精神贯彻到家族企业中去。这种意识在《三个火枪手》(*Three Musketeers*)中被表达得非常明确:"人人为我,我为人人。"

这一梦想表达了这样一种信念:家族的稳定对于企业的发展至关重要。父母们获得了满足,因为他们既完成了作为家族企业所有者的使命,也履行了作为父母应承担的责任。通过使孩子们成为平等的伙伴,共同分享企业的成果,他们希望在家族中营造公平和团结一致的氛围。这一愿景同时也暗示,除了一起工作之外,兄弟姐妹们还可以团结起来进行相互保护。通过轮流掌权,孩子们使他们自己安然无恙地度过了人生的起起伏伏,保证了集体的安全。在这一情境中,潜藏的价值观是平等主义,同时强调发展团队协作。有许多合作型的团队都留下了他们传奇般的团结互助故事:工程领域的莱特(Wright)兄弟,医药科学领域的梅奥(Mayo)兄弟,以及商业领域的巴斯(Bass)兄弟、布卢明代尔家族、诺思通家族、尼曼—马库斯家族(Nieman-Marcus)、加拿大的赖克曼家族(Reichmanns)和欧洲的普易格(Puig)兄弟。在这些例子中,伟大的成就都在很大程度上归因于合作关系本身。换句话说,如果没有合作,就不会有这么巨大的成就。

家族合作制企业的梦想通常和这些家族已经积累起来的巨额财富有关。这种愿景将兄弟合作关系扩展到了一个由相同血统、祖传标志、故事、传统的堂表兄弟姐妹组成的更广阔的宗族。就如《圣经》里的家族一样,这一梦想成为一个不断扩大的家族的联系纽带,通过它能够追溯到企业的创始人及其英雄业绩(有意思的是,许多家族把他们企业的开始作为家族历史的开端,而对之前的历史毫无兴趣)。在这个更大的家族团体中,家族成员通过一张亲戚网紧密联系在一起,当他们遇到麻烦的时候可以寻求帮助和支持。当组织的愿景和家族成员的梦想交织在一起的时候,这种结合不仅仅只会带来一个庞大复杂的企业,而且也会带来一个精雕细琢的治理结构。这种治理结构提供了很多可能的选择,使得家族成员能够参与到企业董事会、家族理事会或家族慈善基金中去。正如马库斯所揭示的那样,这些复杂的治理结构通常具有很强的生命力,并且能够成为强有力的联盟实体,使得家族帝国的统治能够延续下去。[18]经受了时间考验的家族合作制企业的例子包括欧洲的罗思柴尔德、美国的嘉吉—麦克米伦家族(Cargill-MacMillans)和日本龟甲万(Kikkoman)公司的茂木(Mogi)家族。

因此,这三种基本的家族企业形式并非是彼此截然不同的。他们是共同梦想的基本的和独特的成分。这三种家族企业形式经常被家族企业的成员们作为原型结构(或用赖斯的术语来说:范例)来使用,围绕这些形式,他们形成了自己关于企业未来应该是什么样子的假设和激情——如果你愿意,可以称之为"格式塔"心理。在家族企业发展的任何一个时候,家族成员们关于企业未来都可能有不同的梦想:其中的某个人可能期望企业成为所有者控制制的企业,而另外的人则希望企业由兄弟合作管理。在一些家族中,关于这种不同形式的讨论成为家族中持续不断的争论的一部分。在另外一些家族中,分歧演变成了激烈的冲突,使企业无法清晰地表述未来的愿景。然而,在大多数成功的家族企业中,分歧都得到了解决,形成了一个大家一致认同的共同梦想。在那种共同梦想中,这三种企业形式中的一种被认为是指引企业进行更新换代的理想模式。

当许多第二代、第三代的家族成员都被牵扯进接班问题中来的时候,接班计划显然就变得更为复杂了。许多个体的梦想都被考虑到并融合到共同梦想中。接班人之间的年龄分布也可能是一个极其重要的因素。那些年龄过小的兄弟姐妹们可能还没有到适合担任接班人的时候,因此时间安排也成为家族成员能否同意某项接班人计划的决定性因素。到了第三代,问题可能会变得更为复杂。他们成长于不同的家庭,有的甚至成长于远离家族企业的城市或国家。因此,他们的期望可能更为分散,年龄分布比起第二代家族成员也可能更广,与共同梦想和先辈遗产之间的联系也可能更微弱。在这些更为复杂的系统中,将家族成员的梦想融合到领导人的角色中去非常重要。因为在向这个不断扩展的家族中的其他成员表述和提升共同梦想的过程中,第三代将扮演关键性的角色。因此,在一个由堂表兄弟联合掌权的家族企业中要发展一个共同梦想所需要投入的时间、精力和资源比在一个结构更简单的企业中要多得多。清晰表述这一梦想所必需的过程可能更需要精心设计，需要构建一个精心挑选出的领导人组成的“指导委员会”。这些领导人都是从一些关键的家族成员中挑选出来的，正是这些关键成员的努力工作决定了家族企业所能拥有的“想象空间”，决定了企业的愿景能否得到家族中其他成员的支持。

### 一个家族企业创建者的接班梦想

企业领导人关于他所传承的企业将是所有者控制制、兄弟合作制还是家族合作制的决定对于未来的企业模式具有很大影响。领导人的梦想同时也决定了他培养自己后代的方式。久而久之，就会影响到后代们对企业的期望和态度，以及他们对自我发展方向的选择。

想象一个第一代的欧洲家族企业。[19] 自二战以后，创始人和他的妻子一起合力打造了一个生产精密工具的企业。这对夫妇有四个孩子，三女一男。父亲的打算是在某天把企业完全交给儿子来管理。他希望儿子能够成为工程师，他自己曾经有过这样的梦想却一直未能实现。他不鼓励自己的三个女儿念研究生，但是却非常高兴儿子选择了攻读工程学硕士。

从接班的角度上来看，这位父亲非常崇尚那种所有者控制制的企业形式。他的想法不仅影响了他构建企业的方式(使他自己处于所有决策的中心地位)，也影响了他对待家人的方式。他的大女儿和父亲非常亲密，而且在公司工作了七年，但是他从未严肃地考虑过让她成为一个管理职位的正式候选人。看到父亲总是只关注着自己的弟弟,她痛苦得心都碎了。最终,她结了婚并离开了公司。

二女儿希望成为一名护士,但是她父亲觉得这并不是一个适合她的职业,于是鼓励她去学习商业课程。如父亲所愿地完成了商科学业之后,她开始参加护士的培训,但是不久就因为结婚怀孕而离开了职场。第三个孩子,也就是他们的儿子,花了十年以上的时间去完成他的学业,屡次拒绝父亲让他参与打理家族生意的要求。小女儿雄心勃勃地攻读了商业和经济学方面的课程,希望能够进入美国顶尖的商学院念书。但是,她父亲感到她所受的教育已经足够了,要求她大学毕业就到家族企业里来工作。最终,她同意了父亲的意见,作为他的助手在公司总部工作,并陪他参加各种商业旅行。父亲虽然不太情愿,但也终于开始认识到小女儿才是他实现自己建立一个所有者控制制企业这个梦想所唯一能够依赖的人。

父亲生病之后,公司董事会(包括他的妻子和小女儿以及另外两个来自家族之外的高级经理人)说服了他去雇用一个有经验的外人来当总经理。这时候小女儿已经掌管了公司的财务和行政大权,显然,父亲希望她能够成为自己的接班人。例如,他让她去掌管拥有家族股票的信托基金。有意思的是,当她建议让其他的家族成员们也参与到企业事务的讨论中来的时候,她父亲这样回答她:“为什么你总是想把家里面的其他人牵扯进来让事情复杂化呢?如果你是负责人,你就要自己作决策——不要分散你的权力。”

两年以后，父亲解雇了总经理，企业改组为由前总工程师负责技术事务，由小女儿负责业务和营销事务。当她推进企业改革，使它更为倾向服务于顾客需求而更少地由技术驱动时，她的理念和父亲以及其他董事会成员的理念产生了冲突。

重组完成之后不久，时年 35 岁的儿子终于获得了他工程学方面的硕士学位，并第一次对到企业中来工作表现出兴趣。当女儿外出度假的时候，父亲签署了和儿子的雇佣合同。当女儿度假回来之后，他才向她告知了此事。在一起亲密无间地共事了十年之后，他对待自己女儿的态度突然开始发生变化。他越来越多地和她发生争论，不断地质疑和贬低她的理念。有一次，他甚至生气地对女儿说，如果她对他治理公司的方式感到不满，她可以选择离开。经过反复思考之后，女儿要求董事会作出选择：或者他们赋予她权威并对每个人的职责和行为规范都作出明确的界定，或者她为家庭和睦而辞去职务。

她的父母亲、两位姐姐和兄长私下里举行了一次会议来讨论目前的形势。会议之后不久，父亲突然去世了。小女儿仍然是董事会成员之一，而且是父亲遗产的法定继承人。在和董事会及家里人都进行了反复磋商之后，她决定离开，让她的兄长独自来掌管企业。

不久，哥哥就认识到自己经验和能力都还不够，不能有效地领导整个企业。于是，他邀请自己的妹妹回来继续工作。他们俩达成了一致，决定共同掌管企业。她的营销、管理才能以及十年的工作经验和他的技术才能相得益彰,使他们俩成为一支非常好的团队。他们想了很多创造性的办法来解决地位和权威的问题。例如,他们决定共同使用父亲的办公室而非由其中的一个人单独占据,并使用圆形的办公桌以象征他们的团结合作。

在某段时间内,这一对兄妹非常成功地管理了公司。然而,家族之外的董事会成员和一些资深的管理人员很快使得妹妹的处境极为艰难。他们的搭档关系也受到了关注,人们质疑这一“两个老板”的机制会降低企业的效率。在合作了三年之后,兄妹俩都感觉到事实上靠自己一个人就可以把企业管理好。尽管他们作为搭档取得了成功,或者正因为这种搭档他们才取得了成功,但是他们总是必须证明自己能够满足他人的期望和要求,这使他们付出了极大的代价。特别是妹妹,她总是感到自己必须证明自己的存在是正确且有效的。在反复思考之后,她最终还是决定离开公司。她鼓励哥哥努力保持公司的持续稳定。哥哥借了相当多的钱以把自己母亲和姐妹们的股份都买下来。不幸的是,现在的公司负债累累,并且还失去了妹妹敏锐的商业嗅觉。公司不久就陷入了严重的困境,最终不得不被迫出售。

这一故事揭示了一个企业家的梦想所能拥有的深刻而长远的力量。父亲紧紧地把握了自己的梦想。因此,他不鼓励自己的大女儿去展现自己的才能,实现自己的雄心,而且只有在他的儿子看起来距离完成学业和参与企业的管理遥遥无期的情况下,他才开始培养小女儿的领导能力。然后,当儿子终于可以参与到家族企业中来的时候，他立刻把对自己忠心耿耿而具有天分的女儿撂到一边。他对于一个所有者控制制企业结构的坚持不可避免地营造了一种环境，在这种环境里，那种兄弟姐妹相互合作的关系得不到支持和认可，尽管相当多的证据显示，兄弟姐妹的合作比单独一人孤军奋战会给企业带来了更多的实力和经验。尽管有诸多的不利因素，兄妹俩还是成功地合作了三年。但是，由于没有一个强有力的激动人心的梦想去支持他们的合作关系，他们的团队分裂了，整个家族都不得不为此埋单。当有人问小女儿对于不得不将整个企业出售她有什么感想时，她说：

> 非常不幸，我的家庭从来没有学会公开地讨论我们的追求。因此当我们展望未来时，我们不得不努力地和父亲所期望的那种模式进行斗争……也许，如果我哥哥和我更早地学会了合作，如果团队领导的观念已经由我们的父亲传递给了员工、董事和家族的其他成员们，我们能够更好地进行我们的工作……像过去这样，我的处境实在太艰难了……我不希望在45岁的时候让自己陷入痛苦之中……因此，我决定离开公司，而我的兄长最终卖掉了它。

### 重塑梦想

正如案例所揭示的那样，实际上接班人计划中所要解决的所有问题都依赖于传递火炬的一代和接受责任的一代都对家族梦想有着清晰的理解。这些梦想塑造了传承发生时的组织环境。在这一环境中,这些梦想决定了孩子们是被鼓励还是被阻止参与到企业的工作中去,也决定了他们将以何种方式被培养成接班人。

塑造企业未来的那些梦想通常是抵制改变的,但是它们的实质也并不是完全一成不变的。莱文森相信,在人一生的某些关键过渡时期中,梦想会发生改变。这是一个时断时续的过程,在稳定时期,那些关键的要素都不会发生变化;在过渡时期,梦想的某些方面就会发生改变以更加适应现实和个体的内在需要。

个体总是在其梦想和生活能够提供的机会和限制中维持平衡。当个体的生活开始远离梦想的时候,就产生了一种内在的紧张。在稳定时期,这些紧张感逐渐累积起来,成为过渡时期变革的推动力。过渡时期具有典型的年龄倾向性。一个人30多岁的时候最关注的是获得地位和权力。40岁是人一生的中点,因此这是一个重新反省的时期。有些人可能会在突然间陷入迷茫。他们可能会对工作失去兴趣、会去寻找新的事业、会离婚和再婚以及会表现出在他们的家人和朋友看起来非常古怪的行为。到进入50岁,人们逐渐减慢了自己的脚步,转而致力于培养年轻人。

企业环境的变化可能会引发紧张感以迫使家族梦想发生改变。当一个一心想把企业传给自己长子的父亲感到自己的儿子既无兴趣也无能力去管理家族企业的时候,他可能会对接班人问题高度关注。儿子越是不能满足父亲的期望,父亲就越想付出双倍的努力以使儿子能够满足自己的愿望。

改变梦想从来都不是一件容易的事,它需要相当成熟的心智和非凡的勇气,而且它必须发生在适当的时期。很多时候,人们都是到了事情已经无法挽回的时候才去重新思考梦想的问题。例如,尽管相当多的证据显示了儿子的不称职,父亲可能仍然会一直抱有把企业传给自己儿子的希望。由于一直坚持自己的梦想,父亲看不到自己儿子的能力和企业的要求之间的巨大鸿沟,而着手实施一项在一开始就注定要失败的接班计划。具有讽刺意味的是,正是父亲对自己梦想坚定不移的遵从导致了他最后的完全失望。个人和家族的梦想蒙蔽了那些关键决策制定者的眼睛,使他们看不到一个成功的领导传承计划所需要的那些关键条件的缺失。个人和家族的梦想也阻止了关键决策制定者去探索他们和企业所能够拥有的其他可行的选择。

在本章中我已经指出,一个接班计划要想有效地得到实施,全体家族成员必须对于家族企业未来的发展方向形成一个清晰的、具有可操作性的定义。这一共同愿景和家族成员们的个人梦想以及他们对家族整体在企业中的未来的梦想交织在一起。同时,这一共同梦想也必须和变化中的家族和企业情况保持一致。在接下来的一章中,我们将更近距离地观察愿景的形成过程,观察那些家族成员们参与的表达个人梦想并最终形成一个共同梦想的活动。

# 第五章　与梦想同行

当一个家族开始着手规划愿景时，总是存在这样的风险，即长久被掩藏的情绪可能会浮出水面。有时，无法表达和澄清一些过去的问题会阻碍接班计划的进展。一些家族企业中无休止的争吵往往掩饰了引发这些争吵的发自内心的愤恨，这些愤恨之中包含着被埋葬的梦想。这些无法实现的抱负会在其他场合得到发泄，从而扭曲对企业重大问题的判断，有时甚至会给公司造成巨大的损失。在是否解雇一位资深经理人的问题上，儿子与父亲发生争执；在是否开拓新市场或开发新技术这些问题上，兄弟姐妹之间产生冲突。这所有的一切也许只是表达着他们内心的不满，与手边真正要做的事情并没有多少关系，但是这恰恰反映出他们无法自己选择人生道路的强烈遗憾。他们中的许多人期望在其他的领域中追求自己的职业发展，但最终却进入了家族企业。他们总是习惯将自己的失败归咎于父母，而不是为自己的选择承担责任。

缘自接班问题的紧张压力使得有效率的交流变得更加困难。新老交替这一时刻的到来往往提高了压力水平并且降低了容忍度。老一代家族成员不仅仅要面对死亡，还要面对向年青一代交权的需要。他们要向年青一代交出他们倾尽一生心血创建的企业的控制权以及其他的家族资源。而正当父母们担心成为与企业无关的人时，孩子们却已经迫不及待地想要接管企业了。当权者否认交出权力的需要，渴望权力的人又不承认他们的迫不及待，这就导致了沟通的中断非常普遍。

在发展共同梦想的过程中，家族成员们能不能尝试着开诚布公地讨论这些问题？有些家族可以，而有些可能不行。在帮助和鼓励下，许多家族鼓起勇气通过必要的手段发展出并且具体地描绘出企业的愿景，而这些愿景会指引他们度过新老交接的时期。

有效地设计愿景规划往往存在很多的障碍，但是研究家族企业问题的学者们却并没有给予足够的重视。即使是沃德这样一位在家族如何开发未来蓝图方面提供了最精细、最现实的描述的学者，也低估了这一过程中可能遭遇到的实际困难。他提醒我们注意这样一个事实，即规划出家族的愿景是一项“费力的工程”，“需要每一位家族成员自由地讨论其对未来的计划”。但是，他很乐观地估计“大部分家族都有一种内在的力量可以帮助完成这项工程”。在家族成员能否经得起整体规划所带来的压力这一问题上，其他学者也作出了类似的乐观的假设。专家们往往无意中鼓励家族成员相信这一过程简单而易于操作，而事实却并非如此。更糟糕的是，给家族企业提供帮助的专家们总是过于夸大可能得到的实际结果，这就注定了他们以及他们提供帮助的家族企业将会走向失败。

尽管如此，对于那些期望家族企业能够世代相传的家族来说，规划企业的未来是非常关键的。然而，由于没有共同的梦想与目标，他们无法明智地作出计划。设定一个可行的目标的最有效的方式就是发掘、描述并分享他们的个人梦想，这样做是为了确定个人梦想对于实现共同梦想是否有意义。

本章中，我会列举大量的案例来说明，如何通过发掘个人梦想和共同梦想来推进接班计划的进程，并特别指出梦想之间是否具有共容性是如何影响这一过程的。在有些案例中，我们会看到有些家族有能力协调成员之间共同的梦想，从而促进家族和企业的发展，尽管有时候并不是向着领导层期望的方向发展。在另一些案例中，家族成员无法作出这样的调整，所以他们无法得到预期的结果。本章还将介绍一些技术用以鼓励家族成员们展开他们个人梦想的讨论，从而形成他们共同的梦想。

父母梦想的相容程度，在不同的家族中相差甚远。在有些家族中，父母一方的梦想与另一方的梦想高度一致，并起到了进一步增强的作用。事实上，这种一致性是他们婚姻关系基础的一部分。正如我们在隆巴尔迪家族的案例中所看到的，父母双方的梦想都是要留下一个生机勃勃的兄弟合作制企业作为共同的遗产。多年来，企业的创立者和他的妻子将这个梦想编织进孩子的成长过程中。从孩子们幼时起，父母就支持和鼓励他们进行合作，并在兄弟姐妹之间培养公平的氛围。他们培养孩子们认识到对彼此的依赖，让孩子们了解到他们在逆境中生存的能力依赖于合作和相互间的帮助。父母对此愿景的认识是一致的，这大大增强了它的作用和影响力。

父母给孩子们提供了一致的、建立在价值观基础上的世界观，而且他们言行一致。例如，老隆巴尔迪夫妇努力与同辈人和睦相处，为他们的孩子树立了榜样。当然，正如前面提到的，这并不意味着隆巴尔迪家族的第二代成员之间不存在冲突或关系的紧张。然而，这五个兄弟姐妹之间的冲突是基于对未来存在共同愿景的背景下，而这种共同的愿景在任何健康的、充满企业家精神的家族企业中都找得到。

但是，许多家族的梦想并不像隆巴尔迪家族的那样协同一致。父母间的梦想无法相容，这会导致无数的困难，包括会使得下一代之间的梦想更容易产生冲突。实际上，不一致的梦想是很多接班计划最终失败的主要原因之一。

### *夫妇间不一致的梦想*

我所遇到的第一个案例是这样的一个家族：在这个家族中，孩子们在成长过程中分别从父母双方获取到极度矛盾的信息。我为这个家族工作了几年，在最初的诊断过程中，我和每一位家族成员进行面谈。很显然，这个家族已经接近了换代的边缘，但是成员之间却不存在共同梦想。尽管这对夫妇已经在一起生活了40年并养育了两个儿子和两个女儿，但是他们对家庭的未来有着不同的看法；而且，他们之间的婚姻矛盾也由来已久。

我遇见他们的时候，他们的下一代年龄分布在21岁到32岁之间。父亲是一位杰出的欧洲企业家，创建了一个资金达到数十亿美元的化学药品制造公司。他是一个典型的创业者：骄傲、工作努力、善于用权。作为一位受过系统培训的化学家，他极为欣赏他的长子——学习过化学并在顶尖的大学获得过MBA的学位。其他几个孩子对化学都没有什么研究：一个女儿是经济学家，另一个女儿学习艺术，最小的儿子是商业管理和市场营销方面的专业人才。

父亲在描述他的梦想时，很快指出他根本不相信领导权力分享。归根结底，他的梦想是将公司传给他的长子。在他的心目中，他的长子是唯一能成为领导者的人选。长子占据了高级经理的职位，并且是子女中唯一被允许进入公司工作的。父亲称自己为一个孤独的人，他在家庭中有过一段复杂的经历，甚至他都不与他的两个兄弟说话。而母亲恰恰相反，她是一个善于交际的女人。她非常爱她自己的兄弟姐妹并且与他们相处得很好。

母亲非常反感父亲对长子的特殊优待，她认为这样做会深深地割裂孩子间的感情并且会破坏家庭关系。她的梦想是看到子女间相互合作，维护彼此的利益。理想的状况是所有的子女都在管理层中，作为平等的合作伙伴分享领导权。

每当有人问她为什么其他三个子女没有在公司中工作时，她总是会感到非常羞愧。数十年来，她一直全身心地帮助丈夫经营家族企业，她认为自己有权利对如何决定未来发表看法。

毫无疑问，这个家庭正处于冲突之中。父亲独裁的行为再加上对长子的偏爱，与母亲的平等与合作的理想产生了矛盾。自童年起，子女们就处身于紧张的竞争环境中，两个女儿尤其怨恨父亲对长兄的偏爱，她们认为自己没有得到同样的支持和机会。父亲指出，长兄目前的权力是通过自己的努力和奉献换回的，但是两个女儿只是认为他在偏袒长兄。她们的这一观点也得到了母亲的赞同。

父母间不协调的梦想导致的结果之一就是子女对未来持不同的想法。长子一方面希望与弟妹们合作，而另一方面却接受父亲的观点，认为自己应当成为家族企业的领导人。其他的子女与母亲持相同的观点，即他们应该成为平等的合伙人。尽管事实上，他们并不像长兄那样适合接管企业——一部分原因是因为他们一直被排斥在企业之外，他们仍然认为自己应该和长兄一样享有决定企业命运的权力。在这样的条件下，这个家庭的成员将不得不去面对艰难的选择。

于是，这个家族开始致力于愿景的规划，使得父母双方最终可以更公开地向对方表达自己的梦想，更好地了解到梦想分歧的根本所在。在他们已经作出了许多的承诺和选择之后，面对这样的冲突是需要勇气的。而且由于规划的过程是公开的，那么对父母而言，除非问题得到了良好的解决，否则后续的一系列计划将无法进行。

在经历了许多艰难的对话之后，妻子开始认识到实施她的合伙经营的梦想会让家庭承担经济风险和社会风险。她认识到在这种关键时刻，让子女们临时学习合作，并且要达到使企业成功运行的程度是不太可能的。她也了解到她的长子是子女中唯一拥有杰出经营业绩的人。而且，她开始接受这个事实：长子的成功并不只是父亲偏爱的结果，也是他通过艰苦的努力换回的。

另一方面，父亲也更好地认识到了妻子和其他三个孩子的需求和利益。他认识到提拔长子而不向其他的家庭成员解释原因会点燃子女之间的敌意，长此以往会破坏家庭的和睦。在一次家庭会议上，父亲详细地谈论了长子在公司的职业道路。母亲和其他的三个子女很快认识到他们以往并不了解长子为取得今天的成就与地位所付出的努力。家庭讨论的结果是，父亲通过建立一个家庭办公室来分配财产，以确保其他三个子女能够得到更公平的对待。

最终的计划是长子继承了家族的选举控制权，并继承了一半的企业股票。剩下的一半股票由其他三个子女均分。同时，这三个子女还签署了一份转让协议，规定了在某些情况下，如果他们愿意的话，他们可以将股票售回给公司。此外，为了补偿少分到的那部分股票，其他三个子女还得到了一份可观的家族拥有的非企业财产。父亲还建立了一个可观的投资基金，以确保其妻子的经济独立。

很多次会议被消耗在了澄清和解决这对夫妇梦想间的

本质冲突上，其中包括单独和丈夫或者妻子开的会、和这对夫妇一起开的会、单独和每个子女开的会以及和整个家族开的会。诸多会议之后，家族才开始设计并实施一套更具体可行的接班计划。

### *兄弟姐妹间不一致的梦想*

下面要介绍的这个第二代家族企业的故事与第三章所介绍的隆巴尔迪家族的故事几乎完全不同，它说明了如果合作者的个人梦想从未经过讨论，那么组织的接班换代将会遭遇怎样的障碍。

两个兄弟相隔七岁，他们以联合总裁的身份经营着从父亲那里继承来的零售连锁店。哥哥掌管着零售业的两端，包括采购和销售，弟弟负责行政管理和财务。多年来，他们的关系一直很微妙，他们总是避免讨论接班计划。弟弟有三个儿子，其中两个有兴趣进入家族企业；哥哥有两个已婚的女儿，她们对公司不感兴趣，但是一个女婿对进入家族企业很有兴趣。

在个人访谈的过程中，兄弟二人表达了对未来几乎完全不同的看法。弟弟的梦想的核心是独自经营企业，正像他们的父亲曾经做过的那样。他总是设想他的哥哥会因为没有儿子而厌倦工作，所以希望最终以合理的价格收购哥哥的股票。数年来，他不得不忍受着和哥哥合作，因为他没有别的选择，他们的父亲将股票平均地分成两份，一人一份。他打算独自经营公司数年后，将公司传给他的儿子。他已经成功地把他的梦想传达给他的两个儿子;而他们也相应地围绕这个假设——即总有一天公司是他们的——来制定他们自己的培训计划。

然而,哥哥并不打算让这一切成为现实。哥哥梦想的基本点在于他一心想要超越弟弟,让所有人在“谁经营着这家企业”这一问题上没有半点疑问。他非常痛恨弟弟的“贪婪”——他是这样认为的,决定留在公司里面“直到最后一刻”。而且,哥哥认为他的女婿比两个侄子中的任何一个都更有资格接管企业。他抓住每一个机会鼓励他的女婿考虑在家族企业中谋求职业发展。

这个女婿是一家大公司的经理人,一直希望有一天能够拥有一家自己的小型公司。受到岳父的邀请后,他认为,如果自己的工作地点靠近一点,他就会更容易置身其中并获得一个学习企业经营的好机会。因此决定从目前公司总部一个很有前景的职位调到分公司一个没有什么前景的职位,而这家分公司与家族企业在同一个城市。这些事情发生在十年前。不幸的是,岳父无法帮助女婿实现梦想,因为他的弟弟在原则上反对女婿在家族企业中占据高层管理者的职位。

因为兄弟二人从来没有尝试过向对方阐述本人的热情和梦想是如何影响其对于未来的憧憬的,于是,许多矛盾的疮口开始在表皮下溃烂。他们怀疑各自的梦想能否相容,以致阻碍了他们用公开的、建设性的方式面对这个问题。

愿景的规划为他们创造了沟通的媒介。几次会议之后,为了调和矛盾,解决问题,兄弟二人鼓起勇气去向对方表明心声。最终，哥哥认识到一心要超越弟弟是无益的。数年来，他付出如此多的心血以期能超越弟弟以致忽略了梦想中尚未实现的其他方面。事实上，竞争和敌意使他感到非常疲惫，他不想继续在企业中工作得如此辛苦。梦想的讨论使他想成为慈善家的愿望变得格外强烈，而且也让他重新燃起了对儿时起就喜欢的芭蕾的热爱——儿时的这种热爱由于父亲的反对而放弃了。作为协商结果的一部分，他们达成了一份购买协议，确保哥哥的财政独立来实现他的那些愿望。他建立了一个广为人知的基金会，并且积极地帮助他的女婿开拓新的事业。

弟弟则忙于培养他的两个儿子接管家族企业，希望他们不会因为不敢交流他们的思想而重蹈他和他哥哥的覆辙。

### *专制的梦想*

当家族成员们公开地讨论他们的抱负时，往往会发现他们的梦想是不协调的，或者有些成员的梦想是协调的而另一些是不协调的。他们或许会意识到他们的梦想可能永远都不会真正地协调，抑或这些梦想并不适合企业的发展。

一位企业家发明了一种用于计算机网络的高科技软件，创办了一家价值 2 000 万美元的公司。但是，他并不满足。他的梦想是创办一家更庞大的、机构复杂的企业。所以，尽管他愿意将女儿作为自己的继承人，把公司交给她，但是他仍想再独自经营公司一段时间，直到把公司发展成为一家能够不断赢利的大型企业。到了那个时候，他相信自己会毫无疑问地被人看作是这个产业领域内真正的先锋。尽管已经年届70,并且被诊断出患有绝症,这位父亲仍然坚持着自己的梦想。

他的女儿南希(Nancy)非常爱戴并且很崇拜她的父亲。她是一位独立而又雄心勃勃的女性。在一所顶尖的商学院取得了MBA学位后,她为一家世界500强企业工作,并且在财务部门表现出色,短短几年后年薪就达到六位数以上。尽管她在这家大公司内已经证明了自己的实力,但是她相信,如果经营自己的公司,她会做得更好。她的梦想就是能与父亲一同工作。她的父亲也多次表示希望女儿进入家族企业,并最终接管它。

在进行愿景规划的最初阶段,父亲和女儿都对两人一同工作充满了期待。很早,父亲就帮助女儿熟悉自己的工作,向她传授有关计算机的一切知识,并带她出席一些专业会议。

然而,随着愿景规划工作的进一步推进,他们多次讨论女儿进入家族企业的相关事宜。此时,父亲真正的抱负显露出来了。女儿发现自己的想法和父亲的梦想存在很深的差异,因而非常失望。

在就女儿进入家族企业的财务细节上进行谈判时,南希发现,父亲非常固执地拒绝承认她离开现在的工作就等于放弃了很多的东西。按照父亲的接班计划,南希发现,她必须对母亲和残疾的弟弟的经济状况负责,而他们和南希一样各自拥有三分之一的企业股票。除了这家企业之外,这个家庭没有任何其他的收入来源。为了确立自己的领导权，南希不得不收购母亲和弟弟手中的股票，而且，她还必须负担起公司的债务。父亲还希望协同外人成立一个董事会来监督南希，而她却从来没有认为这种委员会对自己有用。

南希试图告诉父亲："你抚养我成长，并且一直相信终有一天这家企业是属于我的，为什么还要在我身边安插这种不必要的人呢？"她认为，父亲想让她完成父亲未完成的使命，接管公司后替父亲养活母亲和弟弟，即便是当她继承这家公司时，它可能已经负债累累。另一方面，尽管父亲一直与女儿保持着良好的父女关系，他在私下里却会谴责女儿的"贪婪"。

这位父亲的态度正是莱文森称之为梦想的"奴役"的典型代表。尽管受到死亡的威胁，为了自己的荣誉和企业的生存，父亲并不打算放弃自己毕生的抱负。愿景规划帮助南希意识到梦想对于父亲的重要性，并且使南希认识到父亲极度不愿在自己的晚年改变自己的人生目标，尽管此时他周围的环境已经改变了。在这种情况下，南希选择继续留在现在工作的那家公司。父亲此时也没有其他明确的候选人来继承家族企业。这个案例表明，到了必须转交权力的时刻，如果家庭成员们发现他们的梦想无法适应公司所面临的特定压力，无论之前看起来接班的基础多么牢固，接班的火炬注定会无法传递下去。

### 明确价值观

愿景的规划迫使一位来自一个知名的商业家族的年轻人直面自己的价值观，并且清楚地看到自己的价值观与父亲的价值观存在着多么大的分歧。这个家族企业是一家从事高精度武器制造的铸造厂，他们的产品为军队所使用。这个儿子是一个典型的20世纪60年代的产物，崇尚政治自由，并且热衷于和平运动。

当家族第一次讨论企业的未来发展时，父亲向儿子详细地描述了公司各种各样的军事产品。儿子这才知道原来自己的家族是为军队制造武器的，而之前他对工厂的产品以及服务的客户几乎一无所知。当得知这一切时，他明白家族企业不适合他。他第一次清楚地认识到他的价值观或者说他追求的梦想使他不可能与家族企业有任何的联系。于是，他选择成为一名学者。

愿景的规划使他强烈地感受到了价值观的冲突，迫使他作出选择。尽管他的选择令父亲非常失望，但是尽早作出决定可以给企业充足的时间选择其他的接班计划。父亲选择了员工持股计划，让他的员工分阶段地认购他的股份，在企业完成员工持股之前，他会一直担任企业的CEO。

对下一代来讲，讨论企业的未来是一种教育过程，它能够为孩子们提供一个更加清晰、更加具体的画面，描绘出日常经营企业所要承担的责任，使孩子们明确自己追求的价值观和职业选择，同时还有助于纠正孩子们对企业的价值观和发展目标的曲解以及对他们父母的误解。

通常，家长们很少向孩子们谈及办公室里发生的事情，这样孩子们可能会高估或低估企业的规模，他们也可能对企业是否赢利一无所知。曾经在一次家族愿景规划的会议上，当一份详细的清单被公布时，一位年轻的家族成员惊呼到：

> 我的上帝，我以为规模要比这大得多……我以为赢利要多得多，可利润居然一直在滑坡，而且根本没多少留给我的资源。我是在它能够长久赢利的基础上规划我的职业生涯，可是上帝，谁知道它还能支持多久？

同样地，企业家的配偶经常要面对这样的事实：企业家将所有的财产都投资到事业上，他们几乎没有足够的资金维持退休后的生活。就像一位律师曾经告诉我的那样，财产规划中所面临的大敌往往是一般人想象不到的。在企业家死后，财务清单被公开，家属们往往大惊失色。例如，他们发现住房早已被抵押给银行。他们突然意识到，想要在年老时维持目前的生活水平，完全依赖于子女们能否成功地经营家族企业。

谈论企业的发展愿景有时会暴露企业的阴暗面，就像会揭示父母的缺点一样。孩子们会发现员工没有得到公平的对待，会发现经理们允许将废水直接排放到当地的供水系统中，或者会发现父母们经常偷税漏税。同样地，家长也认识到孩子们希望不经过任何努力就得到巨大的财富，没有学习过任何商业知识就被提拔为公司的总裁。讨论企业的发展愿景时，暴露的一些信息有时会使两代人感到惊讶，甚至震惊，激发两代人价值观上的冲突。

公开地讨论梦想，会给双方提供大量具体的信息，帮助他们重新考虑和调整各自的抱负。这个过程可能会使得孩子们离开家族企业，但也可能激发新的合作精神。当认识到进入家族企业并不是一种义务，而是众多的职业选择之一时，孩子们可以放下肩头的重担。存在一种悖论，即自由选择的权利反而可能使他们更加倾向于在家族企业中谋求职业的发展。而当年轻人全身心地投入到家族企业时，他们取得成功的概率更高。

对许多家族而言，愿景规划是促使几代人以一种成熟的心态重新联系在一起的强有力的方式。很显然，交流彼此的抱负、失意和愿望使他们能够以新的形式结合在一起。由于已经在一起生活了那么长的时间，几乎所有的家族在进行接班计划时，都带着长久以来对他人形成的成见。而连续的会议提供了很好的机会，使家族成员们能够阐明各自的思想，质疑并讨论对各种事件和行为的不同的理解，并了解各种想法是如何促进或阻碍家族成员实现他们的抱负的。

## 现实检验梦想

莫斯科一家大型保险公司的第二代所有者是一位慷慨但是控制欲强烈的父亲，他希望有一天三个孩子可以一起经营这家保险公司。他是典型的这样一类家长，即在 20 世纪 60 年代的时候，当孩子们从学校回到家中，他无法接受孩子们的长发和奇装异服，他不仅不会认为这是这个时代的风尚，还会因此不断地责备他们。

他的长子是一位出色的运动员，中途辍学进入家族企业工作。妹妹在语言方面很有天赋，能够流利地讲多种语言。她毕业于一流的商学院，并在毕业几年后进入家族企业，负责管理市场部门。小儿子是个友善的人，但是较差的学习能力限制了他在诸多方面的发展。几年来，他已在公司尝试过一些不同的职位，却都没有取得什么成绩。

这三个孩子发现他们无法在公司合作。作为总经理，长子总是发现他的决定被父亲随意地否决掉了，父亲有时甚至当着高层经理的面就嘲笑他的建议。同样地，他不让受过高等教育、各方面都出色的妹妹参与决策，同时对于弟弟犯的过失也深感厌烦。意识到小儿子无法应对长子的挑衅，父亲于是资助小儿子在一个建筑供应的特许经营权领域开创自己的事业。但是生意失败了，公司损失了数百万美元，而长子原本打算用这些资金投资新的设备。

当这位父亲和我联系时，状况已经糟糕到了极点。我最初的判断是，任何试图让这三个孩子相互合作的接班计划成功的可能性都微乎其微。这并不是经济上的原因，而是他们之间的冲突和矛盾造成的。但是，这位父亲宁愿得到一个令人失望的结果，也要求我帮助孩子们发展合作的伙伴关系。而他的三个子女也表示愿意给彼此一个机会，发展兄弟合作制，同时保证尽他们最大的努力使兄弟合作制成为卓有成效的接班方式。于是，在我的力劝之下，父亲最终同意成立一个由经验丰富的独立董事组成的董事会以更好地完成这次接班。

在他们的愿景规划会议上，一些造成家庭紧张压力的潜在原因浮出水面。三个孩子都发现他们的抱负与在公司中扮演的角色存在着很大的矛盾。长子曾在加利福尼亚北部参加过一次农业会谈，他非常喜爱户外的生活，希望能够拥有一家自己的农场。最重要的是，他想成为自己的老板。妹妹希望学习建筑学，但在父亲的劝说下改读商学院，她办公室的墙上挂满了世界著名建筑物的临摹，都是她的作品，充满了感情和技巧。至于小儿子，他希望成为一名教师，帮助那些和他遭遇同样困难的人们。尽管早期都曾有过各自的梦想，他们最终都服从于父亲的安排，接受了在公司中为他们设定好的位置。他们都想取悦父亲，但都不确定他们是不是做到了。值得一提的是，尽管曾经有过一些摩擦，他们还是关心着对方，都希望与其他两个人维持良好的关系。这一点，使得兄弟合作制还存有一丝希望。

不幸的是，长子并不接纳那些有能力的高级经理和顾问的建议。一次全国性的经济危机，再加上他犯的几个严重的错误，将公司推到了灾难的边缘。很显然，公司要想生存下去，必须免去长子的总经理职务。在我的支持下，董事会说服了父亲这样做。一位非家族成员的职业经理人负责公司的经营。后来，就在两年前，在董事会进一步的帮助下，公司被拆分给了长子和女儿，当然，小儿子得到了其他的财产。长子和女儿都希望成为自己的老板，而不是合伙人。这次接班最终友善地收场，所有的家庭成员都感到比过去更快乐。

长子和女儿都感觉到找回了最初的梦想，像年轻人那样，接受本有可能成为他们职业选择的兴趣爱好方面的培训，这对他们来说是很有意义的。幸运的是，作为家族企业的所有者，他们有足够的物质基础，可以坚持自己的兴趣爱好。这样，他们就找到了一条通往之前未能实现的梦想的路。

这个家族的遭遇揭示了，当年青一代感到他们不能自由地选择自己的职业生涯时，会给家族和企业带来怎样的损失。长子为父亲将自己视为“兄弟姐妹中的魁首”而自豪，但内心深处，他不满自己被剥夺尝试经营农场的机会，被迫进入家族企业。他的弟妹同样也为被迫放弃了自己的职业梦想而深感遗憾。他们没有就这个问题与父亲沟通，取而代之的是互相伤害。他们的矛盾几次贻误了重要决策的制定。

兄妹三人不敢追求自己的梦想，并不是仅仅由于害怕父亲的责备，或是担心失去父亲的爱。在太多的家族中，对财富以及一切随之而来的事物的预期对子女而言是巨大的诱惑。这使得他们缺乏独立性，尤其当家长用钱来操纵他们时。由于父亲控制着家族的所有财产，对子女来说，与父亲发生冲突是很冒险的，而用相互伤害来发泄不满则安全得多。最终，这个家族还是选择将企业分割成小公司，满足了每个人的需求。

家长们有时无视家族发生的变化，固执地坚持他们的梦想。愿景规划的一个重要职能就是用现实来检验梦想究竟能否实现。家长们应该放弃不合时宜的幻想，正视这样一个现实，即他们现在所拥有的这个家族并不一定像他们所渴望得到的那样。这种重新评估并不是简单易行的，当家长过分坚持自己的梦想时，他们总是否认现实，这就需要一个中立的并且得到信任的外人衡量大局，与家长进行沟通，使他们了解一味坚持他们所谓的梦想会给企业甚至家族带来怎样的风险。

## 愿景规划的具体操作

像堆积木一样，愿景规划必须由家族成员的个人梦想入手。个人梦想是构建共同梦想的基本元素，所以首先明确每个成员的个人梦想是非常关键的。专家们总是在帮助成员们清晰地了解并表达出他们的个人梦想以及研究这些梦想的相容程度之前，就先向家族成员们强调整体规划的技术性问题（例如战略、接班人计划和财产规划）。然而，除非梦想的轮廓已经清晰地显现出来，除非所有的家庭成员已经完全理解了这些个人梦想与未来之间的牵连，否则设计再完美的计划也会因缺乏必要的动力而难以实施。

商业家族的成员对梦想的思考程度相差甚远。有些年轻人甚至从未思考过这样的问题："我究竟想做些什么？""我究竟愿不愿意成为这家企业的股东，为这家企业工作？""如果我不为家族企业工作，那么我干些什么？""我怎样看待家族、企业的未来？"他们对这一切缺乏认识，这种情况并不罕见。

所以，愿景规划的前期工作必须帮助家族成员们弄明白他们究竟想要得到什么以及他们的家族想要得到什么。正像我前面谈到的，如果年轻人为了取悦长辈而选择一个自己并不确定是否喜欢的事业，他们往往会感到很大的压力。所以，愿景规划非常重要的一步就是向年轻人传达这样的信息：他们有选择自己人生的自由。这样，在接下来的会议中，他们就会考虑是否将自己的梦想与家族企业提供的挑战和机遇联系起来。

由于梦想总是隐藏在人们的内心深处，所以借助各种各样有趣的、有象征意义的活动来发掘梦想，作为愿景规划的开始是很有效的。这样的活动可以帮助人们接触到个人梦想中隐藏于内心深处的一些方面，这些方面可能是他们自己都尚未觉察到的，但却是最能引起他们感情的共鸣的。当这些不易觉察的梦想的源泉被发掘出来时，人们往往就会得到采取实际行动和坚持不懈的动力。

数年来，我接触过大量的被用来帮助商业家族的成员们挖掘梦想中的潜藏因素的活动。其中一个活动是鼓励家族成员们用画笔、书签、杂志剪图等一切可以利用的材料来完成一幅画面，这幅画面描述的正是他们所期望的理想的生活。每个人完成他的创作后，要向其他人详细地描述自己的作品。每个人都介绍完后，将自己的画面制作成马赛克图案，然后将所有人的集中在一起，组成一幅壁画。壁画完成后，大家一起讨论各个图案的相同之处，讨论它们的差异，评价图案反映出的想法、价值观等，并得出这个家族作为一个整体的特征。整个过程所产生的问题和想法被记录下来，并作为原始材料用于以后的愿景规划工作。

当然,开展这些活动之前,我们还需要做一些必要的准备工作。首先必须让参与者明白什么是梦想,以及梦想对接班人计划和整个规划的重要性。为了激发家族成员们的想象力,组织者最好向他们介绍一些其他家族采用类似方法的趣闻和成功案例。这样做的目的是扩大他们的选择范围,使他们认识到他们的家族企业可以采用各种不同的所有权、管理模式等,使他们意识到一切都有可能。这样做同样可以创造一种信任的氛围,消除某些成员因不了解这种类似于游戏的活动的最终目的而产生的抵触情绪。

下一步就是分析和处理绘图活动得来的想法和问题,分析的目的是产生一份更具体、更详细的描述个人梦想和共同梦想的报告,以便用来制定接班人计划和整体规划。为了帮助他们更详细地描述他们的梦想,我要求他们首先完成一篇富有想象力的文章,描写在未来的5—10年内,他们自己、他们的家族、他们的家族企业会是什么样子。然后,我会给他们提出一系列的问题(见表5-1),这些问题要求他们详细描述企业、家族、所有权在未来的发展状况。而且他们还需要提供他们本人和其他人在未来蓝图内扮演的角色。

表5-1　参与者需要思考的问题

| 假设你的个人梦想和家族的共同梦想已经实现,用现在时态描述5—10年后的状况。 | |
|---|---|
| 个人 | ●迄今为止,什么样的活动最能帮助你成长和发展?<br>●你最容易投入到什么样的事情中去?<br>●你在工作、家庭和娱乐之间保持怎样的平衡? |

●在家族企业中，你扮演着怎样的角色（例如管理者、家族统治者、家族基金会成员、持股人、董事会成员、监督者等等）？
●家族企业以怎样的方式帮助你实现自己的抱负（如果有的话）？
●你给予了自己什么？
●你给予了家族什么？
●你给予自己所处的社会什么？
●你希望以怎样的形象留在后人心目当中？

家族 ●家族成员的年龄是怎样分布的（在每个人的实际年龄上加上 5—10 岁）？
●你的家族是什么样的类型（描述相互间的关系）？
●是什么导致你的家族取得成功？
●谁在领导着你的家族，他是如何领导的？
●家族成员们共同遵循着怎样的价值观和原则？
●家族成员们是如何共同效忠于家族企业的？
●你的家族怎样将这些价值观传递给下一代？
●你的家族怎样培养年轻人的发展？
●你的家族怎样照顾年迈的家人？
●你的家族怎样增强沟通能力？
●你的家族怎样解决冲突？
●家族成员们怎样消遣？
●在教育方面，你的家族作出了哪些努力？

企业 ●在过去的 5—10 年里，企业采取了怎样的战略？
●谁领导着企业？
●企业的领导者（领导团队）拥有哪些特殊的天赋和技能？
●领导者（领导团队）是如何发现企业战略要求的？
●高级管理层怎样构成？
●家族成员管理者和非家族成员管理者结合的状态如何？
●接班过程是如何被掌控的？
●退出企业舞台的长辈们现在都干些什么？
●他们都退休了吗？如果是的话，他们和企业是否还保持某些关系？
●他们对企业目前作出的决策还有怎样的影响力？
●谁来监督新的领导层？
●新的领导层对谁负责？
●谁来决定高层行政人员的报酬？
●新的领导层怎样保证下一代的成长和发展？

所有权和治理结构 ●如何在家族成员间分配股份？
●如何在家族成员间分享控制权？
●家族企业的管理模式是所有者控制制、兄弟合作制还是家族合作制？
●描述一下你们的所有权结构。它是怎样运行的？股票是否被托管？

如果是的话，描述一下受托人与受益人之间的关系？
- 目前的治理结构怎样调节和监督家族企业的活动？
- 是否存在董事会？
- 有的话，它的构成是怎样的？它在多大程度上发挥了作用？
- 是否存在家族理事会？
- 有的话，它的构成是怎样的？它在多大程度上发挥了作用？
- 家族采取什么样的政策处理家族和企业的问题？
- 这些政策是怎样被执行的？是否有效？谁来保证它们的实施？
- 股东是怎样组织的？
- 是否存在红利政策？如果有，是谁制定的？
- 采取什么样的措施培养股东的权利和义务？描写其中几项。
- 是否存在股票回购机制？如果有，它如何运作？

写这样的文章为家族成员提供了向自己、向家族清楚表达个人梦想的机会。这些个人的答案会在所有家族成员间分享，为召开家族会议作必要的准备。在这次家族会议上，每个人都要就自己对未来的设想发表讲话，共同探讨个人的梦想与他人的梦想是否一致的问题。

这些活动并不能保证一定会产生一个共同的梦想。正像前面的一些案例谈到的，很多家族认识到，继续经营家族企业是没有任何意义的，或者对某些成员更有意义而对其他人来讲是可有可无的。关键是要创造一种机会，使他们能够想到的任何关于未来的可能性都能够得到公开、自由的讨论。

在开展活动的过程中，人们经常会发现，与那些已经成功完成新老交接的家族进行沟通、交流经验是很有帮助的。对于那些想尝试变革性的接班计划的家族来讲，这一点尤为重要，因为他们毫无经验，不知要面对什么。拜访一家成功经营的兄弟合作制企业会使所有者控制制企业受益匪浅；同样地，试图从兄弟合作制转型到家族合作制的企业，与以家族合作制成功经营的家族沟通后，也会得到很多有用的信息。这些交流有助于家族成员们了解新的经营模式可能带来的机遇与挑战，而且对于不同的家庭成员在未来新的经营模式中能够扮演的不同角色也会有更深层的理解。

### 隆巴尔迪家族撰写的文章

正像上文所提到的那样，1993 年，我要求隆巴尔迪家族的每一位成员都要为《华尔街日报》撰写一篇文章，描写在 2003 年他们所期盼的家族以及企业会是什么样子。这些文章就是他们进一步展开愿景讨论的基础。

在五个第二代的孩子尚未长大成人之前，关于第三代家族成员如何驾驭隆巴尔迪家族企业的蓝图就已经开始构建了。老保罗是这个蓝图的创作者，很早他就通过谈话和让孩子们参加企业中一些有趣的项目，将他建立一个家族企业王朝的梦想传递给孩子们。而他那些已成年的孩子们已决心实现父亲的王朝之梦。现任的五个第二代合伙人希望将来他们的子女在企业中都能够有所作为。然而，他们最初的设想是，从第三代的每个家庭中选拔出一位领导者组成一个由五个堂表兄弟组成的领导集团，从而再造一个与现有模式相类似的领导结构。但是，后来的讨论使隆巴尔迪家族的第二代领导人确信，在第三代完全克隆他们现有的模式是不明智的。他们需要一个新的治理结构，必须对第三代领导人在新的治理结构中所扮演的角色进行培训。但是在家族成员们走到一起，相互之间形成一个一致的愿景之前，还有许多工作要做。

在文章中，所有隆巴尔迪家族的成员都描写了这样一个企业，它在未来的几年内得到了持续的发展，成为一家以一流的管理水平和尖端科技的应用而闻名的国际企业。罗伯特的文章表达了他对一个小型的家庭企业是如何迅速发展成为拥有20亿资产的零售业巨头的赞叹。他写到，隆巴尔迪公司是在寻求公平和效率的平衡的过程中发展起来的，它一直力求满足员工和社会的各种需求。小保罗是这个家族的长子，也是目前的首席执行官，他可以看到企业为不断开拓国外市场而努力。同时，他希望建立更大规模的连锁店，还设想企业在合资伙伴的支持下，能够向墨西哥和加拿大扩张。斯蒂法诺设想家族企业成为一家更大的贸易公司，其中包括成立一家新的信用卡公司。丽塔则希望2003年所有隆巴尔迪家族的成员，包括女婿或儿媳，都能够在隆巴尔迪家族下属的各种企业中有所作为。而且，她对家族企业给予了极大的关注，提出了一系列关于第二代领导集团退出历史舞台后，第三代领导人之间如何相处与合作的问题。长久以来，隆巴尔迪家族一直享有盛誉，他们为国家和当地政府和人民提供服务，作出了很多贡献。这些文章不约而同地指出，强有力的家族传统仍然是家族企业获得成功的根基。

此外，兄妹五人还描述了他们的个人角色和组织结构将会发生的变化。在主要的控制权仍掌握在家族手中的前提下，他们认为，企业或者较大的部门应该走向公众化。小保罗仍担任总部的董事长，这个公司控制着所有的家族企业。

五位领导人都希望从日常的管理工作中淡出，从而使第三代领导人能够真正负责公司的运转。他们都希望有更多的时间享受财富、亲情、爱好和兴趣。小保罗担心自己的健康状况，希望下放部分权力，有时间轻松休闲一下，打理自己因喜好而创办的旅游代理机构和公共关系公司，这些公司都是独立于家族企业的。相似地，好友的猝死给斯蒂法诺带来沉重的打击，他希望活得更轻松一点，有更多的时间和家人在一起。

不出所料，这些文章都反映了他们对自己和企业的期望。小保罗的文章开头描写的是一个盛大的宴会，出席的宾客都是政界和商界的名流。在宴会上，他因杰出的领导才能受到大家的尊敬。40 多岁的弗兰克，正受到中年职业危机问题的困扰——这正是他被解雇的前一年。他希望自己成为市场部门的领导人，有可能的话，作为小保罗的接班人，成为下一任董事长。罗伯特设想自己成为下一任加利福尼亚州州长。丽塔则希望自己能够重回学校学习商业课程，因为她的兄弟们都接受过这种教育，而她却没有。

但是在文章撰写活动中，究竟谁将成为第三代领导人的领军人物以及这个领导人如何选拔的问题始终悬而未决。为了避免兄妹五人因为接班人问题产生矛盾，小保罗始终没有谈到“2003 年谁是企业的首席执行官?”这个问题(尽管他为高层管理职位培养了两个候选人，即他的长子和一个家族外的执行官)。事实上，在这一点上，兄妹五人谁都不愿意推测谁是第三代领导人，即使这种推测只是玩笑性的。在愿景规划的初步阶段，他们都害怕被别人指责企图把自己的子女推上领导人的宝座，也不想因评价第三代家族成员的资格造成相互间的不愉快。

尽管缺乏更详细的资料表明谁将成为第三代接班人中的领军人物——这是一个谁都不愿提起的问题，但是这些文章确实有助于第二代领导人更多地关注未来。合作精神长久以来一直存在于这个家族当中，并且在父母所鼓励的公开的氛围中得到了加强，而这种合作精神正是这个家族赖以建立的基础。愿景规划加强了隆巴尔迪家族勇往直前的决心，并研究出一套可行的接班人计划，具体的细节则可以留待日后再解决。我们还有一些时间去考验第三代成员的能力，在最佳人选上达成共识，并最终决定谁的名字会出现在未来组织结构图的顶端。

1994 年，企业战略顾问建议隆巴尔迪家族进行组织再造，这就将接班人计划提上了议事日程。于是，第二代领导人尤其是小保罗便将工作重心放在重新评估下属公司以及剥离一些不能赢利或利润不高的企业上。这些企业有一部分之所以能支撑这么些年是因为受到某些家族成员的偏袒。关闭这些企业的需要使潜在的矛盾再次浮出水面。在一次会议上，其他四位合伙人一致谴责小保罗对待他们太苛刻，否认他们的业绩，想把他们赶出局以便独自操纵整个企业。为此，小保罗深受打击。他在组织再造的过程中感到身心俱疲，并且由于不能决定自主决策的范围而心生怨恨。这次会议上，整个家族到了绝望的边缘。后来，小保罗的妻子特雷涉给我发了一份传真，描写了这件事对小保罗精神上的打击。她问我："如果这种家族会议只会带来伤害，它们还有什么用？"

我在回信中提醒她："这样做的目的是保护你的财产和保证孩子有一个相对稳定的未来。"后来，特雷莎遇到我时，谈起了小保罗即将到来的退休给他们带来的压力。她向我倾诉，小保罗是公司的领导者，但不是整个家族的领导者。小保罗仍然感到非常不安，需要安慰。内心深处，他始终认为即使取得了那么多的成就，他永远都无法成为像父亲那样成功的人。

### 重燃梦想

隆巴尔迪家族凝聚力遭遇的危机表明，他们忽略了他们的共同梦想。由于组织再造的压力，由于认识到家族的利益妨碍他们作出自己的商业决策，进而影响到自身的经济利益，他们对集体的忠诚度降低了。

在公司中，类似这种经营上的问题，如果发现得早，大多数还是能够解决的。但是家族里的问题往往就不是这么容易解决的了。除非共同梦想还充满了激情和活力，除非合伙人仍然被共同的责任紧密地联系在一起，否则，企业可能轻易地就分崩离析了。隆巴尔迪家族遭遇的困境表明，周期性地重新点燃共同梦想是非常必要的，特别是面对内部或外部威胁时。这种梦想的重燃既可以通过进一步发展共同梦想实现，也可以通过恢复那些能够使家族成员们重新认识凝聚他们的价值观和传统的仪式和标志物来实现。

接着，我暗示他们兄妹五人，这次的崩溃的背后可能隐藏着某些深层的心理上的原因。他们年迈的父母无论从身体上还是精神上都日益衰竭，这对于他们来说是一种警示：很快，他们将变得孤独，没有人可以依靠，需要对公司的未来负全责。而他们也正在一步步走向衰老。可能正是听到了死亡在远方为他们敲响的警钟，他们始终犹豫着，不愿迈出最后一步，成为完全独立的人，不愿形成真正属于自己的对未来的看法。他们还是攀附在父母的梦想之上，部分是出于尊敬和爱戴，更主要的原因是他们不愿意面对自己终有一天也会结束生命的事实。

由于兄妹五人始终不愿面对所有权这一关键问题，事情进展得非常缓慢。目前，年迈的父母仍然掌握着公司60％的股份，兄妹五人共同掌握着剩下的40％。他们认为，父母会把股份平均分为五份交给他们，但是除非遗嘱公布，他们谁都无法确定。尽管律师允许他们先看遗嘱，但他们认为父母在世时看遗嘱，是对父母极大的不尊重，他们谁也不愿这样做。父母对遗嘱的内容保持缄默是其中最大的问题。了解股份将如何分配对于解决领导结构问题十分关键，没有掌握这方面的信息，他们无法为第三代领导人建立起领导结构。多次会议之后，他们约见律师，达成一份有法律效力的协议，即无论父母的遗嘱内容如何，他们将在五人间平均分配这60％的股份。

在接下来的一段时间里，他们面临着重新思考共同梦想的需要。他们有一个共同的凌驾于一切之上的抱负，那就是他们都想公平对待下一代，都感到要对下一代负责。而正是这一点使得新老交接变得异常艰难。

第二代和第三代子孙曾经看过一段老保罗的采访录像，采访中，老保罗详细描述了他一生的经历和他的信念。然后第二代和第三代成员们分组进一步讨论。第三代家族成员们又继续分组讨论他们在职业生涯规划的过程中希望从长辈那里得到什么帮助。而第二代则讨论他们能够并且应该给第三代提供什么样的帮助。第三代汇报完他们的讨论结果后，会议停顿了很长一段时间，并且似乎有开始讨论其他事情的趋势。这时，其中一个年轻人叫了起来："等一下，长辈们还没有汇报呢！"这件小事戏剧性地表达了这样一个事实，年轻人密切关注着长辈们的一举一动。这件小事也最终使长辈们明白，年轻人总是试图评判长辈们在为他们规划职业生涯，制定接班计划以及管理未来企业的问题上能做到多好。

时至今日，隆巴尔迪家族的事业仍然生机勃勃。他们制定并实施着一个非常精细的治理结构，包括一个独立董事会、一个家族理事会和股东大会（第十二章将会详细介绍这些结构）。他们选择了一位非家族成员的高管接替小保罗成为隆巴尔迪家族企业的 CEO（小保罗目前是董事长），他还将负责培养第四代家族成员进入领导角色。

## 家族合作制企业的愿景规划

在第三代或第四代由家族各分支成员组成的大型家族企业中，开展愿景规划的工作会更加复杂。当企业到达这一阶段时，会有很多的人和家族分支涉及其中。在这些大的家族中，关于未来的讨论不可能再发生在餐桌上，必须召开更正式的讨论会，以便每一代和每一个家族分支的所有成员都能够表达自己的需求，发表自己的观点。必须建立一个流程以确定公司的长远愿景，并为这一愿景寻求支持。如果需要引进一个家族之外的人，那么他在组织愿景规划的流程上需要承担更多的指导责任。

加拿大一家由 200 多位第五代家族成员组成的企业，充分揭示了在这类企业中进行愿景规划的复杂程度。尽管这个家族已将家族企业成功地传承了三代，但现实表明，目前的结构已经不适于管理如此庞大的企业。这个大集团由一家成功的酿造厂发展而来，后来演变为一个结构松散的同盟。它的每个业务单元都由这个家族的七大分支之一进行管理，而这些家族分支在整体战略上几乎没有什么联系。七大分支各派出一位代表组成一个类似于家族理事会的董事会，以监督这个臃肿的组织。董事会代表每三年轮换一次，而这些人往往对管理一无所知，也不愿对家族那些不称职的管理者提出任何批评。

由于公司内部的无效管理，以及那些已进入加拿大市场的大型国际企业带来的竞争压力，公司陷入了困境。在我帮助这个家族处理管理和接班问题的同时，还有另一个顾问团给各个部门作了一次完整的财务状况分析。分析报告的结论是，如果进行组织再造，甩掉那些亏损的部门，把资源投入到获利空间更大的项目上去，股东的收益将会大大增加。很显然，企业需要进行一次彻底的转变，愿景规划工作起着至关重要的作用。

在这种状况下，家族的历史和传统是强有力的聚合器。能够将几代人凝聚在一起的梦想通常植根于家族的历史和传统中。尽管长久以来形成的传统的行为方式有时会成为变革的巨大阻碍，但是传统也是几次冲突中阻止家族分裂的黏合剂。在一次决定生死存亡的会议上，第四代人中有一位女士站了起来，并带领大家祷告："感谢上帝赐予我们家族的一切，并为我们现在所拥有的一切而歌颂吧。"从他们虔诚的神态中，我们可以看到家族传统的力量弥漫在整个会议室中。

尽管个人梦想仍然非常重要，但是让这么多的第四代和第五代成员每个人都谈论自己的希望和梦想是很不现实的。在由好几代人组成的大型企业中，愿景规划往往从集体的角度出发，这时关注的不仅仅是个人的梦想了，考虑得更多的应该是每代人和每个家族分支的期望和利益。

在这种情况下，应该通过采访使每一个家族分支的成员们都能了解自己的梦想。然后，长辈和晚辈集中在一起讨论他们对自身和公司的期望，以便共同勾勒公司的愿景，同时给其他的家族成员提供更多的职业选择。

在愿景规划的初期，长辈们着重于通过先辈的事迹、标志物、家族大事等方式将家族传统传给下一代。坚定不移，这个令人骄傲的家族传统，是他们常常提起的——从“坚持总有回报”这句家族名言中很容易就能看出来。他们不断提起一件曾经严重威胁到企业的往事：有一段时期，他们所在的地区，工人动荡不安，啤酒厂受到暴力和怠工的威胁。在其他啤酒制造商纷纷卖掉工厂，或是搬离这个地区的时候，这个家族决心留在本地顽强地渡过这次危机，以保护家族的财产，保障雇员的工作。类似这样的一些英雄事迹激励了一代又一代的年轻人将先辈们遗留下来的事业和精神不断地发扬光大。

当后辈们聚在一起时，他们总是批评长辈们挡在自己的发展道路上，也无法进行迅速及时的变革。在充分了解了顾问团的财务分析报告后，后辈们认为，公司遭遇到的困难挫折会使他们失去执掌公司的机会，并且会威胁到原本打算留给子女的遗产。当两代人聚在一起时，所有的股东都抱怨无效的管理和对某些长辈领导的亏损部门的偏袒，从而使得他们的权益受到侵犯。年轻人还抱怨长辈们占据了企业高层的位置，致使他们中一些受过良好教育的人才得不到足够的发展机会。

贝克哈德认为，在像这个家族一样具有如此大规模的组织中，作出任何重大的变革之前，必须具备三个条件：第一，组织成员必须对组织现状极度不满，并且认识到，如果不进行变革，情况不可能有所好转甚至会越来越糟。第二，必须有一个明确、具体的发展方向，而这个发展方向必须足够诱人才能推动变革的进程。这也恰恰说明了共同梦想对于变革的重要性。第三，组织成员必须能够清楚地看到即将发生的变革的每一个具体步骤。只有当他们能够预测到将会发生什么，以及他们的生活水平将会得到怎样的提高时，他们才会去克服那些在变革过程中不可避免的阻力。[1]

为了度过这个痛苦的时刻，这个加拿大家族在愿景规划的过程中考虑了几种可供选择的方案。他们仔细权衡了将整个企业拆成若干小企业，由每个家族分支的领导人进行管理的方案。在讨论中，他们明白这种变革不可能一蹴而就。采取各种法律和经济手段进行企业分割，然后使每个小企业都打下自己的根基，这可能要花掉三至四年的时间。但是最终，为了避免给家族成员造成无法愈合的情感上的创伤，他们否定了拆分的方案。

顾问团的财务报告提供了变革所必需的“不满”。有证据表明，如果对现有结构进行重组有可能提高股东 60％的投资回报率，这对所有人来讲都是巨大的激励。家族领导联盟支持任命一名新的首席执行官去领导变革。这位新的首席执行官是一位五十多岁的富有经验的家族管理者。他极具权威，擅用权力，同时又极富耐心，乐于满足不同成员的各种需求。

尽管反对重组，那些亏损部门的领导人也不愿出面制止。经过所有年满 18 周岁的家庭成员的投票，以 70 比 2 的票数，选举产生了新的领导团队。家族成员们对于即将采取的重大举措欣喜若狂，并迫不及待地要开展重组计划。两代家族成员们都相互讨论着自己的义务，长辈们保证要尽全力将年轻人培养成他们的接班人。

这个新的领导团队必须共同研究出一个新的组织结构。管理如此大规模的家族和企业需要专业的董事会，因此他们成立了一个由三名独立董事领导的七人董事会。而且，他们建立了一套完善的制度，不断地推进愿景规划工作。只有这样，变革的需要和成员们的期望才能够不断地得到公开的讨论。另外，还必须成立一个家族理事会以确保各个分支和下一代的家族成员（他们有些也是董事会成员）在设置企业目标上都有发言权。这个领导团队还必须采取一些措施为家族成员们提供更多的选择。他们还成立了教育基金，这样，年轻的家族成员们可以在最好的商业或专业院校内深造。他们强烈要求在企业内部建立一个内部市场来买卖股票，这样任何人都可以轻易地将股票兑现。他们还建议为热衷于慈善事业的家族成员们成立一个家族基金会。这些建议是在一个二百多人的家族大会上提出来的，得到了大家的赞同。通过此次愿景规划工作，整个家族再次团结在了一起，为共同渡过难关、再塑企业成功而努力。

发掘个人和共同的梦想，并且培养和发展这些梦想，是一项艰难的、有挑战性的工作。工作的组织者必须激励成员们发掘并回想起长久以来被遗忘的或者是零碎的抱负。即使是在那些鼓励梦想的家族内，公开地讨论它们也是非常困难的。发掘并分享彼此的梦想不仅为丰富家庭成员之间的关系提供了机会，同时也有助于发展企业的愿景，激发成员们的创造力和合作精神。家族企业领域的研究者也将尽力发展出更多的方法，使家族成员们能够更容易地定期开展这样的讨论。而整体规划是一个家族有资格进行愿景规划工作所必需的助力。

当一个家族明确他们的共同梦想之后，为了适应不断变化的环境，他们必须不断地重新评估，重新充实这个共同梦想。在梦想逐步转化为现实的过程中，在一些关键的时刻，家族成员们往往会感受到愈来愈大的压力。这种动态的认知过程类似于皮亚杰(Piaget)在儿童思维发展理论中称之为“适应与同化”的阶段。然而，一个家族往往不能充分理解他们所选择的新的领导结构将意味着什么。当下一代开始一种新的组织结构时，他们的头脑中往往缺乏细致的地图，因而极有可能低估了组织再造工作即将带来的挑战。下一章，我将会介绍成功实施所有者控制制、兄弟合作制以及家族合作制这三种模式所需要的条件。

# 第六章　梦想的可行性评估

在前面的论述中，我已经说明共同梦想是接班计划的第一步，而且这个梦想通常预示了未来企业的形式。这种企业的形式在最初可能仅仅只是个模糊的定义，它有可能会也有可能不会等同于家族和企业随着时间的演变所形成的实际的模式。这个梦想必须被再三地评估，有必要的话可以对其进行重新设定，使其与企业和家族的新信息保持一致。家族还要认识到，所有者控制制企业、兄弟合作制企业和家族合作制企业这三种基本的家族企业形式要求使用不同的领导权力和领导权威。决定改变企业形式的家族面临着巨大的挑战，因为他们的经验既没有教他们如何使新的企业形式有效地运行，也没有教他们评估特定的企业形式对于他们的家族来说是否可行。甚至，当一个家族企业循环了它原有的企业形式时，下一代人也不可避免地面临着已经变化了的环境。每个家族都必须具有前瞻的眼光，规划未来变化条件下领导权力和治理结构运作的蓝图。比如，当越来越多的接班人进入这个企业，或者经济环境发生了剧烈变化，或者产品达到了生命周期的成熟阶段。

接班计划所必需的认知跳跃再怎么强调也不过分。一些家族对于他们所选择的渠道的错误认识常常使我吃惊。当我对他们所作的选择表示赞成或者反对时，他们常常只听那些符合他们的梦想的部分。他们没有认真地深思这些选择所面临的挑战使得接班问题困难重重。

本章的目的就是描述三种企业形式中的每一种得以成功实现交接班所需要的条件。这三种企业形式是所有者控制制企业、兄弟合作制企业和家族合作制企业。我的目的是列出为成功过渡到某种领导结构所必须要解决的实践问题并且消除家族对他们几乎没有经验的结构所产生的幻觉。在许多这样的案例中，理想的结果只有通过努力的工作和特殊类型的培训才能实现，但即使这样，有时候结果也并不完美。

### *所有者控制制面临的挑战*

选择单个领导者的形式面临着权力滥用的危险，并且可能会形成一场竞赛。所有者控制形式的独特特点是职权最终落在唯一的领导者肩上。从一个所有者向另一个所有者的权力转移过程中，有且只有一个下代人将以占支配地位的领导者和首要所有者的身份出现。因此，该公司的成功与否最终取决于所选择的领导者的能力。矛盾的是，所有者控制制的最大优势，即统一的决策制定，也正是它最大的弊端。

这种形式不会像兄弟合作制那样存在风险的分担，家族把企业和家族的未来全部赌在一个人的天赋、商业敏锐度和情感成熟度上。一个不明智的选择将带来灾难性的后果。当父母选择一个领导者的时候，对子女们的爱会影响他们的判断力：父母对某个儿子或者女儿的特殊宠爱可能会影响他们对接班人的选择。根据许多父母所作的记录，他们所选择的接班人并不适合做领导者甚至不具有商业领导能力是一种很普遍的现象。

由于选择所有者控制制的家族会把股份全都集中在一个人的手里，因此还面临着权力滥用的危险。权力集中于家族中的一个成员身上，会潜在地破坏家族成员之间的关系。接班人控制着家族的大部分财产，因此会很容易在不经意间扮演起父母的角色，而这会引起同代人的极大愤恨。试想，当一个家族成员不得不去其已经担任所有者的兄弟姐妹那里借钱而不是去其父母那里时，他是一种怎样的心情。

如果所有者控制制是企业未来的选择，那么上一代人将面临两个难题：谁将成为领导者？家族的其他成员将会有怎样的反应？当然，如果在下一代中有一个家族成员明显比其他人优秀，那么问题将会很容易解决。而当一群水平相当的兄弟姐妹们都有望成为领导者的时候，选择所有者控制结构将会引发一场竞赛，而“胜者获得一切”的竞争将破坏家族成员之间的关系，甚至会有损于企业。在企业中的职位将带来在家族中巨大的威信和权力。在所有家族成员中仅仅提拔一个的做法将会加深压抑在心中的敌意。选择越模糊不定，时间推迟得越长,竞争就会越残酷。这给公司的领导者带来了相当大的压力。他们原先设想的是,他们可以通过各种各样的环境来考验每个候选人,直到最终有一个人脱颖而出的时候才作出决定。

父母们不能被动地等待上述这种情况的发生。那些选择所有者控制制的人们面临的挑战之一是为未来的接班人搭建一个舞台,让他们去展现自己的勇气,去证明他们的领导考虑了所有成员的利益并会给所有成员带来经济上的利益。但是一些父母并没有让他们的后代去做真正的工作——有明确的职责和义务的工作。一个家族内部成员间越是相互牵绊[1],父母们越是倾向于保守。我已经遇到过无数的接班候选人,他们得到了一些虚职比如"副董事长助理",却从来没有机会向他们的父母、他们的兄弟姐妹甚至他们自己证明他们的真正价值。

正如我们将会看到的那样,有时,家族企业之所以不愿意立一套能真正检验接班候选人能力的方法完全是出于潜意识。因此一些企业家避免作出选择,避免大步走出这种模糊时期,也避免加剧候选人之间的竞赛。甚至在大多数职能式家族中,无论某个子女的抱负和能力有多么出众,父母都不愿意偏袒任何一个孩子。如果他们真地认为所有者控制制是企业未来的最佳选择,那么他们需要为选择一个领导者作好准备,即使面临着家族的压力。而当最终作出决定的时候,如果理由仍旧模糊不清并且没有足够有力的证据的支持,决策会更容易地被认为是父母偏爱的结果。

家长—接班人之间的关系对于一个所有者向另一个所有者的权力转移来说至关重要。一个所有者向另一个所有者的权力转移的成功很大程度上取决于前任领导者与继任领导者之间的关系。这种一对一的承接是非常具有私人性质的。在交接时期，两人将时常在办公室里处理棘手的问题。人们将会不断地在各方面对继任领导者与前任领导者作比较，包括领导类型、管理效率以及人际关系技能。竞争的感觉将会浮显出来，紧张度也将会上升。

由于当继任者与前任者有良好的关系时接班成功的可能性会上升，研究者们探索了影响这种联系强度的因素。在一次深入研究中，我比较了十个交接成功的家族企业与十个交接失败的家族企业。在一系列的调查中，我评估了这些因素：控制企业的所有者为准备接班人所花费的时间；在家里和公司里这两个人相处得是否融洽；接班人是否在家族企业以外工作过。我发现，目前为止接班成功的重要决定因素是前任领导者与继任领导者在工作之外是否有良好的关系。[2]

在80%的交接成功的企业中，两代领导者在商业之外有共同的活动，这些活动给他们带来了密切的关系，例如一些体育活动和业余爱好。[3] 而在失败的企业中，两代领导者的关系大多都很差。在这些失败的企业中，前任领导者与继任领导者之间不存在共同喜欢的户外活动。

一对父子的事例证实了这种联系。两人在各自的事业上成功以后，后来成为了商业合作伙伴。老罗伯特·帕姆林(Robert Pamplin)曾经在佐治亚太平洋公司担任了20年的总裁，在这期间，该公司经历了木材与天然资源混合物产量的激增。他的小儿子罗伯特 1976 年与其父合作在俄勒冈州的波特兰建立了 R. B. 帕姆林公司，而在此之前，他是一位非常成功的投资商。R. B. 帕姆林公司拥有 14 个纺织品工厂、一个混凝土沥青公司，并且是俄勒冈州最大的私有公司。在《华尔街日报》上，小罗伯特阐述了早期培养共同兴趣对父子合作取得显著成功的帮助：

> 也许父亲和我一起工作得这么融洽的主要原因是我们彼此都关爱对方并且可以享受在一起的美好时光。我六岁的时候，他就带我到南部的沼泽地去打猎和钓鱼。关于父亲的最早期的一些记忆是在幽暗的灯光下听他讲故事，在破烂的小木屋里睡觉、捉鱼、吃炖松鼠肉。[4]

这些共同的经历并不一定能使良好的关系持续存在或者一定能保证一个所有者向另一个所有者的权力转移的成功。其他各种因素也可能影响接班。然而，这种回忆为良好的关系奠定了基础并且为孩子们接受父母的训导做了铺垫。如果父母和接班人能够持续地在共同的爱好活动中保持接触，那么这种接触会大大地缓解权力转移所带来的感情压力。

少数股权持有者的产生会导致对新的所有者控制制的失望和冲突。许多父母都希望未来可以采用所有者控制制的组织结构，却又想给每一个孩子都留一些股票，无论他们是否在公司工作。有时，父母对于少数股权持有者的产生

（或者将股份分为有表决权的普通股和无表决权的优先股）也很无奈，因为家族的大部分财产都投入到公司中去了。在这种情况下，新接任的所有者所继承的东西很复杂！一方面要管理公司，另一方面通常要为成为股东的兄弟姐妹们的经济财产负责。

这种安排的结果意义深远，因为资金保管者角色的创建迫使家族成员们相互依存，使得他们不能也不情愿自我独立。那些继承了少数股票的家族成员的大部分财产可能会与公司挂钩，但是他们对公司却几乎没有控制权。他们对公司新继任的所有者的依赖常常会引发愤恨和冲突，特别是当这种所有权的安排被强加于兄弟姐妹或堂表兄弟姐妹身上的时候。

在第一次接班的时候，前任领导者和继任领导者在处理少数股东的问题方面几乎没有任何经验。对于那些沿着公司强有力的创始人的足迹走来的、天真地期望能没有任何阻力地行使权力的接班人来说，这个问题更是一个巨大的挑战。在这种情况下，接班人不会把家族股东看作是公司的投资者，而会倾向于把他们看作是公司发展的阻碍者，因为他们不断地提出财务上的需求而且干涉接班人对公司的运营。

在我研究的一个家族企业中，父母很明确地希望保留所有者控制形式的优势，但是最终却把股票平均分给了他们的孩子。父母去世后，成为了控制企业的所有者的一个儿子因为不得不为他的四个兄弟姐妹负责而痛苦地抱怨：

每个人都知道我将继承家族产业。我已经在公司里工作了20年，作出了相当大的牺牲并且最终赢得了全体员工的尊敬。我的父母告诉我说，我会没有任何障碍地获得这个公司。然而，在他们去世前不久，他们认为不给我的兄弟姐妹大量的股票对他们而言是不公平的。于是，在我不知道的情况下，他们改变了初衷，给我留下了投票控制权却给了其他兄弟姐妹几乎相等的公司股份。如果我作出的每个决定都只是家族闹剧的产物，那么即使拥有控制权又有什么用呢？我感觉自己是一头一路牵引着其他家族成员奔跑的公牛。最具有讽刺意义的是，我的父母居然认为这样的安排会使我和我兄弟姐妹之间的冲突最小化。

这里，我们看到了家长对所有者控制结构的期望与他们对公平分割固定财产的需要之间的一种并不可行的折中方案。他们希望继续使用所有者控制结构并且已经找到了非常称职的接班人，然而由于糟糕的规划，他们最终功亏一篑。这个案例非常棘手，因为在让接班人形成了明确的期望后，这对父母却在他们的孩子们并不知晓的情况下改变了所有制结构。这位接班人一直以为他将拥有同他父亲一样的自由来管理这份家业。现在，当他意识到他不得不去考虑他兄弟姐妹的需要和利益的时候，他发现这与他所梦想的所有者控制结构相去甚远。

由于少数股权持有者日益在法庭上强调他们的权利，[5]独立企业家的梦想逐渐成为了空中楼阁，然而，这不能归咎于任何人。对于那些一直怀着“总有一天公司将是我的”的梦想的独立接班人来说，继承一群并不想要的股东需要作出相当大的自我调整。此外，这种不负责任的完全独立的想法远远地偏离了现实中的领导权，而且，这种想法常常被所有者控制形式所吸引。这种期望使得迫切希望得到自治权和完全独立的所有者控制制的接班人产生相当大的失望感。

当存在少数股权持有者的时候，需要预备充足的资源以备随时买入这些股东的股票。少数股权持有者可能会心怀不满，他们认为他们的资产被锁定在公司里，但是却得不到足够的回报和对重大决策的发言权。因此，对倾向于所有者控制制的企业来说，建立允许收购所有不满股东的股票的基本公司制度和财务机制是合理可行的。在缺少收购协议和股票赎回基金的情况下，经常发生的"股东树的修剪"通常会给公司和家族带来很大的压力。[6]

收购要求准备足够的资金，并且要求精心地设计结构以防在家族中产生长久的愤恨心理。尽管企业有时是个冒险的投资，但是却通常被看作拥有扩张的潜力，尤其是当新的所有者是一位优秀的领导者的时候。当这位领导者收购其兄弟姐妹的股票以巩固控制地位的时候，协议不仅要考虑公司当前的价值，而且也要考虑未来的发展潜力。如果在收购之后公司停滞不前，这些家族成员们通常会庆幸自己的选择，他们撤出了他们的资金而投向了更加稳定且更加有利可图的产业。如果企业在收购之后兴旺发达起来了，这些人始终会认为所有者欺骗了他们。一种避免这种愤恨的方法是，在收购协议中写上一个条款，即根据企业未来的业绩给予他们额外的补偿。

### 兄弟合作制面临的挑战

为了维护家族团结而将合作制作为最后的手段很有可能会导致失败。兄弟合作制很难管理，因为发生在兄弟姐妹之间的竞争常常会延续到成年之后。我见过一些精明老练的公司领导者在他们六七十岁的时候还和他们的兄弟姐妹们争执，比如谁坐在首席座位，谁拥有最好的办公室，谁有最漂亮的配偶和最聪明的孩子等等。一次，一个兄弟合作者对我发出警告，因为我的备忘录上经常把他哥哥的名字写在最前面。甚至在最健康的家族里，日复一日、年复一年地在一起工作所产生的压力也会导致这些方面的激烈竞争和个人关系的紧张化。

具有讽刺性意味的是，公司所有者经常在下一代中安排集体合作管理以期避免选择其中的一个作为领导者；然而，这反而加剧了竞争和敌对。家族系统的理论家们描述了家族关系强度的范围，从“松散型”（家族成员高度自立）到“牵绊型”（家族成员的生活几乎完全相互关联）。功能型的家族一般落在这两极之间的范围内。在牵绊型家族中，当单一领导制度不再适用的时候，他们最有可能选择兄弟合作制。

鲍恩（Bowen）和其他家族系统的理论家描绘了一种牵绊型家族的行为模式，这种模式可以产生上述的结果。当一些家族成员由于关系过于密切而感到窒息的时候，他们会寻求维护独立的方法。他们会把关于自己部门的销售和其他决策的消息扣留下来，不让其他经理人知道，而这些信息对公司的运作是至关重要的。他们也可能通过在公司问题上与兄弟姐妹或父母争论，或者参加公共活动，来维护他们对独立的需求。这些行为只会加强其他家族成员维持团结、避免内部差异的决心。前任领导者会试图强加一种合作关系，错误地希望这种合作关系能扭转导致家族分裂的离心力。[7] 接班的决策受到了避免冲突的需要的驱使，替代了共同梦想的驱使。这样的合作企业不会有好的前景。建立在消极情感基础上的结构早晚会迫于压力而崩溃。

最严重的问题：兄弟们有合作的能力吗？许多拥有公司的父母都希望在企业所有者和家长两个角色上都获得成功。作为衡量他们父母角色有效性的因素之一，他们期望看到他们的后代能作为一个团队和睦地共同工作。这种强烈的愿望导致的结果往往是他们对一些事实不予重视，那就是他们的一些甚至所有儿女从来没有和睦相处过，并且他们之间合作成功的希望很渺茫。

在对兄弟关系的广泛研究中，班克(Bank)和卡恩(Kahn)提出，兄弟间的竞争会给成长带来两种完全不同的轨道：

> 对于一些兄弟而言，对他人攻击和竞争的企图会对他人造成伤害或者羞辱。有人可能在某阶段或者整个人生都认为其他兄弟姐妹的存在会使其在身体上或者情感上感到不安。在这种极端情况下，和兄弟们在一起无疑相当于进入了敌人的领域，在情绪上充满了令人窒息的紧张感。另一种极端的冲突是富有进取性的且充

斥着有趣的辩证意味，既没有侮辱也没有攻击。这种冲突能加固彼此的关系。这些兄弟姐妹会对从前的争斗付之一笑，并且在这个过程中变得更加机智和成熟。[8]

多数兄弟姐妹间竞争的本质是一种社会对比过程。成年人在许多重要方面不断相互攀比，包括成就（例如，谁拥有的金钱最多，谁的社会地位更高，或谁获得的荣誉最多）、性感（例如，谁最有魅力，谁的配偶最称心如意）、社会关系（例如，谁最好交际，谁最迷人，谁最有气质）。在一个企业，这种社会对比可能有许多种形式。比如，两个兄弟在公司一起工作很久了，但是仍在“谁的部门最有效率，最具有生产力”等问题上进行竞争，或者努力在经理会议上挫败对方。这种事情并不罕见。公司里的兄弟姐妹们还非常关注彼此的薪水和补贴，不断地打听奖金在他们之间是如何分配的。这种全神贯注的根源在于他们彼此之间总存在着一种恐惧，担心其他人会超越自己。

父母们面临的一个关键的挑战是确定他们孩子之间的竞争是否太激烈以致阻碍了合作。这并不是一种容易的评估，特别是对于那些非常坚信孩子之间相亲相爱且能排除差异的父母。为了防止这种充满渴望的想法迷惑他们的判断，父母们要向了解孩子的家族成员、董事会以外的成员、可信赖的咨询师请教，以了解孩子们是否能够成功地作为合作者来工作。

要使一个合作关系有效运作，成员必须对合作有很强的献身精神并且技能和才干要互补分布。为数众多的第一代所有者控制制公司考虑在下一代向兄弟合作制转变。但正如我们所指出的那样，所有者和他们的家族成员常常没有意识到这种变动所必需的根本性的结构变化。

向兄弟合作企业的成功过渡需要一系列很不寻常的条件。首先，上一代领导者必须对预期中的合作者是否志趣相投进行评估；第二，必须要证明：孩子们已经有准备面对一个共同的未来，他们有共同的梦想，并且他们愿意投入时间和精力来构建可行的工作关系。

一些父母们并不知道没有一致的目标和使命，合作企业就可能会步履维艰。兄弟们必须愿意分享公司成功带来的荣誉并分担公司失败招致的谴责。无论工作如何划分，他们必须允许所有人在重大决策中有发言权；而且在出现争议时，要促进妥协。

这种相互依赖决定了兄弟合作关系的目标对行为有着根本性的影响，它要求成员相互之间对他人的成功给予真诚的赞赏和祝贺。社会心理学家莫顿·多伊奇（Morton Deutsch）这样总结这种精神："你的成功也是他的成功，他的失败也是你的失败。"要组建一个团队，成员们需要在同一级别上工作。通常每个人都给团队注入了自己独特的技能，把每个人独特的技能与其他人的技能相组合后便创造出一种合力，正是这种合力提高了合作团队的整体绩效。[9]

在一些家族中，对平等合作的偏爱来源于家族合作和团队工作的长期实践。像隆巴尔迪这样的家族中的成员可以感悟到，企业之所以重要，不仅是因为企业能赚钱，而更是因为企业是一个可以共同工作并且可以做最喜欢的事情的场所。这些家族鼓励其孩子在早期便开始发展自己独特的个性和才能，并同时逐渐灌输深刻的合作理念。在这些家族中，协作被看作是家族中的个体成员和他们共同的企业生死存亡的关键所在。

有关于集体绩效的心理学文献显示，最成功的团队在成员的技术和经验上几乎没有重复，而是相当互补。[10]这个原理没有被一些公司所理解。在那些公司中，管理者们有意将有相似经验和背景的人放在一起组成团队，以期这种相似能使工作更有效地进行。许多关于团队建设的文献都与兄弟合作制企业相关，但是兄弟团队有着许多特征使得这种团队成为独特的绩效单元。在同一家庭中长大的兄弟姐妹们的观念能导致团结协作和共同管理企业时果断有效的决策，这种观念是一种对目标、态度和特定环境反应的相互认同和赞赏。当这种共同的过去与共同的目标意识和互补性的技能相结合的时候，能产生异常强大的力量。[11]

然而，成功很大程度上取决于兄弟们的才干和技能是否平衡地分布，以及每个人是否愿意接受各自最适合的角色。有资料表明，技能乃至个性的不同在家族中的存在是很自然的现象，这是因为家族成员们内部之间互相竞争一些他们认为的稀缺资源，特别是父母亲的关注。[12]在诸多有效率的兄弟团队中，有这样的一个团队：其中一个人长于数字，在关于数量的工作上胜于他人；另一个人善于交际并且喜爱销售和市场；第三个人则是个天生的战略家，考虑问题时总是多人两三步。如果其中一人不能胜任其工作,其他人就不得不去帮忙。当工作负荷和努力水平没有合理分配时,团队内部的愤恨感就会爆发(伴随着对不同报酬的要求)。同样地,如果一个兄弟合作者追求被其他人认为他没有资格胜任的职位,合作关系就会相当紧张。

隆巴尔迪家族合作关系的优势之一在于每个兄弟姐妹都很了解其他人的技能,并且他们努力通过组织来协调控制他们各自的强项。一般而言,兄弟合作者不仅要尊重和赞赏他人的天赋,而且不能企图在他人的能力领域与之竞争。前任和继任所面临的共同挑战是正确地评估:①是否存在这种至关重要的平衡和相互之间对彼此天赋的欣赏;②每个潜在的合作者对自身的局限性是否有一定的认识。再重复一遍,这不是容易的工作。

*和谐需要一个清晰的劳动分工和对头衔的共识。*有效的兄弟合作制企业一般都拥有清晰的(虽然并不严格)劳动分工,使得每个成员在其特定的领域内享受一定程度的自治。比如,在一个企业集团里,每个兄弟姐妹可能会负责一个子公司或赢利中心。在一个功能型组织里,他们可能各自领导一个部门,比如营销部门、研发部门或者生产部门。然而,几乎不变的是,当他们的权限不清或者当一个人侵入他人的权力范围的时候,兄弟合作者们便会陷入困境。在这种背景下始终会存在着一种风险:竞争会表现得类似于分公司之间或部门之间的残酷竞赛。就连竞争并不激烈的地方,兄弟们都能变得目光短浅,只醉心于他们各自的利益而不顾他

们共同的目标。

虽然在技能上完美互补的劳动分工是很不错的，但是团队还必须协调一些关键活动，包括战略、资产分配以及税收计划等。在个人利益与整个组织的共同利益之间必须建立一种可行的平衡。

无论劳动如何分工，头衔始终都是个敏感性问题，尤其是对建立在完全平等的所有权基础上的兄弟合作系统。这些合作企业面临的挑战是这些头衔必须传达出合作者之间的平等，而且其对下属和与企业打交道的局外人而言还要有一定的意义。

兄弟合作者必须在企业关系中寻求解决冲突的办法。在长期存续的合作企业中，我发现了冲突解决策略存在着惊人的多样性。这些策略往往与传统的管理观念背道而驰，并且充斥着家族文化和家族习俗的影响。通常，把投票作为处理问题的方法在合作企业中会引发反感，因为那意味着将少数人的不满置之不理。更典型的是，合作企业很强调共识，并把共识当作达成主要决策的一种理想状态。合作者们愿意讨论问题时不计时间成本，以达成每个人都认同的可行的解决办法，即使仍有些人认为这种方案不够完美。

隆巴尔迪家族对达成一致有很强的意向。这五个兄弟姐妹每周都开会讨论任何有可能产生冲突的事情。无论何时，关于他们中某个孩子的责任、报酬或绩效的讨论愈演愈烈的时候，孩子的父母会被允许在会议上陈述其个人观点，但之后必须离开会议室，留下其他人来决定这个问题。隆巴尔迪家族的人告诉我，因为这是一种长期的互惠行为，所以这个系统运作得非常良好。兄弟姐妹们都知道，只要他们对其他人的孩子的评判是公正的，他们自己的孩子就也能被公平地对待。

有两个智利的兄弟从他们父亲那里继承了一个规模相当大的家族企业。在去世前，父亲告诉这两个兄弟，当有不同意见时，需要遵从一个简单的程序。他们的父亲在瑞士有一个值得信赖的商业伙伴，他是一个有着丰富阅历和很强判断力的人。当两兄弟偶尔意见不一致的时候，他们会给父亲的这位瑞士朋友打电话寻求调解。直到今天，他们仍然遵循着这个流程。两兄弟在电话里各自为自己的观点辩护，然后，这位现年八十多岁的瑞士绅士会作出“弗雷德里克正确”或者“乔治正确”的判断。两兄弟则会遵从他的裁决并结束争议。最重要的是，在合作的 30 年里，他们只给父亲的这位朋友打过三次电话。

一些兄弟合作制企业创造性地求助于家族以外的经理人或者高级顾问来帮助他们解决分歧。一般而言，这个人的年龄比这些兄弟姐妹们要大，在企业内外都享有很高的声望，并且得到所有兄弟姐妹的信任。这个人甚至会承担类似家长的角色。在一些欧洲的企业，这种人往往是一个高层管理者，是一个担任了家族企业两三代领导者的顾问，并深受信赖，经常为他们充当调解者的角色。

另有一些兄弟合作者创建了一种方案，我称之为三角管理。在一个默认的安排下，每个合作者都有一个在兴趣和观点方面与其非常相似的家族外经理人。兄弟姐妹们频繁地在委员会中见面,有时甚至会每天一次。这个委员会包括了他们所指定的代表。当一个合作者不同意另一个人的看法时,他不会向其质疑或攻击,而是将矛头对准其家族外的代表。类似地,当某个合作者想引入一个新的可能引起争议的方案时,他会通过他的代表来传达,从而避免了合作者们的直接冲突并且在其他人强烈反对该设想的情况下也能为本人保留颜面。尽管我调查过的采用这种安排的兄弟团队常常承认这是有些麻烦,而且也确实与管理学的立场大相径庭,但是他们仍然认为这是有效的。[13]

35 年前,中西部一个家族的四个兄弟继承了一个大型的肉类加工公司。他们的父亲在临死的时候对他们说:“你们每个人将继承公司股票的 1/4。无论什么时候,你们都要努力达成一致。但是你们四个人很有可能会有意见不统一的时候。”然后他拿出一个一直放在他枕头下面的银色和蓝绿色相间的护身符说到:“我将把这个护身符随机分配给你们其中的一个人。在你们不能达成一致意见的时候,拥有这个护身符的人有权作最后定论。”这位父亲停顿了一下,接着说:“不过,这是有条件的,无论什么时候利用这个护身符来解决问题后,出示它的人必须把它交给其他人,直到轮过一圈之后这个人才能再度拥有它。”

这几个兄弟立即表示同意,并且发誓将坚持采用这种方法。35 年里,这个护身符轮了两圈,而且这几个兄弟把公司成功经营到了上十亿美元的规模。在这个系统看起来如此有效的众多原因中有几个关键点:这几个兄弟总能想起父亲的嘱托,并且愿意遵从他的方案;从一个实际的角度讲,这个系统鼓励带有护身符的人努力寻求一致意见,除非他强烈希望针对某个问题使用最终发言权。

在我研究的另外一个兄弟合作制企业中,这些兄弟们采用了一种他们称之为"汽车时间(car time)"的方案。这个非常成功的拥有5亿美元资产的公司为五兄妹所拥有——两个担任高级经理的兄弟、一个担任高级经理的妹妹,还有两个兄弟是不参与经营的股东。当他们慢慢长大的时候,这个家族在夏天的日子里延续着他们传统的汽车旅行假期。这期间,这几兄妹在汽车里会进行激烈的讨论,直到达成一致意见才终止假期。直到今天,只要处于管理层的这三兄妹无法对某个重要问题达成共识,他们就会跳进汽车四处转悠,直到解决了分歧才会把车停下来。

很明显,我不是在说这些机制能轻而易举地被引入到其他家族中去;相反,它们反映了单个家族独特的经历、身份和文化。然而,在过去的这些年里,我见过太多的这种冲突管理安排,并最终使我得出结论,这种专门的机制并不如家族所接受的现存的冲突解决方案那么重要。这种特殊的机制在大多数案例中之所以有效,是因为他们认识到了不一致是不可避免的,并且因为这种机制发扬了一种公平参与和公正的意识。

最后,在成功的兄弟合作制公司里,幽默感在缓解由竞争引起的紧张气氛中扮演了至关重要的角色。像弗里德曼

(Friedman)等人指出的那样,持续不断而且私下秘密的孩童似的竞争会对企业的建设产生相当大的破坏作用。[14]然而,如果兄弟姐妹们能够谅解成年人有时做事像个孩子,如果他们能尊重他们的竞争对手,这种紧张状况是可以消除的。在他们中有人挑衅或冒犯的时候,幽默是兄弟姐妹们通过非危险的手段表达一种观点的方法。的确如此,能够自由自在地谈话并能对这些竞争一笑了之是兄弟姐妹们能够有效合作的最清晰的标志。

*必须有效地管理姻亲关系。*一些在企业中与家族成员们共同工作的配偶会加深家族成员之间的芥蒂。这个问题几乎众所周知,但是却常常没有被重视。配偶们被形容为反映办公室里家族成员关系状态的一面镜子,但是她们也能够制造矛盾冲突。忽视或看轻姻亲关系会对兄弟合作制的家族企业的管理造成非常严重的影响。当家族成员们回家后对其工作中的委屈大吐苦水时,他们的配偶会非常激愤以至于会把问题升级,甚至会导致家族长期不和。这种不和会在配偶之间持续相当长的时间,尽管有时家族成员自己早已经忘记了。

一些配偶意识到了这种行为多么具有破坏性,并且在现实中开始扮演建设性的角色,来润滑兄弟合作关系。在一个案例中,两个在同一公司工作的兄弟的妻子签订了一份协定:两位女士同意,如果她们的丈夫抱怨另一个兄弟在工作中错误地对待了他,他的妻子不能卷入其中。这个妻子要劝说他与他的兄弟正面处理这个问题,而不能怂恿他继续抱怨或者向其他家族成员吐苦水。如果其中一个兄弟抱怨另一个人获得了奖金而他自己没有得到，他的妻子应该安慰他说：长期而言，奖金是平等的，他最终会得到他的那份。这两位妻子极不鼓励她们的丈夫在谈话时进行相互攀比，如关于薪水、财产、社区地位、孩子们的成就等话题。在许多场合下，她们团结一致并努力使激烈的争论冷却下来。

兄弟合作者必须寻找办法获得他们的配偶的忠诚和支持。比如，通过寻找机会让她们参与设定他们的共同梦想，合作者可以让配偶们建立一种参与意识，因而增强她们对兄弟合作关系的成功的责任感。再比如，让配偶们进入家族理事会，这能够让她们意识到她们也是这个家族中的一分子，她们的观点也会被充分考虑。当被鼓励参与家族讨论的时候，配偶们能学会理解家族的价值观和传统。她们也会对所有权和管理的问题了解得更深入，从而有可能会影响到她们孩子的未来。因为，孩子才是她们关注的核心。

兄弟中一个领导者——类似于魁首——的出现会给管理团队带来压力。当领导权力没有在团队成员之间平等地分配时，其中一个会作为最有权力的人出现。当所有人都仍然是平等的所有者的时候，一个承担了更多权力的成员会被看作是一个魁首。一般而言，当公司需要一个人在商业圈内或社会上为公司代言的时候，或者当其中一个兄弟在商业技能和领导能力方面远远比其他人出众的时候，这种情况就会出现。

斯坦伯格(Steinberg)家族在加拿大建立了一个数十亿

美元的超市和房地产帝国。这个帝国始于他们母亲建立的一个小杂货铺。萨姆·斯坦伯格(Sam Steinberg)——家族第二代中的四个兄弟之一——是一个充满激情的企业家。不幸的是,他的天赋超过了他的兄弟们。他在建立加拿大最大企业的同时,也要为他的兄弟们的生活负全责。他的女儿米兹(Mitzi)曾带有反感地回忆到,他对其他兄弟的每一个行动都发号施令:"他说坐,他们就坐;他说躺下,他们就躺下。"[15]毫无疑问,这种独裁的管理风格埋下了怨恨的种子,导致了一个原本非常成功的家族企业的衰落,并最终被出售。

合作者中的魁首必须赢得其权威,并不断地去证明由他来拥有这种权威是正确的。[16]未来可能的领导者必须找寻机会向其他人证明他的能力或专业技能。这个过程常常是很复杂的,有抱负的领导者可能会在很长时间内受到其合作者的检验。首先,领导者必须向合作者清楚地证明通过其领导会使其他人在经济上受益。比如,使一个原先处于崩溃边缘的子公司起死回生,这就是一个很好的证明。第二,这位领导者必须始终如一地表明他对共同梦想的认同,以及他对组织共同目标而非个人目标所承担的责任。为了做到这一点,这个领导者必须敏锐地察觉到其他兄弟姐妹的需要以及他们对关键问题的看法。第三,兄弟领导者必须得到大家的信任,让大家相信其不会滥用职权。领导者一旦开始扮演家长的角色,就会很快被其他人拉回到现实中来,并且如果其没有从中吸取教训,将会失去其领导地位。

最后,兄弟领导者必须始终认识到需要与其他合作者分享社会的关注和企业成就所带来的荣耀。领导者应该传达给社会和公司股东这么一条信息:“我可能是一个领导者,但是没有我的兄弟合作者的支持和奉献我会一事无成。”简而言之,兄弟领导者要建立自己的统治地位,不仅要证明自己的管理能力,还要慷慨、大度。

当需要站在聚光灯下的时候,谁来向媒体发言会成为敏感的问题。通常,更具有交际能力并且表达更清晰的合作者会被选择担任此角色。但是,如果这个人只顾着为自己博得名声而忽略了整个团队,那么其难免会陷入麻烦之中。例如,当被某份主流报纸采访时,三个兄弟合作者的一个把家族公司显著成长的所有荣誉都加于其一身。另外两个人因此非常愤怒。传回到这位越过黄线的兄弟的耳中的消息是“绝对不准再有下一次”。

合作者们必须采取措施抵制分而治之的策略,他们也必须抗拒对共享领导权力的偏见。不可避免的是,一些雇员和局外人利用兄弟合作者之间观点的差异来追逐自身的利益。这种现象在任何采用多重领导权的管理结构中都是危险的。但是,这对于兄弟合作制来说更是一个特别的挑战,因为兄弟合作者之间的竞争几乎一触即发。比如,某个雇员想以他自己的方式来运转他的部门。因此,这个雇员便不断地煽动两位兄弟合作者在其他问题上进行争论,以致他们没有时间去干涉其权力范围。顾客、供货商以及其他商业伙伴也能够这么做。在一个公司中,这种问题非常地普遍,有一句话甚至都成为了家族笑料:“哦,但是你的兄弟给我提供了一个好得多的待遇。”

相互之间忠心耿耿的兄弟们对这种分而治之策略的危险性有很强的意识，并且采取严格的措施进行阻止。比如，他们同意对所有重要问题进行商议，并当他们达成一个决定后会对外表现得团结一致。他们赞成永远不在雇员面前或公共场合发生口角。这几位在同一个公司的兄弟合作者们炒掉了一个高级经理，这个经理曾经多次为了自身利益而在幕后分裂他们。这次解雇事件给了整个公司一个强烈的信号：这种行为是不能容忍的。

兄弟合作者还必须与那些对共同领导制度存在偏见的公司以外的人打好交道。银行家、供应商和顾客想知道“谁是老板？”，他们害怕共同领导制是一种优柔寡断的领导结构，存在不确定性并且缺乏责任意识。因此，已经采用该系统的兄弟们必须作好准备把它向公司以外的人推销。他们需要显示出他们对该系统是负责的。他们需要表明他们已经采用了规章和制度，以确保该系统在紧张时期与正常时期会一样有效地运作，并确保公司不会出现僵持局面。

卡特彼勒(Caterpillar)有限公司对兄弟合作管理持怀疑态度。这家公司在北美大约六十多个的特许代理商都是家族所有并由一个单独的控制型所有者管理。尽管在一些卡特彼勒的特许代理商家族中，有一些想要以团队的方式进行管理，但是正如北美事业部的主管领导有一次告诉我的那样，公司坚持认为在与经销商的关系中，公司必须“仅仅看到一双眼球”。在一个特许代理商家族中，有两个兄弟暗示了他们对这种政策的不满。他们开玩笑地说，在面对卡特彼勒的管理人员时，他们两人只需要各自蒙上一只眼睛，双方便可以皆大欢喜，相安无事。

上一代领导者不能让税收和财产计划支配对兄弟合作制的选择。乔治·E. 马库斯(George E. Marcus)是位人类学家，他的论著集中于家族王朝的研究。他认为，税收和财产计划结构的影响能够超越这些结构本身的框架。这种事经常发生，因为一个强有力的职业群体已经为公司创建这些结构投入了大量的时间，并为了对它们进行协调安排而投入了巨大的赌注。具有讽刺意味的是，这些人工作了许多年而发展起来的家族平等和家族财富却最终决定了企业结构和家族关系。[17]

当父母们把公司的股份在他们的后代之间进行分配，以期使接班的阻力最小化时，问题便产生了。父母们认为，对公司财产的平等划分清晰而且易于实现。但是同时，这往往意味着公司的领导权力变成了合作制。这种选择成为一种逃避方式，父母们可以避免决定他们的哪一个孩子最有能力管理公司。

较大的家族帝国可能会被当作一系列相互关联的企业的集合来管理，它的所有权陷入到一个由信托公司和控股公司组成的复杂的网络中。律师们非常理性地建立起这种所有权形式，以便尽量减少遗产税。但是，他们往往没有去考虑，这种精致复杂的所有权结构将会如何影响到接班问题以及未来的领导结构。为了达到为下一代最理想地分配财产的目的，这些信托公司和控股公司的纷繁复杂的相互关联必须被很好地解开。这个任务复杂得令人望而生畏。家族选择了兄弟合作制并不是因为相信共同梦想是他们家族和企业最有效的系统，而是出于对因税收原因建立起来的所有权安排所可能产生的纠纷的恐惧。

### *家族合作制面临的挑战*

制度性的结构必须被运用到企业中以解决家族合作企业的复杂性。家族合作的梦想一般出现在那些已经拥有巨大商业成就和积累了大量财富的家族中。因为当所积累的资源达不到一定的下限时，家族合作企业将无法维持下去，所以，公司的财产和规模是十分重要的。当一个家族有好几个分支，并且大量成员都依靠这个企业而维持生计时，情况更是如此。

已经在过去的岁月里从相互合作的关系中享受到成功的喜悦的兄弟们倾向于在下一代再创相同的领导结构。他们在后代中寻找与他们具有相同天赋和技能，从而能够像他们那样进行劳动分工的人，同时也希望那种对他们而言有效的非正式的交流和决策方式对他们的后代也同样有效。但这些兄弟们却常常忽略了这个问题，即在他们的下一代中，和谐与协作实现起来并不容易。他们是一起长大的，因而极大地获益于共同的经历和对相互价值观和态度的了解，而这些并不一定在下一代中出现。通常他们并不了解在第三代人的环境发生根本性变化的情况下再建他们的这种体制有多么困难。

一个重要的现实是不参与企业管理的股东的数量的增多。尊重少数股权持有者的权利并让他们保持愉悦，这种需要给家族企业带来了更多的复杂性，而家族企业却往往没有认识到或者没有处理好这种需要。兄弟合作制赖以生存的团队精神不能被用来协调家族中 45 位成员的差异，这些成员们有的是所有者，有的是管理者，也有的两者兼而有之。在过去，许多决策的制定可以基于一个非正式的基础，那就是兄弟们对彼此的偏好与观点了如指掌。但是现在，像有外人加入的董事会那样的体系却可能成为解决重要问题的关键。同样地，一个股东们可以讨论所有权事宜的会议，以及一个家族成员们可以表达他们合法权益的会议，变得愈加重要。

在这一阶段面临的挑战是将制度化的结构放置到位，以便能够实现公平，同时还要通过大力弘扬那些将家族各分支紧密团结在一起的公司历史和价值观，来寻找进一步增强团结和忠诚度的途径。家族企业的文化必须向更加明确的目标、政策、程序、正式讨论会和明文章程等方向发展。现在，企业需要更加正式的结构，而且人员也需要进行培训来适应这种结构。

在这一阶段，公司的复杂性越强，越需要投入更多的时间、精力和资源来建设该结构。然而，那些合作得很好的上一代兄弟合作者们通常认为这种结构既没有必要也太官僚化了。

新系统需要保持家族各分支的权力平衡。在家族合作制所面临的诸多挑战中，在各个家族分支中保持权力的平衡毫无疑问是最重要的。比如，每个家族分支都希望在高层管理职位上至少有一个本分支的代表。当一个职位并不适合某位家族成员或者其并不称职的时候，家族的其他成员就有可能感到无法接受。

很多家族企业在第四代的时候拥有超过 100 个持股的家族成员，他们中的每个都占有公司的一小部分股份。尽管那些公司的拥有者们自认为他们仅仅是一个庞大的家族，拥有共同的遗产和身份特征，但是这个阶段的企业在各个方面都与上市公司很相似。然而，不同于上市公司的是，家族企业在经营权和所有权上往往没有明显的界限，这种情况加大了决策的复杂性。

家族成员们在各个家族分支中的分布对于是否能够实现权力平衡可能是一个至关重要的因素。当某个家族分支比其他分支有着更多的继承人的时候，麻烦就来了。而这种情况在大家族里经常出现。

我们来看一个现实的案例。有一个欧洲第二代的家族企业被四个兄弟平均地占有。四个兄弟计划将股票平均地分配给他们的孩子，以期在下一代建立一个家族合作制企业。30 年来，四个兄弟已经习惯于平等地制定公司的政策和决策。但是在考虑他们将来的选择的时候，四个兄弟必须面对完全不同的情况：最年长的兄弟有五个孩子，两个在公司工作，其他三个不在公司工作；第二个兄弟仅有一个儿子，他正领导着市场部；第三个兄弟有四个孩子，有两个在公司工作，其他两个不在公司工作；最小的兄弟有五个孩子，他们都还在上学。

第二个兄弟的儿子将继承公司 1/4 的股票，这个事实已经明显地增加了他在公司中的影响。当家族关系还保持火热的时候，层级关系已经在下一代成员中微妙地产生了。第三代中的其他家族成员趋向于听从第二个兄弟的儿子的意见和指挥。幸运的是，他恰巧是一个非常有能力的人。作为公司市场部领导，他已经使得公司的销售额增长了四倍。他已经在家族和非家族的高级经理人中赢得了信任，并且被任命为下一任的 CEO。同时，他对家族有着强烈的责任感，并且承诺不会滥用他的领导地位。然而，其他的第三代家族成员们私底下却都担心他会那么去做。

再来看看另一个案例。有一个家族企业在第二代的时候被五个兄弟共同控制。五个兄弟中的四个都有二至五个孩子。第三个兄弟没有后嗣。当他在 93 岁高龄去世的时候，他把他的股票给了他一个弟弟的孩子，因为这个弟弟与他的关系最为密切。突然，这个弟弟的家族分支获得了对企业的控股权，尽管他只有两个孩子并且已经被其他家族分支所忽视。在这个家族企业的第三代向第四代交接权力的过程中，那个弟弟的两个孩子突然成为了企业最有权力的领导者，尽管他们在他们那一代当中是最年轻的。

这种后代之间的不平等分配在家族企业到达家族合作制阶段的时候经常会出现。这种情况给父母们提出了一个不容回避的两难问题:是否继续进行世袭股权分配,还是重新分配股权使得每个下一代的家族成员拥有相同的股份,就像上一代那样。

每种选择都会提出重大的挑战。如果一个家族选择世袭股权分配,那么这种做法会导致股权分配的不平均,并使得一部分家族成员的影响超过其他人。另外一方面,如果通过购买使得所有权在家族成员中被平均地分配,那么孩子最多的家族分支会得到最多的股票,相应地,这些分支的影响也会成比例地增加。

这种两难困境的解决并不容易,并且往往依赖于家族分支之间相互信任的程度。当缺少信任的时候,孩子最少的家族分支自然不会愿意为了下一代家族成员之间的平等而放弃部分股票。这种谈判非常棘手。其实,上一代在有些情况下选择世袭股权分配仅仅因为那是最简而易行的方法:这种分配方法不需要上一代之间的购买谈判。

但是世袭股权分配方式的使用需要一种全新的管理结构,这种管理结构与上一代曾经采用的相差甚远。股票的不平均分配改变了企业管理的游戏规则。这种不平均的分配需要大量的讨论会来促进对一些重大问题达到一致,从而使得冲突最小化。在兄弟合作制企业中,最大的风险之一就是他们企图在下一代中不仅再现他们的领导结构,并且也要承袭他们的所有权结构。如果四位兄弟决定把他们的股票单独地传给他们各自的后代,那么,这种安排将会在人们的脑海中形成一种偏见,即会把这个大家族看作分裂了的四个小家族。这最终将给其中任何一个家族分支在管理方面或在董事会中带来压力,这意味着一些不够资格的人会被任命在显要的职位上。

在这个阶段,家族成员们必须学会把他们看成是一家人,而不是四家人。人们的这种偏见源于部落体制思维,而不是大家族思维。家族第三代人之间的巨大差别必须要一个全新的整合。在他们被整合到一个整体中之前,第三代的家族成员们和他们的父母必须意识到第三代之间存在的巨大差别,并最终设计出适应新形势的领导结构和管理结构。

长辈们必须能够公开地讨论并且评价彼此的孩子。许多家族企业在第三代时都采取了家族合作制的形式,因为这种合作制度似乎理所当然地是兄弟合作制的下一阶段。正如同从所有者控制制到兄弟合作制的转换过程,在兄弟合作制转向家族合作制的过程中,第二代的兄弟合作者可能会把公司的股票平均分给下一代的家族成员们,以期能避免冲突。因此他们不负责任地选择了家族合作的组织结构,却没有去考虑即将发生的下一步是什么。长辈们通常在这个转换中努力避免的争议话题就是他们孩子中的哪一个最有能力也最应该成为下一代的领导者。

几乎没有话题比兄弟姐妹各自孩子的价值问题更敏感,更能激起竞争。当高层管理职位的数量有限,且存在着许多希望得到该类职位的合适的家族成员时,问题就更复杂了。长辈们意识到了这是个艰难的抉择,他们也预见到了合作者之间的冲突。于是，他们倾向于回避这个问题。每一个兄弟合作者会独自规划把股票传给自己的孩子的方式，而不会出于整体所有权计划来考虑其他合作者。比如，某个兄弟合作者会把自己的股票留给一家信托公司，以促使他的孩子们在投票的时候意见一致；另外一个兄弟会把股票分给他的每一个孩子；还有人会为他的孩子们建立一个控股公司。

如果一个企业要以一个单独公司的形式持续下去，这种不协调的规划是站不住脚的。长辈们必须要召开讨论会，去开诚布公地讨论所有权问题和管理问题，并制定出评估、甄选和培训接班人的流程。

家族管理者和不参与经营的股东必须懂得尊重他们之间不同的角色和职责。家族合作制企业的高层管理者们常常把不参与经营的股东看作是贪婪的讨厌鬼，并把分红看成是慈善行为而非企业经营的义务。尽管股东们偶尔会提出一些过分的要求，并且经常不能够正确地认识到企业管理所必须处理的问题，但是使他们保持愉悦并不仅仅是一种慈善行为。如果懊恼的股东坚持卖出自己的股份，管理者将不得不从公司之外寻求资金，而这种做法通常成本巨大。

一般而言，在公司中工作的家族成员们对公司的成功作出了巨大的贡献。他们把自己的全部都投入到了其中，并且对于延续作为家族遗产的企业有着很高的热情。相反，没有参与经营的家族成员们可能会渐渐失去对家族企业的兴趣，并会为自己的资产与公司联系在一起而感到不安。不参与经营的股东经常抱怨“富裕的纸上资产和少得可怜的现金”。由于两者之间缺少相互理解和沟通，这两个集团变得愈加势不两立。参与企业管理的家族成员时常低估未参与者的财政贡献，而参与者则希望自己被看作是至关重要的投资者。管理者可能还会忽视家族股东在重大决策上享有发言权的要求。不参与经营的股东有时会自认为有权干预公司的日常决策；而实际上，这是管理者才拥有的权力。

这两个集团的不同观点在分红政策的讨论上经常相互冲突。参与企业管理的家族成员们想把可用的资源再投回到公司以求得未来更大的发展，而其他股东则要求更高的投资收益。管理者倾向于把分红看成是公司无谓的开销，但是其他股东们则频繁地指出，管理者不需要依靠分红来维持他们的生活水准，而是依靠其高额的工资、奖金和额外津贴就可以了。股东们不断地抱怨他们承担了太多的财产负担（比如税收和信托债务）却没有得到任何特权。他们时常妒忌家族中那些参与企业管理的成员们，并且认为，这些人能够维持其奢侈的生活方式仅仅是因为掌控着公司。

家族合作制公司被管理者和股东之间的利益冲突所困扰。有时双方的观点从各自的角度看都是合理的，因而只有当双方各自的角色和职责界限清晰时冲突才能避免。对于那些不参与经营的股东来说情况更是如此，因为他们通常很少得到关于公司需要和股东责任义务等方面的说明。

参与企业管理的家族成员和不参与企业管理的家族成员之间的差别也能产生严重的家族问题。在较大型的家族企业里，拥有高层管理职位的家族成员（因而能赚到高额的工资和奖金）和没有参与管理的家族股东之间在收入（和生活方式）上的差距往往越拉越大。学会去避免容易引发妒忌的对比，并且懂得这些不平等是由于每个人所承担的角色不同而带来的不可避免的副产品，是该阶段面临的重要挑战。

企业是家族最重要的财产，因而无论从心理还是从经济的角度看，处于高层管理职位的家族成员在家族中往往也会处于领导地位。比如，圣诞节、逾越节、感恩节等重要节日的家族聚会很可能在那些担任公司领导者的家族成员的家中举行。在这种活动中，在公司里一起工作的家族成员们不可避免地会扎堆在一块儿。无论何时，只要谈话内容转移到企业方面，未参与企业管理的家族成员们都会感到被排斥在“内部事务”之外。

所有的这些都强调了向家族合作制迈进的家族企业必须通过建立合理的整合机构和教育计划等办法来填补存在于企业的所有者和管理者与其他股东之间的沟壑。举例来说，家族控制的公司必须懂得运用类似于上市公司的高级行政管理的方法来协调股东之间的关系。公司必须承认少数股权持有者的合法权益，用一种职业的态度去尊重这些人。公司还必须以定期报告的形式保证股东对公司问题的了解，同时必须建立明确的分红政策并且组织股东大会。

缺少企业经验的股东必须接受一些相关的基础性指导，比如如何读懂资产负债表，以便能够对公司的管理政策和绩效进行评估。他们必须知晓他们的权利和经济利益，但是他们也要尊重管理者出众的知识和经验，并允许他们自由地管理公司以便作出公司健康发展所必需的决策。

为了避免家族分支之间的摩擦，必须找到办法去阻止最年轻的家族成员们的幻想。在任何既定的时间，家族成员们年龄的不同决定了谁将成为符合条件的公司高层领导职位的候选人。几乎不变的是，第二代中长子的孩子是第一个进入家族企业的第三代家族成员，也是第一个升入管理职位的第三代家族成员。第二代中次子的孩子将成为下一个，并依此类推。当第二代中最年幼的兄弟的孩子可以进入家族企业的时候，公司中的第三代家族成员可能已经太多了，高层领导职位可能早已经被占满了。第三代中最年幼的家族成员可能最终会不得不进入公司边缘地带就职，比如一个更小的子公司或者一个地方的办事处。

当更年轻的家族成员发现通往高层管理的道路被堵塞的时候，长期积蓄的家族内部分歧就会被引发。在规模较大的家族中，为这些人创造进入高层职位的机会是家族合作制的最大挑战之一。一般而言，尽管年龄较小的第三代家族成员和他们的堂表兄堂表姐一样控制着同等数额的股票，但是他们仍感觉到被挡在了公司奖励机制和权力结构的门外。随着时间的推移，他们的劣势越来越严重：因为高层管理者中没有人为他们说话，他们这一分支的后代会在家族企业的职位竞争中被忽视。

性别问题也在决定家族分支的权力平衡中产生影响。

一般而言，家族第二代中的女性常常被排斥在管理职位之外，尽管她们拥有同等的股权。第二代发生的事情将是第三代的先例。如果家族中的女性没有参与公司的管理，那么她们会在心理上更远离这个系统，从而恶化家族管理者与没有参与管理的家族股东之间的紧张状况。此外，由于年龄和性别的双重歧视，一个家族分支中年龄最小的女性将没有任何获得高层管理职位的机会。

一般来说，直接参与公司管理的那个家族分支对家族财产的分配有着最大的影响。所以，对某个家族分支成员的系统性排除会造成家族关系的失衡，从而进一步威胁到家族与企业两方面的和谐。

在本章中，我提到了三种基本的家族企业管理结构相互转化过程中面临的各种挑战。我已经指出，在接班规划中存在着一种基本的误解，就是假设在一种模式下运行良好的领导方式和领导结构也能在新的模式中成功运作。由于前任领导者和继任领导者都吸收了帮助解决三种家族企业接班问题的新信息，他们原先的梦想可能不得不经历微妙的改变。梦想本身和未来企业形式的愿景可能不得不进行调整以适应关于何者可行何者不可行的新信息。

一个家族清晰的未来是慢慢浮现的，浮现的速度是由家族成员的成熟程度所决定的。它必须经过耐心的谈判，而谈判往往需要好几年的时间。这个过程是不设终点并且可以持续存在的，但是这并不意味着家族应该推迟在接班计划中所必须作出的坚定的选择。当领导者逐渐老去，接班迫在眉睫的时候，这个过程必须被压缩并且加速进行。本书的下一部分将侧重于探讨领导职位传递过程中所必须完成的任务，以及人们成长过程中的心理认知如何帮助家族成员在公司转变过程中的每一个阶段处理好这些任务。

SUCCEEDING GENERATION

# 第三部分 培养接班人与确定接班的时间

永续

家业

# 第七章　接班人的成长

时间像是引擎，驱使着家族企业面临接班问题。人的衰老过程缓慢而无情地使每个家族成员和家族企业逐步经历着不同的发展阶段。如果一切正常发展，那么共同梦想的形成、对新一代家族成员的培养以及老一代的顺利退休，这三点就会使得代际之间的传承顺利完成，新的领导层也能够成功建立起来。随着老一代家族成员的衰老和新一代家族成员的成长，越接近接班的过渡时期，家族成员就越需要投入更多的精力来完成各种各样的与接班相关的工作。这一过程是平稳还是动荡，是充满紧张还是相对和谐，都取决于家族内部关系。

由于所处的年龄段不同，人们的心理需求和观念也不同。这样的观点看起来像是简单的常识。但是家族企业的所有者们却很少赞同这样的观点，即不同成熟阶段的压力会强烈地影响他们个人以及与他们共事的家族成员所关注的事情，而且这种影响是可以预知的。通常的情形是，家族成员之间的不同观点，被不恰当地归因于个人性格的不同，而非一些诸如年龄、性别之类的结构性因素。

正如个人的成熟过程是按照既定的程序逐渐演进一样，商业家族也是以可预知的顺序发展的。在这个过程中，家族成员的相对年龄会对长辈与晚辈之间相互关系的质量和彼此合作的能力产生重要的影响。在家族企业中，发展的观点可以为两代人之间更好地沟通铺平道路，鼓励家族找到有效而又和谐的方式来解决不可避免的冲突。而且，预计到生活中每个阶段伴生的心理压力，家族可采用恰当的措施和方法来帮助成员们处理好这些压力。

在接下来的五章里，本书将在商业家族发展的背景下（也就是根据家族成员随着岁月而成长和变老的过程）分析接班的时机。我将从人类发展和生命周期的角度加以阐述。研究者将家族企业的发展界定为四个阶段。在每一个阶段，那些事业上积极进取的成员们以及他们的配偶和孩子们都面临一系列特别的挑战和心理问题。[1] 我们在图 7－1 中对此作了总结。

在第一个阶段，即“年轻的商业家族”阶段，父母中的一位或两位为建立一个企业或者在现有企业内为巩固领导地位而努力工作。在这一阶段，父母的年龄通常在 35 岁到 40 岁之间，孩子的年龄则在 18 岁或者 18 岁以下。父母的多种多样的需求使得这个阶段成为一个充满压力的时期。当其在商业领域中努力建立权威的同时，年轻的创业者还必须为维持牢固、持续的婚姻关系而努力，同时学会做合格的家长。

之后，我们将在本章中看到，即使在这个阶段，父母也可以通过做很多事情，向孩子们传达在一个家族企业工作的挑战和乐趣。

图 7－1　商业家族的四个发展阶段

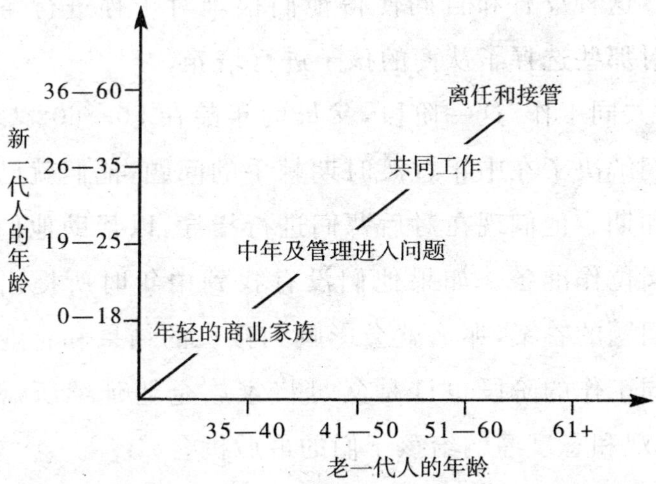


在这一阶段，夫妻双方关注的焦点是在事业中获得成功，从而进一步赢得在社会中的信誉和地位。这些年轻人正由资历尚浅的新人向名副其实的权威的资深成员发展。然后，他们就可以"用自己的声音说话"，但这对于一名家族企业的接班人而言常常很难做到。

在"中年及管理进入问题"阶段，他们的孩子们正在读大学或即将毕业。这时，他们的孩子们已经在认真地思考未来的职业了。正如我们所看到的，孩子们拥有了很多书本上的知识，并渴望向自己和他人证明自己的能力。这时的父母，处于30多岁到50岁出头的时期，可能会更关注与中年过渡期有关的个人问题。这是一个动荡的时期，父母们意识到了自己已经渐渐衰老，正一步步走向人生终点，这样的感觉使他们开始自我否定，丧失自信。已经在事业中建立了领导权威的他们开始反省自己的梦想。他们问自己所做的一切是否值得。这种反省和自问使得他们很难对子孙进行清晰的评估和对那些选择了从商的孩子进行培养。

在"共同工作"这一阶段，父母的年龄在50—60岁之间。如果他们解决了在中年过渡时期棘手的问题，他们就已经进入了平和期。他们现在对后辈们进行指导，以帮助他们为走上领导岗位作准备。如果他们没有找到中年时所提出的那些尖锐问题的答案，那么就会影响到接班的结果和企业的延续。共同工作的阶段也许是父母将家族企业延续所需的技能、价值观和态度灌输给孩子们的最后机会。

这个时期，年轻人接近30或已经30多岁，他们正试图使自己成为家族企业中可靠的接班人。年轻的家族成员们意识到试验期快要结束了。他们感到需要严肃地对待生活，需要献身于某种职业，并且需要增加在这种职业领域成为一个成功者所需的知识。如果他们的经验在公司中远远没有得到丰富和提高的机会，他们可能认定家族企业并不适合他们，同时，他们也还有时间寻求家族企业以外的机会。如果他们在家族企业中的经验是积极的，也就是说如果他们相信他们在家族企业中可以实现自己的梦想，他们将献身于企业，并认真思考在家族企业中现实的职业发展道路。

“离任和接管”阶段向上一代人提出了最后的考验。他们是否会最终停步，让那些已经40多岁、正着急地等待展翅飞翔的接班人开始掌管企业？这个阶段恐怕是所有阶段中最困难的阶段，因为我们的社会往往倾向于赞美年轻和成就，而向老年人的智慧却没有表示出太多的敬意。许多将他们的生命致力于建功立业的商界领袖都把退休视为一件相当恐怖的事情，甚至最开明的领导者也产生了难以克服的抵触情绪。

当然，并不是所有的家族都与我所描述的家族企业成长的四个基本阶段完全吻合。一方面，不同家族中，代际之间的年龄差异不同，这使得家族企业的发展过程并不一定与这四种阶段一致。一些父母年纪很大时才有了孩子，而其他一些父母的孩子则出生较早；一些家庭是混合式的，孩子们的父母经历过数次婚姻，因而家庭成员间的年龄跨度就更大了。在一些家族中，家族成员在家族中经历相同的成长阶段；而在另一些家族中，年龄的差异使得成员们总是处于不同的阶段。事实上，这是区别一个家族企业发展阶段的一种方法。在一个所有者控制制的家族企业中，家庭成员共同经历相同的发展阶段。在兄弟合作制企业中，年龄的差异较大，家族成员至少同时经历两个发展阶段。而家族合作制企业面临的一个基本挑战就是年龄范围分布太广，因而需要同时考虑一系列发展的问题和需要。例如，当一些处于领导位置的年长的家族成员被衰老和退出企业的问题困扰时，另一些同代的家族成员也许正面临着进入企业的机遇。

在西方社会，企业通常由年龄介于40岁到65岁左右的人所掌控。如果一个80多岁的人依然是企业的行政领导人，这就会被认为有些不太合适。同样地，如果一个人20多岁时就被赋予了那些通常由年龄是他两到三倍的人所承担的职责，他可能会遭遇不信任，从而很难建立起自己的威信。这些偏见并不是偶然的，它们得到了生理学和经验上的支持。比如，一个80岁的人的精力是远远不能胜任首席执行官的工作需要的。类似地，20几岁的人也许不具备一个有效领导者所必需的经验。

发展的观点可以帮助我们将个人需求与社会赋予我们的角色需要相匹配。这个模型所依据的知识基础已经扎根于西方思想，特别是在发展心理学的理论中。这种思想的主体强调将人的生命周期理解为一个过程，这个过程经历了一系列可预知却又不连续的阶段，每个阶段都存在一系列由本身因素和环境因素相互作用所造成的两难境地。个人必须摆脱每一个阶段上的困境，才能成功地度过这个阶段，向另一个阶段前进。在人的一生中，生理、心理和社会压力交互作用才形成一个独特的个体。

埃里克·埃里克松(Erik Erikson)[2] 提出了关于人的成熟的八阶段理论，涵盖了从童年到老年的整个生命周期，从而扩展了有关个人发展的理论。对于婴儿，主要的任务是建立起对世界的基本信任感。对于年轻人，主要的挑战是要形成独特的个性。而在年老时，个体要去审视自己的人生，感受自己人生的完整性。埃里克松描述了一个渐进的、连续的过程，在这个过程的每个连接点都要处理好两种冲突的倾向。每个阶段都会出现一个特殊的冲突，如果该冲突在这个阶段不能解决，必然会持续到下一个阶段。比如，在一个紧衣缩食的环境中，孩子会缺少对周围世界的信任，认为这个世界无法满足其需求。那么，他们下个阶段中面对新的必须解决的困境时就会缺乏信心。同样地，一个 50 岁的人如果只关注如何建功立业，而仅用很少的时间去培养和教育下一代，那么他们会产生一种基本需求未被满足的失败感。

丹尼尔·莱文森[3]的理论建立在埃里克松的辩证方法上，但是他认为这个过程是以一种更加不连续的方式进行的。[4]在莱文森的发展理论中，生命周期并不是被个人环境中的事物所驱动的，而是被伴随着生理老化和成熟过程中出现的可预知的世俗压力所驱动的。莱文森认为，在生命的每一个阶段，个人会去建立某种形式的关系，从而提供了稳定性。这种关系被莱文森称为一种“生活结构”。然而，随着时间的流逝，个人会慢慢接近一个新的阶段，而压力则堆积在原先的结构之上。在某个关键的过渡时期，个人被迫去重新思考生命的意义，可能在他的婚姻、职业以及他与孩子的关系上作出重大的改变。这个过渡时期同样为再次确定梦想，即他在生命中想要实现的个人期望，提供了机会。

尽管已经有一些人去尝试评价家族体系发展理论的内涵，但很少有研究者将这一理论应用于商业家族的现实。一个引人注目的特例是戴维斯（Davis）和塔格瑞（Taguiri）的研究，[5]他们研究了生命周期对父子工作关系质量的影响。他们在调查了 89 对儿在企业中共同工作的父子后发现，在一生中父子关系并不是一直稳定的，这种关系依照父子在特定时期所面临的发展问题而发生变化。他们的研究显示，在父亲接近 45 岁且孩子 20 岁左右时，父子俩是最不和谐的。莱文森关于人的研究显示，在 40 几岁时，人们开始进入中年过渡时期的思想斗争中。这种挣扎迫使他们质问自己在生命中做了什么，以及他们在剩余的时间想做什么。戴维斯和塔格瑞从他们的研究中得出结论，人们在那个阶段太专注于自己而忽略了培养他们的孩子有效地进行商业活动。同一时期，10 几岁的儿子正在为脱离家庭而作斗争，并努力创造离家的条件。此时的年轻人也许还没来得及思考未来的职业。而这样的一对儿父子在十年之后将进入彼此共事较为轻松的时期，这个时候父亲 50 多岁了，儿子也快 30 了。此时父亲已经进入中年，开始寻求与儿子建立有意义的教导关系。儿子也已经成功地度过了为建立自己的独特个性而斗争的时期，他非常乐意接受父亲作为导师所提供的帮助。

戴维斯和塔格瑞的研究用一种动态的相互作用过程取代了原来的成人发展理论中常见的静态模式。这两位研究者最早强调了“生命周期交叉”延续的重要性，指出一个家族企业中参与者的相关年龄将会影响他们在每一个发展交接点对必须完成的任务所作出的改变。戴维斯和塔格瑞的研究尽管只集中于父子，但他们所作的假设——随着年龄的改变，代际之间的关系会沿着可预知的轨道改变——同样也可能适用于父女、母女或母子之间。但不幸的是，目前还没有任何关于跨性别的生命阶段的研究去加深我们对这些可能性的认识。

莱文森有过一项关于女性的研究:《女性的生命季节》(*Seasons of a Woman's Life*)。在这项研究中,他和他的助手们对45位从事不同职业的中年女性进行了深度访谈。在被访的45位女性中,有的是学者,有的是全职主妇,还有的从事金融工作。他们的著作所得出的结论是"女性和男性在生命周期的发展中都会经历一系列同样的发展阶段,并且会在同样的年龄经历这些阶段"。但是莱文森也指出,男性和女性对机会的洞察以及他们所作出的决策还是极大地受到了"性别沟壑"的影响。"性别沟壑"指的是"男性与女性之间性别的严格区分,男子气概和女性气质,存在于人类生活的方方面面"。[6]

莱文森坚信,生命阶段的次序和结果以及关键的过渡时期对于男性和女性而言,都是很相似的。但是,哈佛心理学家卡罗尔·吉利根(Carol Gilligan)则指出,在生命的每一个阶段,女性的发展问题都和男性有着显著的不同。比如,在刚刚成年时,男性仅仅只全神贯注于个性化和独立;而在同一时期,女性则必须面对既想要自我独立又想与他人发展亲密关系这两方面所产生的冲突。从青少年时期就开始经历的独立和依附的分歧,使他们形成了不同的性别特征。通过他们所经历的不同的独立和依附的动态过程,男性和女性所认识到的重点完全背道而驰。前者认为独立扮演了界定和增强个人的角色,后者则认为不断进行的融合创造并且维系了人类社会。[7]

吉利根的研究也表明大部分的女性有着和男性类似的梦想。但是,在我们的社会中,女性通常不被鼓励去追求她们的职业梦想。她们从长辈那里得到的指导通常是:“不要对你生命中想要完成的事业过分热情。因为当你长大时,你需要照顾关心许多人——你的丈夫,你的孩子,甚至你年老的双亲。”在这些负担的重压下,女性往往会放弃发展她们的梦想,而走上了一条吉利根所谓的“脚本”的道路。这是一条既定的行为路线,在这条路上,女性会把她们追求梦想的激情和活力消耗殆尽。[8]

在家庭和社会的期望中形成的“性别沟壑”,还使得女性较之男性更多地承担了照顾者的角色,不光是在家庭里,同样也在她们的职业上。当年轻人正在寻求建立他们的职业基础的时候,年龄的增长给女性带来了生育的压力。当很多年轻的男孩从年幼起就被鼓励在家庭之外追求英雄梦想时,年轻的女孩——即使她们有职业梦想——也必须要不断地全力应对传统的家庭主妇和照顾者的角色。从养育她们的孩子到照顾她们年迈的双亲,许多女性发现,在自己的一生中,自己主要是个提供照顾的人,而这却是以牺牲了她们许多其他的梦想为代价的。事实上,这是莱文森的女性研究中极具意义的一个结论。

尽管缺乏关于不同性别的发展研究,但是通过了解两代人之间的年龄差异,以及了解在兄弟合作制企业和家族合作制企业中同时共存于一个体系中的几代人的年龄分布,这里提出的模型对于我们理解那些可能影响商业家族的潜在力量还是有所帮助的。这些观点的潜在作用是，仅仅通过了解某个既定的家族企业中男性和女性的年龄，就足以预期在他们生命中的特定阶段将要面临的问题。

企业的政策和治理结构可以帮助新老两代成员自如应付他们生命阶段中面对的既定挑战，也可能会阻碍这个过程。当发展的过程被阻碍的时候，代际传承的自然节奏被放慢，产生了更多的个人沮丧感和不愉快，同时企业发展的稳定性和持续性也会受到威胁。因此，发展心理学提供了有用的启发式的方法，它有助于理解连续接班过程的每个阶段所必须完成的任务，同时还提供了确定计划时间表的基本背景。总之，它使人理解了这个基本的观点，即接班计划不是一件事情而是一个牵涉整个家族的需要投入毕生来完成的过程。

### *播种下共同梦想的种子*

很多年来，南玻·德·加斯比·博宾和菲利普·德·加斯比·博宾(Nan-b and Philippe de Gaspe Beaubien)——加拿大一家通讯公司的所有者——都会在他们的家中举行一年一度的员工圣诞宴会。他们的孩子从很小的时候起，就用饮料和点心招待公司的员工，并且与这些员工相处融洽。现在，他们都已经在电视传媒有限公司(Telemedia, Inc.)身居要职。当亨茨曼化学公司(Huntsman Chemical Company)收购壳牌石油(Shell Oil)的聚苯乙烯子公司的时候，乔恩·亨茨曼必须说服原先子公司中的185名工人继续留在公司里，而不是到壳牌公司寻找新的工作。乔恩·亨茨曼为工人们组织了一次郊游。郊游中，他的九个孩子中的几个在工人们中游走，劝说他们留下来。最后，185名工人中的184名留了下来。

参与公司的这些活动达到了许多目的：第一，向孩子们显示了商业活动不是仅有艰苦的工作，同时还可以找到乐趣；第二，向下一代的成员们介绍了企业的相关情况——它的产品、客户、基本职责和日常工作；第三，通过与高层管理者的接触，孩子们观察到了专业技能在商业活动中的必要性，他们开始逐步地了解和欣赏公司领导者的成就和知识。

不管他们最终是否加入家族企业，在这些年里，孩子们了解到了他们在这个世界上的独特地位和独特责任。他们渐渐地意识到，他们是一个家族中的一员，家族的先辈们取得了独一无二的成就，并且由于创立了一个造福于其他许多人的企业，其家族常常成为众人关注的中心。孩子们懂得了家族的传统和价值观，而这些传统和价值观在他们的团体中已经成为了最高的行动准则。

父母们需要在传达他们的价值观时达到微妙的平衡。在点燃孩子们事业激情的同时，他们要避免传递各种不合时宜的信息，这些信息只会压制热情。这样的信息包括“我所做的一切都是为了你”以及“终有一天，这些都将是你的”之类的话。许多父母都没有意识到，如果失去自由选择的机会，孩子们将不会有真正的忠诚。

那么家族应该怎样做才能增加成员们为共同的企业目

标而一起工作的可能性呢？一种方法是营造一种环境，在这一环境中孩子们可以自由地谈论他们对未来的设想。谈话可以是正式的，也可以是非正式的。父母们可以通过他们的语言和行动——特别是他们饱满的激情，向孩子传达梦想的本质。家长们有责任培育孩子们性格的发展，但问题是如何才能更好地完成这一任务。这是一个棘手的难题。一方面，他们明白，孩子们需要自由地探索这个世界，去发现自己的道路，父母过多的干涉将会成为孩子们健康发展的负担和障碍。[9] 另一方面，家长们期待指导孩子们的选择，引领孩子们驶向正确的方向，还要影响孩子们对未来的期望。通过复杂的语言和非语言交流，通过奖励和惩罚，以及通过他们自身的行为和选择（这也是最重要的），家长们向孩子们传达了强有力的信号。

这些信息也是家长们自身志向和忧虑的体现。通常，家长们非常想将他们生活经历中的积极因素传递给孩子们，而隐藏自己曾经历过的那些痛苦和失望。但当家长们过度地去尝试影响孩子们的志向和兴趣时，他们的努力却产生了适得其反的结果。许多家长对孩子们的志向持反对意见。然而，孩子们的梦想事实上还没有固定下来，在他们成熟之前还可能经过多次改变。例如，如果某个孩子在看过电影《侏罗纪公园》（*Jurassic Park*）之后表达出对成为古生物学家的兴趣时，他应该被鼓励阅读这方面的书籍，去参观博物馆，甚至应该被鼓励随父母去古生物学家的工作现场拜访他们，去看看这些科学家们都在做些什么以及他们是如何工作的。

家长们应该尽早地表示出他们尊重孩子们的职业抱负，并会一如既往地支持。总之，孩子们必须感到他们可以自由选择自己的梦想。那些过多地对孩子们进行评判，并试图通过责骂和奚落孩子们内心深处的抱负来控制孩子们行为的家长，将会得到一个糟糕的结果。

特纳广播公司（Turner Broadcasting）的特德·特纳（Ted Turner）的父亲给我们提供了一个典型的父亲通过奚落来将他的观点强加于儿子的案例。埃德·特纳（Ed Turner），一个在南方建立起电视广告公司的企业家，是一个被认为患有精神分裂的酗酒者。根据一位传记作者所述，他深爱自己的儿子，总是希望将儿子培养成一个伟大的人物。他将儿子送到常春藤盟校去学习为人处世，父亲认为这是从商所必需的。当特德·特纳告诉父亲他计划学习古典文学时，他得到了这样一封回信：

> 毫无疑问，这样一种无用的知识将把你和这个世界上的实干家区别开来。如果我留给你足够的钱，你可以退回到象牙塔中，用你剩下的时间冥思苦想史前人类的象形文字对威廉·福克纳（William Faulkner）的著作的影响……我的想法并不重要。你在自己这一生想要做什么才是重要的。我希望那些稀奇古怪的教授和象牙塔的生活能够将你培养成材，使得我和你自己都能以你为骄傲。当我将你介绍给我的朋友们并说“这是我的儿子，但他说希腊语”时，我很确定我们都会很愉快。[10]

这样的信件一定会伤害年轻人，也正好激发了他们对家长干涉的反叛情绪。为了将父亲对于古典文学的狭隘看法加以曝光，特德将父亲的信在学院的报纸上匿名发表了。年轻的特德自进入学院起就成为了一个叛逆的儿子。在他父亲于 1963 年自杀后，这个聪明精干的儿子继承了家族的事业。他通过建立一个全球性的新闻和娱乐公司，实现了父亲对他的期望，但是他也同样受到了他父亲所曾经遭受过的精神分裂的折磨。[11]如果他的天赋稍差，也许他早就被父亲的责骂所击败了。

孩子们特别留心父母言行上的不一致。家长的行为可能会比他们所表达的信仰和价值观给孩子们留下更深的印象。[12]比如，家长们如何对待自己的兄弟姐妹会深深地影响孩子们之间对待彼此的方式。一个父亲怎样对待自己的父母会对孩子们将会怎样对待他产生有力的影响。父母是否找到了工作的乐趣，父母取得了多大的成功，孩子们所看到的这些情况会对他以后的职业选择产生深远的影响。设想每晚疲惫地回到家中的父亲总是痛苦地抱怨与亲戚们一起工作多么糟糕，这会对孩子产生什么样的影响。家长们也许会清楚地对孩子们表示欢迎他们到家族企业中去工作，但孩子们却接收到了完全不同的信息：远离家族企业吧，除非你想同父亲一样惨。

在一些家族中，家长所传达的同样强有力但是相互矛盾的信息使孩子们陷入了左右为难的状态。家族中具有一种自相矛盾的交流形式，在某些极端的情况下，甚至会导致严重的家族功能失调。[13]比如，许多家族赞美创始人的个人品质。尽管遇到其他人的反对，这些创始人依然通过坚持个人独立，单枪匹马地创建了自己的公司。然而，孩子们在他们很小的时候就已经被催促加入已经建立的家族企业中。当他们工作时，他们可能发现他们自己的想法和志向已经附属于他们父母的想法和志向了。如果他们想依照家族模式获得个人的成功，就必须离开父母，拒绝加入家族公司，从而创立他们自己成功的企业。这经常使得孩子们无所适从。

然而，当孩子们长大一些以后，他们可以在商业环境中学到许多有意义的东西。一家著名零售连锁店的所有者讲述了一个故事。他十岁的女儿在一个星期六的早上参观了家族企业中的一家主要的商店。当他在办公室正和高层管理者们围着会议桌开会时，他的女儿则在办公室的地板上玩耍。他们正在讨论一个棘手的问题，商店里的空间有限，因此没有足够的结账通道，从而排起了长队，延迟了顾客离开商店的时间。女儿听到了讨论。在喝下午茶时，她向父亲提出了一个解决方式："为什么不将两个员工和两台现金出纳机安排在同一个结账通道呢？最近我和妈妈去了一家商店，那家商店就是将两个出纳机放在同一个通道的……我知道可以做到！"令父亲吃惊的是，女儿开始在纸上画出一种交替安排的设计。休息之后，父亲让女儿向执行主管们进行了讲述，主管们赞同女儿的建议，认为这正是解决问题的答案。在两个星期内商店按照女儿的建议进行了重新设计，而事实证明这是成功的。自然地，小女孩每天放学后就迫不及待地跑去商店看她的建议是如何被实施的。

对故事中的这个女孩儿来说，主管们的决定给她传达了一个强烈的信息：改进商店的任何建议都将被认真地看待，无论这个建议来自何处。更重要的信息是，家族企业是一个可以标新立异的地方，在那里她可以实现自己的梦想。现在那个女儿已经成为了家族公司的CEO，并且工作得很出色。孩子们是寻找乐趣的专家。当家长传达他们所做的事情的激动人心之处时，孩子们将十分专注。

我曾采访过兄妹三人。他们拥有并管理着一家十分成功的家族企业，这个企业是由他们的父母创办的。我问他们起初为什么他们三个能有兴趣一起工作，他们如此高效率的工作应归功于什么，特别是他们的父母为了鼓励他们都做了哪些工作。

长子是这样说的：

我们的父母从不强迫我们做任何事情。相反，他们经常鼓励我们去追求我们自己的梦想和兴趣。然而，从一开始他们就明确地表明他们热爱他们所做的事情，而且，他们的激情相当富有感染力！比如，我的父亲经常在其尝试采取某种方法满足客户需求前征求我们的意见。听完我们的意见后，父亲会采纳它们，并随时告诉我们事情的进展情况。我们很早就明白了商业活动事实上充满了乐趣。

他的妹妹补充说：

我们的父母总是让我们分享他们的兴奋之情。同时,他们给了我们很多很多的选择让我们成为我们希望成为的人。事实上,我是我们之中唯一一个在大学学习过工商管理的。

在家族企业中,家长们已经找到各种各样的方法来点燃下一代成员的职业激情。但是,家长又同时教导子孙们具备职业精神,他们要求子孙们达到那些不可或缺的绩效标准。毫无职业精神而只有强烈动机的孩子将不能够胜任家族企业的工作。但是当家族只强调职业精神时,孩子们可能不会将家族公司看成一个可以实现他们最深的抱负的地方。到第三代时通常的结果是,企业中有一大群不参与企业管理的家族股东,但却缺少一个真正的领导者。

### 管理进入问题

正如以上分析所表明的,为年轻的家族成员进入家族企业作过充分准备的家族通常都十分关注孩子们的梦想和他们的发展需要。良好的环境被建立起来了,在这个环境里,家族成员们可以自由地讨论职业的选择和家族企业的前景。到了上大学的时候,年轻人对进入家族企业所能带来的机遇、满足以及潜在的挑战有了极其准确的理解。家长们鼓励他们"目光远大",并对他们寄予厚望,希望他们不管是在家族企业还是在他们自己选择的其他职业道路上都能成为他们可能成为的最棒的人。

在年轻的家族成员 20 岁出头的时候,他们开始体验到,世界是那么地令人振奋同时又充满挑战。正如我们所指出的，他们渴望探索多种可行性，而不是对其中的某一个进行全身心的投入。引用埃里克松的隐喻，这个阶段的年轻人将生活视为娱乐公园，他们在这里迫不及待地试骑所有的旋转木马。在这个时期将孩子们带入家族企业为时过早。不用说，这不仅将阻碍他们心理的发展还会影响他们对于工作本质的理解。

年轻人担心被视为裙带关系的获益者，因为这会极大地挫伤其自尊心，同时也增加了那种从青年世界转入成人世界的不必要的尴尬感。在这种压力下，年轻的成员事实上可能会和其在其他公司从事类似的工作相比犯更多的错误。这些早期的工作障碍不仅成为了企业的成本，也更损伤了个人的自信心和职业发展。非家族成员的员工可能会广泛散布接班人不胜任的舆论，久而久之，这就可能会成为自我实现的预言。年轻的家族成员不被赋予任何有意义的责任，也得不到机会检验自己的能力和进行学习。很多年来我遇到许多在家族中被视为失败者的儿子、女儿们，在离开家族企业后却在别的工作中发展起来，这出乎他们自己也同样出乎其他许多人的意料。

年轻人开始工作的时候，从同事和管理者处获得恰当的反馈对于改正错误和改进工作是必不可少的。在一个家族企业中，一个年轻的家族成员得不到高质量的反馈是很正常的。一个年轻的家族企业的继承人曾如此说到："要么人们很爱你，不管你做什么都总是赞美你；要么他们很恨你，不断地反对你的工作……事实上，我很难发现自己到底做得如何。”

对于家长，邀请后代进入家族公司的决定可能会因复杂的情况而搁浅，这种复杂性在决定吸纳孩子们的时候没有被充分地估计到。在职的领导者们为了站稳脚跟，将多年的时间花费在了家族企业中，因而很少和配偶、孩子们在一起。他们感觉到自己已经错过了孩子们的成长岁月。这样的感觉让他们烦恼，阻碍了他们将孩子看作是独立的成年人。为了重新和孩子们建立关系，他们可能会轻率地将孩子们吸纳进家族企业中。

假想一个案例，有一个天赋极佳的年轻人，他在很多的专业上都很出色，包括数学和自然科学，但却对于视觉艺术品有着浓厚的兴趣。在大学，这个年轻人想选择美术专业。但是他的父亲训斥他说，作为一个艺术家他将永远不可能养家糊口。父亲说服他去学习经济，因为这会成为他在家族企业工作的良好背景。同样地，当儿子毕业后考虑工作时，类似的争执发生了。为了在自己对艺术的渴望和父亲想让他在家族企业中工作的期望之间寻求折中方案，儿子接受了一个为顶级艺术品拍卖行修复旧画的职位。然而，父亲再一次反对，认为儿子需要读 MBA。儿子也再一次满足了父亲的愿望。后来，他以优异的成绩从一家声名显赫的商学院毕业了，并作为一个关键子公司的副总裁进入了家族企业。

然而，这个天才的年轻人在他所从事过的每项工作中都失败了，父亲很失望，就连他自己也很失望。更严重的是，他给公司带来了严重的损失。面对失败，儿子怪罪父亲剥夺了他曾经的梦想，而同时，他又为经常与父亲争执感到自责。在 40 岁时，儿子还常看自己年少时的绘画，一次又一次地想象如果他按年少时的抱负成为一名艺术家，现在的生活将会是怎样的。

像这位父亲一样，家族企业的所有者们怀着美好的心愿，尝试去影响孩子们的教育选择，为的是确保新的一代人将有能力支撑起家族企业。典型的情况是，越是有声望的家族企业，施加在孩子们身上的劝说他们去接受对家族企业有利的教育的压力就越大。大学毕业后，家族企业发出了邀请，经常伴随着巨大的金钱回报的承诺。

企业所有者们在 40 多岁时正面对着中年过渡期那些烦恼的发展问题。如果他们没有解决这些问题，他们在为解开由子女继承问题所带来的心结的时候会非常地艰难。在这个时期，父母们开始对下一代人寄予厚望，期望他们能完成自己未实现的梦想。由于感到特别地脆弱和自我挑剔心态的存在，他们对子女们的表现也格外挑剔。莱文森总结了这一心理发展过程：

> （父母到了中年的时候）负担很重，（孩子们的）精力充沛更可能引起了他们的嫉妒和不满而不是高兴和忍耐……如果他们感到失去和背离了他们的梦想，他们将很难全身心地支持孩子们的梦想并为其祈福。当他们的孩子在追求目标时显出了失败或困惑的迹象，他们会害怕孩子们的生活变得像他们自己的一样糟糕。但当孩子们做得很好时，他们又会嫉妒其成功。忧虑和自责

会逐渐使他们的努力化为泡影，导致他们变得喋喋不休，心存愤恨。[14]

假定家长和孩子的发展需要都获得了满足，那么在这个时期最佳的解决途径是如下的方法：对于潜在的接班人来说，最好的方法是先到家族企业之外的公司工作几年。这一方法经常因为各种各样的原因而被推荐给家族企业的下一代成员。K. H. 罗加尔（K. H. Rogal）解释到：

> 一个寻求独立的22岁的年轻人很难与一个功成名就的40岁的父亲相处，而时间的推移可能会使二者的发展需要达到一致。在这个案例中，接班人如果在家族以外的环境工作几年，之后再加入家族企业可能会带来更好的结果。为了避免这种冲突，需要满足年轻人自由选择的需求，并且需要拓宽成年人的生活结构。[15]

### 制定进入条件

清晰的政策对规范年轻家族成员的进入是必要的。理想的情况是，这些政策在第一位接班人进入企业之前就已经制定。越来越多的家族坚信：在加入家族企业之前，孩子们应当在其他的与本家族的企业没有联系的公司中工作三到五年，以建立起他们作为职业经理人和企业管理者所应有的信誉。在外面世界的成功并不能确保这些接班人必然会在家族企业中占有一席之地；相反，在企业选择接班人的几个需要被满足的标准中，这只是其中的一个。

让年轻人在他们职业生涯的早期到别的公司去施展，这一做法还有很多的优点。商业家族经常陷入由他们自己的传统所编织的复杂网络中，而对于外部企业界中重要的技术和管理的发展显得目光短浅。当他们鼓励孩子在更大的、拥有更尖端的管理技术并且更技术化的公司工作时，家族可以得到额外的益处。一些家族坚持要下一代在相关产业找工作，特别是在那些领导权威源于对技术流程和产品有深刻认识的企业中，这种情况相当普遍。下一代们经常带着实行革新所必需的经验和知识回到家族企业。[16]

从发展的角度看，在家族之外的公司工作的最大好处是增加了接班人获得精确绩效反馈的可能性。在家族的保护伞之外，他们从自己的错误中学习并且发展了对职业道德的认识。更重要的是，他们对钱的价值以及自己作为市场中一名雇员的相对价值都获得了更好的认知。特别是市场帮助他们建立了对自己进入家族企业应得的各种回报的现实期望。在家族企业中年青一代的薪酬很少与市场水平一致。[17]要求年轻人到家族以外的公司工作几年的一个好处就是，这提供了用于确定他们在家族企业工作的薪酬基准点。

当家族采用具体的政策管理家族成员们的进入和退出时，他们也必须对政策的采纳过程格外关注。严格的政策被强加实施时，可能会引起不满。如果后来者感到他们比在规则制定前进入公司的家族成员们受到更苛刻的标准制约，他们会特别地不满。正是由于这个原因，年轻人应当被鼓励通过积极参与制定和执行制度来融入到整个过程中。

通过实施严格的、将不具备领导潜力的家族成员排除在外的政策，家族保护了自身免受裙带关系的指责。确立这样一个标准并不意味着排斥那些表现一般或者太差的成员。相反，家族企业的所有者们经常帮助那些既不能达到公司标准又不能在外面世界立业的家族成员。当然，这样的帮助通常是通过家族的方式而非商业化的方式提供的。同样地，家族应该做其所能做的一切去帮助那些进入公司后却不能达到公司预期绩效水平的成员。但是如果他们仍旧达不到期望，那就别无选择，只能让他们离开。许多家族期待这样的方案，并制定政策应对这种情况。典型的情况是，所制定的政策规定，如果一个成员在工作两年之后仍不能达到令人满意的绩效水平，他只有被迫离开公司。界定"令人满意的绩效"的标准因家族而异，但是通常提及的绩效水平应当与一个有志向获得高层职位的人被期望达到的水平相符。

认真制定标准并建立收集工作数据的系统是必要的。这样才能确保每一个家族成员得到公正的评估，并得到获取与其天赋、兴趣和职业道德水平相一致的职位的最大机会。一些所有者担心，过多的陈旧制度和过于官僚的结构可能会使新一代家族成员离开家族企业。据我的经验，这样的担心是没有必要的，特别是在那些孩子们也参与了制定与其息息相关的招聘和解雇政策的家族里。当在家族发展的早期开始讨论这些问题并阐述职业化的重要性时，家长们经常惊奇地发现下一代成员往往表现出乐于接受这些关于家族成员就职的严格制度。

当然，一些年轻人可能对高绩效标准感到害怕从而逃避家族中的工作。制定高标准的家族只是想将那些不敢面对挑战的人排除在外,而不想错过有能力的年轻人。如果一个有能力的年轻人拒绝加入家族企业,那只可能是因为这里的管理机制不能够区分出谁是有能力的人,谁是没有能力的人。

## *进入者的态度*

如果家长们在早年就已经完成了他们的工作,晚辈们将带着谦虚的态度和对公司前辈的尊敬进入公司。刚进入公司时,年轻人经常会夸大自己的能力。家长们需要事先对他们进行指点,告诉他们在工作的前几年他们所必须经历的困难,以及其他人将如何看待他们的行为。企业中应该有一个清晰的"心理契约"[18],明确年轻人能够对公司拥有一些什么期望,而公司对他们的期望又是什么。

家族领导者需要对年轻人已有的知识表示欣赏,并带他们进入公司。隐含的信息是:"你是可以奉献的天才的年轻人。你的创新观点会受到欢迎,我们将给你成长的空间。"尽管他们是家族的成员,但是他们仍将犯错。他们不应被苛求完美。但是应该提醒他们,要尊重已经工作多年的非家族成员的员工的实践经验和工作作风。年轻家族成员的行为应该传达出这样一个信息:他们愿意学习,他们可以虚心地接受诚恳的批评,在组织中他们希望受到和同一层级的其他人一样的待遇。

当进入企业时,许多潜在的接班人都会感到不安。他们试图通过夸大自己的经验和技能弥补这种不安。但在其他员工的眼里,这却被视为骄傲自负。如果一个年轻的成员表现得像个所有者而非新员工,这肯定会招致不满。没有比类似于滥用职权以及指使某个主管按自己的意愿改变某个决定或得到优待这样的行为更能对接班人的声誉造成损害的了。

年轻的接班人应当得到这样的信息:是的,他们是独特的。作为家族成员,他们有成长的机会和获得信息的优先权,这些通常是其他员工得不到的。反过来讲,他们也需要像公司中的其他每一个员工一样证明自己。他们的薪水也许是最少的,开始时和市场工资一样。从长远来看,如果成功,作为家族成员的他们能够期望高收入,并最终将会拥有股权。然而,他们从一开始就应该知道,自己能否登上高层是没有保证的。这就是部分隐含的"契约"。从他们进入公司的时候起,年轻的成员应该理解并接受,这种风险也是他们事业的一部分。事实上,如果他们品行良好,他们将带着责任感坚持工作,这会带给他们展示自身价值的机会。

年轻的进入者将在哪里开始工作取决于他们的教育背景、兴趣和能力。家族应当努力为这名候选人找到合适的职位以开始工作。一个拥有沃顿商学院 MBA 学位并在摩根斯坦利工作三年的女儿不应该被留在停放货车的仓库工作过久,尽管这会显示她的谦卑,使其真正做到"从基层做起"。同样,让一个连高中都没有毕业的儿子当副总裁,在刚一进入公司时就给很高的薪水的做法也是不明智的。不管这个年轻人有多么大的潜质，都会向公司里的其他人发出一个警告：在这个公司里，裙带关系对每个人都是一种威胁。

经验显示，家族成员在家族企业中担任的第一份工作，通常是要么不足以胜任，要么大材小用。家长们对子女能力的评价经常是明显地偏向极端，即他们往往高估或低估了孩子们。在为年轻的成员设计职业发展规划时，公司应该将他们安排在需要为特定的可衡量的结果负责任的工作上。这些工作充满了挑战，但是也与他们的技能和成熟程度相称。

年轻的成员一旦进入公司，他们将有权知道他们未来职业道路的相关情况。他们会在他们最初的职位上待多久？他们的目标如何确定？如果目标完成，下一步他们将做什么？他们为得到管理经验和机会，熟悉不同的部门，该做怎样的改变？

再次重申，时间的确定是关键。公司领导应该检查组织结构图，标记高层管理者的年龄，决定哪些职位可以进行正常的交接，以使年轻的成员们担负真正的责任。为了获得将来领导公司所需的经验，那些接班人所必须经历的特定职位应当被标记。设计他们的职业道路时也应考虑到公司可能的战略方向。例如，如果公司战略是向国外发展，那么，任何一个渴望成为公司领导的家族成员应该学会怎样在另一个国家工作。

### *非家族成员的高层管理者扮演的角色*

随着孩子们进入公司这一时刻的到来，家长们必须对这一事件可能对公司里其他人产生的影响加以关注。对于那些与所有者有着特殊关系的高层管理者,下一代家族成员的进入可能会被视为一种威胁。接班人的到来会削弱那些管理者们和所有者的特殊关系。尽管一些企业家的成功带有传奇色彩,但成功的事业并不是由单一的、英雄式的人物所建立的。通常,这是一个集体的成就。在任的企业所有者周围需要许多关键人物的智慧和能力。时间一长,一些元老在心理上对企业产生了占有感。所有者子女的到来深深地提醒了那些被信任的经理们,谁才是公司真正的所有者。这一事件造成了这样一种直觉,可能是事实,也可能只是错觉,即当决定谁将担任公司高层职务的时候,那些在公司中工作过很长时间的家族成员会受到特别的对待。

在一些家族企业中,员工对家族的归属感是如此之强,以致年轻的家族成员的进入被看成是家族延续和稳定的信号,因而受到这些员工的热烈欢迎。当然,这些新进入的成员必须是能够胜任的。然而,在其他的一些家族企业中,无经验的年轻家族成员的进入会导致关键的经理的动摇甚至离开。这些非家族成员的经理的合作对潜在的年轻接班人的培训和开发是至关重要的。除非现任领导人和公司重新肯定他们的重要性,否则老员工将不会全身心地支持接班计划;事实上,他们还可能会把自己看作是和年轻接班人竞争高层职位的竞争对手。

对进入过程进行了有效管理的家族常常会选择一组资深的非家族管理者协助进行年轻成员的早期培训。在最好的情况下，这些被信任的非家族管理者们已经经历了中年过渡期，愿意对年轻人的入门和早期发展进行指导，并极大地推动了这一过程。通过这一过程，孩子们实现了他们和家族企业的相互结合。

再强调一次，我们在这里只讨论进入企业的过程。在下一章中，我们将讨论在稍后的指导过程中资深经理们所扮演的角色。在这两个阶段，经验丰富的非家族管理者们都有机会去塑造那些将在某天极可能领导这个家族企业的人的价值观和态度。对于接班人来说，一个极大的挑战便是发展与许多主要的非家族管理者们的工作关系。那些资深经理人也同样对发展这一关系很感兴趣。这使得他们能够向公司未来的领导们表明，自己的价值是一种不可缺少的管理资源，他们的判断力应该受到年轻的新进入者的尊重。

在早期被选中来指导年轻家族成员的资深经理们，从一开始就应该明白公司对他们的期望：指导年轻的进入者是他们工作职责中的重要一部分。企业的前景将取决于他们的指导。同时，他们履行这项职责的有效程度，将成为对他们进行考核和奖励的部分依据。最重要的是，公司的领导们要创造一种氛围，在这种气氛中，高层管理者可以告诉他的学生们，他们的真实表现到底怎么样。企业领导者们必须以肯定而真诚的态度传达这一信息，并确保在接下来的行动中仍坚持这么做。如果高层管理者因为对企业领导者的儿子或女儿的表现作了诚实的评价而遭到批评，那么这一职业发展项目就会遭到破坏。

当然，一些高层管理者可能会将这一任务看作是使他们最终离开公司的第一步。在小型的家族企业中这更是一个威胁，因为公司高层仅有有限的几个职位。为了打消这一疑虑，家族领导者们需要向被选中来培训家族成员的经理们保证，他们不会失去工作。事实上，培养接替他们位置的接班人是每个经理日常工作的一部分。不管是不是家族成员，那些没有例行公事地培养能接替自己职位的"预备演员"的资深经理们都没有做好他们的本职工作，他们的行为会将公司的延续推上悬崖。同时，资深经理们都应该清楚，为破坏他们的年轻学生的职业生涯所施展的阴谋伎俩都是不能被容忍的。

### *进入阶段时家族的紧张关系*

子女们进入家族公司将唤起父母深厚的感情。所有者为孩子们能与其每天在同一个办公室工作感到由衷地高兴，并对有一天自己的事业将被孩子们所继承感到欣慰。事实上，这种自豪感和满足感来自于能够看着孩子们成长和成熟。这使得上一代会作出必要的牺牲以确保事业延续到下一代。

但是潜在接班人的进入也可能意味着父母迈出了不可避免的下坡路中的第一步。当一个能力不凡的年轻人带着改革的观念到来时，父母的这种莫名的恐惧感可能会进一步提升。正如一个接班人所说的：

> 接班人常常充满激情地进入公司，带来了那些会暴

露高层管理者不足之处的技术和工具。通过每天的思想交流，接班人可能会对父母的决策说三道四。这是一件令人不快的事情，甚至对最具有安全感的父母也是如此。[19]

晚辈们进入父母的工作世界中也将改变家族内部的动态平衡。以前，其他的家族成员可能对“我的父亲(或母亲)工作的地方”很少感兴趣。现在，由于另一个家族成员——一个儿子或者一个女儿——的介入，每个人开始更多地关注这一点，甚至连所有者的配偶也是如此。所有者们会欢迎与家族成员分享工作经验的机会，并会在人生的关键方面教育他们。事实上，这种参与强化了为传承和延续提供了基础的共同梦想。然而，家族突如其来的新兴趣也会对所有者造成干扰。突然，企业所有者感到自己毫无遮掩地暴露在了自己的亲人面前，因此面对他们的批评表现得更加脆弱——不仅在办公室，在家中也一样。一般来说，新成员的进入也扩展了大家对那些有利于家族的商业问题的看法。关于企业事务的讨论也不再仅仅关注所有者的立场，也会关注正在企业工作的年轻人的观点。所有者在家族讨论中不再是商业信息的唯一来源渠道，其不得不面对其他人的观点和提议。在那些始终传统地保持着企业和家族之间严格分离的家族中，这些改变将会有更深远的意义，会使得家族生活复杂起来。

一个孩子的进入可能会引起兄弟姐妹之间的对立。孩子们进入家族企业的次序通常是由年龄决定的。即使在那些没有言明长子继承权的家族里，年龄最大的孩子通常也是最早进入家族企业的，这就提升了老大在家族中的地位，导致其他孩子担心父母会偏心。

出生较早的孩子将在企业中建立起对特定机会和资源的优先权利。他们对有限的有价值的入门职位有优先挑选的权利，而且由于他们能够积累最多的工作经验，导致他们在组织结构中的晋升往往比后进入的兄弟姐妹们快得多。但是，如果家族还没有对进入过程进行有效管理，那么第一个进入家族企业的人也许会成为“实验鼠”。孩子们应该进入组织的哪个层次？哪些工作适合或不适合一个新的进入者？如何考核绩效？如何提供有效的反馈？资深经理们将怎样监督或指导新成员？如果这些重要的问题都解决了，会给未来进入企业的家族成员如何融入企业开创一个重要先例。第一个进入家族企业的人也许会由于家族在处理这些事情上缺乏经验而遇到很多问题。到其他的兄弟姐妹准备进入家族企业时，家族可能已经明确了什么该做，什么不该做。弟妹们也许会嫉妒第一个进入家族企业的哥哥或姐姐，担心给他们留下的机会很少；但是他们应该看到，从他们进入企业时起，继承规则和相关的绩效已经确定，管理他们职业开发的进程也已经制定。

在某种意义上说，第一个进入者的出现对于那些正在考虑从事其他职业的弟妹们来说是有益的。只要有一个孩子在企业中，父母就会因为遗产最终将被继承而感到满意。因此，他们不会对其他孩子施加沉重的压力。所以，其他的孩子可以在家族企业内外自由地探索和选择他们的职业，而不必因害怕使父母失望而背负着额外的负担。

### *兄弟合作制和家族合作制*

对兄弟合作制和家族合作制企业的领导者而言,对进入过程进行管理显得更为复杂。因为他们通常不得不评估、推荐更多的候选人。企业发展到这个阶段时,一个对于公司各职位的候选人进行甄选、培训和评估的综合计划就是必不可少的了。

曾有这样一个有趣的例子,是关于一家计划投入大量精力来构建进入过程的大型家族企业的。认识到企业中目前的家族领导者即将退休或考虑在10—15年后退休,第三代的家族股东们开发了一个领导技能积累和提升的项目。这个项目有两个分支,一个是针对正在寻求领导职位的家族成员,另一个则针对渴望这类职位的非家族成员的员工。为家族成员制定的这个项目帮助他们确定他们是否真地愿意在家族中工作,也让公司可以培训和评估他们。在该项目的第一个阶段,他们依合同被雇用为临时员工,通过142周的工作经历对他们进行培训。这个项目展示了他们在工作中每个阶段的表现,从工厂的体力劳动到会计部、公关部和安全部等部门的办公室工作。家族将会委派监管者去指导他们,他们的绩效会被记录在案。

家族将提升计划的任务定义如下:

> 确保家族的第四代成员和其他具有高潜质的可塑之才有机会发展和成功,以一种高效率的方式传授给他

们充分发挥潜质所需的知识和技能，以便使他们成为公司未来的领导者。

项目手册记载的目标是：

每个人的潜质都将得到正确的评估。

每个人都将认识到家族的重要，家族工作是有意义的，同时也是需要付出体力和脑力劳动的。

每个成员都将从切身体会中，获得对家族公司和家族附属公司多样性本质的真实印象。

通过许多领导者、导师、教练和顾问的传授，每个成员要获得在高度竞争的环境中领导组织的能力。

每个成员应该认识到，在第一阶段获得的知识只是一小部分知识，他们需要在任何给定的学科或功能方面相当熟练，并在特定的领域获得更深的知识，这将是一个长期的过程，需要持久的全身心投入。

这样一个精心的项目阻止了个人偏见和家族分支斗争渗透到对候选人的工作评估以及谁将获得工作的最终决定中。在家族成员中进行候选人的甄选是复杂并带有政治斗争的。当太多既有天赋又有能力的家族成员们都对工作感兴趣但又没有足够多的高层职位时，在雇用何人这一问题上所存在的潜在的兄弟冲突将进一步加深。一些兄弟合作制企业的领导人通过采用相当极端的方法处理这些问题：要么就是将所有的家族成员们都拒之门外；要么就向所有人敞开大门，以期望那些最优秀、最有天赋的候选人最终能登上高层，而其他人则被淘汰。

显然，公司的规模和下一代中有能力的家族成员的数量是决定这两种极端解决方式是否必要的关键因素。那些有着良好合作史的兄弟们很少选择极端方法。相反，他们通过使用正式的制度评估彼此的孩子并通过雇用外人参与这一过程的方式来试图避免这些问题。

比如，一些兄弟合作制企业通过成立一个正式的评估委员会来管理这个潜在的棘手问题。这个委员会将会由非家族的董事成员或两三个绝对可信赖的外部咨询人员组成。这个评估委员会通常被期望能够确定某个家族成员是否有可能成为公司的领导者。为了达到效果，评估委员会必须在对待新老两代人时都要谨小慎微。年青一代要相信委员会成员不仅会努力作出公正的判断，同时又会慎重地保护年轻人的隐私。如果年轻人认为委员会仅仅是父母的监督网，这样的委员会将不会是有效的。但是，年轻人必须理解，委员会需要不时地把他们的信息与他们的父母分享；否则，父母们则得不到足够的信息评估下一代。委员会成员需要在处理对两代人都有用的信息时达到平衡。

更进一步，委员会的角色应当远远超出简单的评估。在一些兄弟合作制或家族合作制的企业中，委员会成员本身就是年轻家族成员的导师，帮助他们铺平职业道路，介绍他们融入公司文化，推荐他们去接受进一步的培训和教育，并在绩效方面给予他们持续的反馈。

在正式系统中评估接班人绩效的这种需要在一个拥有大量雄心勃勃的家族成员的公司中尤为强烈。少数的几家大公司已经建立起了计算机系统，并根据可衡量的绩效目标来记录年轻成员的进步情况。这对那些股权已为家族中的若干分支所分割的老公司来说尤其有用。在这些公司里，哪些人将得到工作，哪些将得不到工作的决定往往都具有政治意味。除了依据绩效基础外，评估委员会一定要注意家族的不同分支在企业中及管理角色中是否具有足够的代表性。在这个阶段，为了尽可能地留下家族中的年轻人，家族合作制企业会开发一系列的其他机会给那些不能获得管理职位的人。参与公司董事会、家族委员会、家族基金会都将给年轻人提供获得经验的机会，并使得他们和家族的遗产相联系，虽然他们没有能够参与到企业管理中去。一定要小心谨慎地将家族成员们的兴趣技能和特殊角色的需求相匹配。一些家族公司针对那些有兴趣成为公司董事的家族成员们建立了特殊的培训项目，以向需要承担责任的公司未来董事们提供必要的技能。

为那些想成为企业家的年轻家族成员而成立的风险基金是已经被许多家族公司成功应用的另一种选择。成功的家族企业正在创造财富，扩大家族财富的最佳方式之一是提供资金去创立新的企业，这样也可以创造更多的职业选择。如果创业成功，这些投资最终将导致新建立的企业与家族企业的合作。事实上，一些公司已经建立基金作为控股公司结构的一部分，这使得家族成员创办的各风险企业都能与母公司分享员工和资源。风险基金满足了年轻人独立并与家族区别开来的需要。创业过程本身也是有教育意义的。要想学会如何开发一项商业计划，如何制定招聘和解雇的决策，如何应付银行和供应商，以及如何管理存货等等，还有比建立自己的公司更好的方式吗？

那些有效地管理为下一代人设立的风险基金的家族会仔细鉴别他们借出的贷款。他们用标准的商业准则评估贷款的应用。他们对资金的记录和偿付都有制度。他们也明确表示创业不能影响年轻人正式学业的完成。曾经有一个从这样的基金中获得资金的年轻人在商业中获得了成功，但是他忽视了他的大学学习。当他那差强人意的学习成绩被反馈给父母的时候，家族的风险基金颁布了严格的制度，拒绝将贷款提供给那些学习成绩差的年轻家族成员。

一旦各个体系中的年轻的家族成员们度过了他们在家族企业中的新手阶段后，他们必须更加全身心地投入。现在他们大部分已经到了30多岁，有了评价现实工作的机会，可以衡量他们自己的效能了。为了升迁到领导者的位置，他们必须承担更大的责任了。他们必须学会怎样成为战略型领导者、可信赖的所有者以及家族企业的代言人。他们已经为培养下一代接班人作好了准备。

# 第八章 培养计划

在家族企业中，培养计划有着特殊的意义。教学关系中常常会呈现出一幅代际合作的画面，而这种代际合作的关系可以追溯到中世纪时期的行会。培养接班人的计划在家族企业里有着举足轻重的地位。事实上，正是通过成功培养方案的实施，前辈们在工作中积累的知识经验，以及家庭的传统和核心价值观才得以传递给下一代。这种传递造就了家族企业的与众不同，这也是他们在市场竞争中的优势之一。

从戴维斯和塔格瑞的研究[1]来看，“共同工作”阶段为培养接班人创造了最理想的条件。这个时候，父母亲应该介于50—60岁，并且已经克服了中年危机；子女们应该介于20—30岁，并且将真正效力于家族企业。这个时候，如果培养接班人计划还没有完成的话，那至少也应该开始实施了，因为这对企业的代际传承来说是起着决定性作用的。

许多家族企业的所有者都不愿意亲自教导子女，怕的是教学关系会危及亲子关系。但是,无论他们的参与程度如何,培养接班人这项任务绝对不是他们可以独立承担的。在大企业里,培养接班人是企业运作的一部分,年轻人会接触到一系列的技术与经验,这些都是成为领导者必不可少的,这一过程必然需要高层管理者甚至是董事会成员的系统参与。[2]

在这一章里,我会描述导师扮演的不同角色,以及已经在许多家族企业里被证明是有效的教学方法。然后再说明要想成为导师的话,高层管理者或专业顾问需要达到的一些标准,以及这些人应该如何组织他们的培训。接着,我们要考虑企业未来战略在培养计划的设计里起到的重要作用。最后会进行一些讨论,主要是关于父母亲自教导子女时所面临的感情冲突,以及爱和尊重是否可以克服这种感情冲突。

尽管导师经常扮演着一种类似父母的角色,但导师与父母角色的相互分离会为教学关系带来好处。就像在中世纪的教学系统中,许多家庭都把子女托付给没有亲缘关系的师傅学习经商,许多行会都禁止父母亲自教导子女。相似的限制在今天的某些行业中仍然存在,例如在医学界。[3]大企业普遍反对有亲缘关系的人在一起工作,基于同样的原因,也不赞成父母亲自教导子女。这里隐含的假设就是,没有亲缘关系的导师与学生之间能够更有效地理解对方和尊重对方的需要。不赞成父母亲自培养子女成为接班人不仅仅是因为亲子关系中存在着教学障碍,而且还因为导师是一种过渡性的角色,但是亲子关系却长达一生。

从广义上说，培养继承人指的不仅仅是一位有经验、有成就的前辈对一位年轻人职业上的指导、帮助和支持，它还可以是一种更深刻的感情影响，使得年轻人意识到自己的梦想，帮助他建立起实现梦想的信心，并且为他创造条件，使得他羽翼丰满地步入成人的世界。事实上，要实现这种广义上的培养，很重要的一点是教学双方的自由选择，而不是强制性的拉郎配。

IBM 前任 CEO 小汤姆·沃森（Tom Watson, Jr.）的经历说明，就算是父母决定亲自培养接班人，在这之前，也需要由一个外人来担任临时的导师。而且，事实上，父母能否亲自培养接班人取决于这位临时而又影响深远的导师。小汤姆从来没有想过他能接任他父亲 CEO 的职位，直到二战时他在空军服役之后。这段战争经历使他得以摆脱父亲的阴影，肯定自己的能力，重新审视他的人生，并激励他在战后再次回到 IBM。

当小汤姆首次进入企业的时候，他很惊讶地发现他并没有被安排在他父亲手下工作，他的上司是父亲手下的查理·柯克（Charley Kirk）。柯克是一位 40 多岁的资深管理者，而且在 IBM 很多岗位上都工作过。尽管成为企业总裁也是他毕生的梦想，但是他仍然尽他所能地教导小汤姆。小汤姆对他的学习经历是这样描述的：

> 他的办公室里有一张很大的书桌，他每天就让我搬一张凳子坐在他旁边。“我没有时间向你解释我做的每一件事情，”柯克说，“但如果你能坐在这里细心观察，你

将会学到很多东西。”而我就接连几个月天天守在他身边，他开会我也会跟去。我亲眼目睹了他做的每一件事情，我学会了如何作决定。柯克正是以擅长迅速、正确地制定决策而闻名的。要了解 IBM 公司跨部门的综合问题，再没有比待在柯克身边更合适的了。[4]

然而，由外人来担任导师也是有缺点的。从沃森的案例中我们可以发现，柯克和小汤姆对公司最高职位的争夺日趋激烈，自然，他们的师生关系也受到了破坏。小汤姆要求柯克辞去职务，而在这之后没多久柯克就死于心脏病了。在之后的好几年里，小汤姆都过着节衣缩食的销售员生活，然后他才被调到老汤姆手下工作。尽管父子关系有些紧张，但小汤姆有足够的信心驾驭 IBM 这艘航空母舰，并带领着它迎风破浪，继续前进。

## 因材施教

在培养接班人方面做得比较好的大型家族企业通常都有一套正式的、按部就班的程序，用于提升接班人的管理和领导技能；相反，在一些小型家族企业里，这个过程则是非正式的，多数是企业的所有者凭自己的本能和直觉来完成的。而无论是大企业还是小企业，培养计划理论上都应该是根据企业未来的战略来制定的。

培养计划应该是针对个人量身定制的。培养和培训不一样，培养关注的不仅仅是如何传授特殊技能，更重要的是使接班人对整个企业所处的竞争环境有一个全面、综合的理解。它侧重于灌输成熟的管理方法，并让接班人对企业有更深刻的认识，这一点对企业未来的所有者来说是非常必要的。未来的所有者必须通过所有的考核，这是通往领导权力的必经之路。

要想使培养计划有效，必须从一开始就与接班人进行磋商，制定在每一个阶段必须完成的工作和必须掌握的能力，接班人只有完成了这一阶段的任务才能进入下一阶段。在这个过程里，接班人要逐渐掌握企业战略、市场营销和财政预算的基本概念和商业技巧，同时还要学会处理各种不同的人际关系。在成功的培养计划里，导师与学员之间应该保持互相尊重，同时又要考查学员的真正实力。导师与学员都应该充分重视反馈所得的信息，根据这些信息，导师能对学员作出评价。只要有可能，导师就应该让学员参与一些工作，从而尽可能多地产生客观的绩效信息。

当然，领导能力是难以衡量的。在组织理论中，关于管理绩效应该如何量度以及可以如何量度一直存在着争论。尽管如此，许多企业已经就评价接班人在不同角色中的表现建立起了一套清晰的标准。一般而言，用来考查接班人的关键指标有：他所负责的部门的赢利情况、员工流动率、生产部门的生产情况、销售目标、成本和库存效率等等。同时，必须建立起一个持续的信息反馈系统，从而使导师和学员都对收集到的信息的可靠性感到信服，并以此制定下一步培养计划。

虽然所有这些都是显而易见的，但在执行上，很多家族企业还是忽略了精确、可靠的信息资料的重要性。要么是缺少反映学员培养进程的系统的数据资料;要么是收集到的数据资料主观性太强,对制定下一步计划来说没有操作价值。最理想的培养关系应该是这样的:导师作为一个关键角色去帮助学员自己仔细分析其自己的经历。然而,当培养任务由父母来承担的时候,父母很有可能出于对孩子的呵护而降低课程的难度,但这种困难常常又是未来领导者必须克服的。有一位成功培养了儿子成为继承人的企业家曾经对我说过:"我成功培养儿子的秘密,就是《圣经》中的一句格言'真相能还你自由'。每当我儿子作出错误的决策,而我企图掩盖由此导致的后果的时候,我就会不可避免地陷入一堆麻烦之中。"

我们已经知道小汤姆·沃森是如何通过观察一位经验丰富的决策者工作,从而全面了解 IBM 企业的运作的。这种直接的树立行为典范的方式是一种古老的培养方式,而且在小型企业里,它是长辈向晚辈传授知识经验最主要的途径。在某一段时间里,子女们被安排去观察他们的父母如何作出重大商业决策,如何管理员工,如何处理顾客关系,如何与有业务来往的人打交道,以及如何处理财务问题。

一位家族保险企业的所有者允许儿子在他身边工作,鼓励儿子旁听他与客户的电话会谈从而学习如何与客户沟通。这位父亲在与客户和银行家会面时也把儿子带在身边,并把他带进他所在行业的人际关系网络里。有些人一开始会因为有一位什么都不懂的年轻人在场而变得不自在。当这位年轻人对客户的需要有了进一步的理解，不再是一无所知的时候，他开始参与到会谈之中并起着积极的作用。这时候客户与他相处也变得自然起来。客户不仅肯定了他的贡献，甚至对自己能参与到培养接班人的计划中而感到高兴。

言传身教在服务业中处于重要地位，因为对服务业来说，非常关键的一点是处理好人际关系。言传身教也被一些大型企业采用，而且在传授谈判技巧方面处于核心地位。有一位家族企业的所有者以自己处理复杂的财务问题的能力为荣。他向我解释说，在他看来，促成协议是他的核心领导能力，而这种能力过于复杂，以致无法被分解成为一个个小的单元去掌握。他说：

> 我女儿了解我如何成功解决难题的唯一办法就是坐在我身边，看着我一遍又一遍地施展这种才能。当一个难题被解决掉之后，我们会抽空讨论这个过程，目的是使她理解为什么我选择这条路而不是那条路，这背后隐藏的逻辑是什么。

通过与女儿反复谈论这些经验，这位所有者把他在行动中的战略思考以及企业基本的价值观和道德准则都传授给了女儿。过了一段时期之后，当再有新问题出现的时候，这位父亲就从决策者的位置退到了顾问的位置上，让他的女儿主导整个商务谈判过程。

### 立足于未来的培养

然而，言传身教的方式有着明显的局限性。首先，一位真正的领导者是不可能仅仅依靠观察和模仿经验丰富的前辈的行为而被塑造出来的。当对接班人的培养已经到达了某种程度、接班人已经掌握了许多基本准则的时候，那些有着强烈自我意识的人就很可能会想要建立起属于自己的领导风格。如果父母硬要把某种领导风格强加于他们身上的话，子女也许就会失去兴趣，进而危及整个培养计划。只有当接班人感觉到他们能够将所学到的东西与自己的个人性格和个人风格结合起来的时候，才能够最终激发出他们所有的潜能，也只有这样，他们的领导才会拥有更多的权威并赢得更多人的信赖。

其次，接班人必须具备领导企业未来的能力，而不是企业的现在。这一点意味着要采用新战略、新技术，甚至要生产新产品，而这些都会从根本上改变企业现有的管理方式。如果培养过程专注于传授技巧和陈旧过时的思想，必然会为企业未来的发展埋下隐患。在当今世界里，家族企业——甚至是小规模的家族企业——都必须及早预计竞争环境中可能会出现的变化，并随时准备好转换他们的产品和生产方式以有效地迎合市场需求。

这种例子在欧洲非常多见。随着欧共体（European Community）的进一步发展，许多经历了几代人的发展并且已经在市场中占有一席之地的老牌企业现在都必须进行根本性的变革，以迎接在这个行业中有着强劲实力的跨国企业的挑战。最明显的例子就是意大利的一家家族皮革企业，它为了迎接新的挑战，放弃了它原有的产品领域并转换了生产线。皮革行业受到发展中国家产品的大举入侵,这些国家都有着明显的劳动力成本优势。由于没有能力参与国际竞争,这家意大利企业转变成为皮革成品的分销商,广邀国内外生产者通过他们的销售渠道进行分销。这充分体现了那句名言:"如果你没有办法打败他们,那么就想办法加入他们。"企业里的长辈们很有前瞻性地意识到,要在一个全新的市场里获得成功,年青一代需要学习一些全新的技能,这些技能与这些长辈们当年从他们的前辈身上学到的完全不同。因为他们预见了行业未来的巨大变化,所以年青一代作为企业发展规划的一部分,从美国和亚洲的主要皮革成品分销商那里学到了不少宝贵的经验。

### 三种培养方式

在家族企业里,其他培养方式其实都可以看作是言传身教(modeling)、外部教导(didactic)和经验学习(experiential learning)这三种方式的折中和混合。培养过程中的外部教导部分是根据个人和企业的需要量身设计的。这种方式也是很常见的,例如父母和子女一同参加一些研讨会,利用这个机会来学习一些新的技能。经验学习则是在一段特定时期内,为接班人仔细地设计一个职业发展路径,目的是使接班人接触到企业的关键生产流程和一些重要岗位。而为每一个阶段安排的任务都是根据他在上个阶段的表现决定的。同时安排一位导师对进展情况进行全程观察,并给予连续、公正的评价。(当然,安排许多接班候选人轮流执行许多简单任务，这种方式的缺点就在于他们在每一个职位上工作的时间都很短，以致没有足够的经验去作重大决策。)

要想让接班人担任真正的职务并承担真正的责任，在一个大企业里实施起来会相对容易一点。但这也必须经过周密的设计和管理，以避免与原有管理人员产生冲突。特别是在一些规模较大的家族企业里，所有者在安排年轻家族成员担任有决策权的职务时，必须对现存的运作流程和晋升体系给予充分的尊重。我曾经见过所有者为了给子女安排职务而把高层管理者调离原职，更有甚者，还把他们开除出企业。这种做法对任何组织的士气和诚实正直的作风都是一个沉重的打击。其实除了把原有管理者降职和开除之外，还有很多给年轻人提供培养机会的途径。

流动就职 (rotation)。从前文介绍可知，这种方法为大多数企业所采用。接班人在企业的每一个部门都工作一段时间，并由那个部门的主管负责对其进行培训教育。前文已经提到了采用这种方法的多个理由，尽管如此，在实行流动就职计划时，如果接班人不承担真正的责任，并且在完成这个部门的培训而进入下一个部门前无须取得某些可衡量的业绩，这种培训方式的优势将无法得到发挥。换句话说，接班人必须被安排到一个职位上去作真正的决策并为其结果负责。

垂直责任传递 (vertical loading of responsibilities)。[5] 这种策略的内容包括把原来属于管理层的责任和权力下放给接班人。例如，在一家生产型企业里，高层管理者通常会收到关于生产流程方面的一系列材料，包括生产情况、原材料库存情况和运营成本情况等。但是众所周知，管理者在处理材料并给一线主管提供改进意见上通常都是缺乏效率的。一位正在负责监督生产操作的年轻接班人这时就可以帮助处理材料，然后把经过初步处理的材料呈送给高层管理者，同时还可以提出他认为可行的解决方案。这样的安排不仅仅可以测试他处理材料的能力和作出生产决策的能力，而且对于加快材料处理和提高效率也会有所帮助。

特殊项目（special projects）。有一家企业，所有者已经建立起了一个高效管理团队，在短时期内没有办法为他女儿安排一个管理者的职位。因此，他决定由女儿来领导开发一个全新的企业战略计划。这样一来，女儿必须先后与每一位高管打交道。尽管一开始高管们对这种安排都抱着怀疑的态度，但实行一段时间之后他们变得非常乐于接受她的领导，以至他们主动要求她一直负责这个战略计划并为此提供建议。

业绩是衡量一位接班候选人能力的最终标准，这使得特殊项目培养方法有时候变得非常重要，因为它能够让继承人从中学到东西，而不仅仅给出一个客观的结果。在20世纪80年代，卡特彼勒有限公司决定生产一种小型花园拖拉机，并要与约翰·迪尔（John Deere）一较高下。卡特彼勒公司的一位家族管理者意识到，这是一个培养后辈们独立开创一项事业的绝好机会。卡特彼勒公司一直致力于生产大型推土设备，家族成员里从来没有人涉足过这一新产品市场，所以长辈们决定把开发新产品市场的任务交给年青一代。年青一代必须研究市场状况，新建产品陈列室，为新产品作广告宣传，向顾客推销产品，并且管理库存。最终，这项计划由于产品本身竞争力不敌约翰·迪尔的产品而宣告失败，大部分原因是因为卡特彼勒在生产小型拖拉机上缺乏经验。但无论如何，对于年轻人学习和获取经验来说，这却是一个不可多得的宝贵机会。这个例子还说明了，在评价接班人客观业绩的时候，必须把那些不在他控制范围之内的外界因素考虑在内，特别是那些会对他们的业绩产生重要影响的外界因素。换句话说，业绩必须被放在一个大背景下来理解。

### 非家族成员导师的选择

如果把企业看作是一个整体的话，每一位高管都有责任培训下一代的管理者，无论这位管理者是不是家族成员。从这种观点出发，培养接班人的计划就不仅仅是企业高层的事情，还是涉及整个组织自上而下每一位管理者的事情。事实上，未来领导者的成长对于组织、组织中的个人以及组织中的每一项制度的存在都是至关重要的。之所以非家族成员会为这个计划付出时间和精力也就在于培养接班人对于企业的持续发展是必不可少的。有一位企业所有者把他手下的高管们都召集起来，对他们说：

“现在摆在你们面前的一个问题就是，除非我能够成功地培养我的女儿来接管这家企业，否则企业就前途未卜了。如果没有接班人，我很可能会把企业卖掉。在我面前同样摆着一个问题，除非在栽培女儿方面能够得到你们的通力合作，否则我就很可能会疏远甚至失去我最有价值的高管们。我们现在该怎么做呢？”

在正常情况下，家族企业的所有者都会得到高管们的协助。在一家成功的家族企业里，所有者身边通常都会有一班能力十足而且忠心耿耿的手下，他们会适时地提出忠告而且充分理解家族在企业中的地位。一位非家族成员管理者以能够为企业培养下一代接班人为荣。这也不是什么难以理解的事情，因为被选作导师既肯定了他们在企业和家族中的价值，又加固了他们现有的地位。选择导师依据的不仅仅是他们的技能和专业知识，更重要的是看个性品质。他们必须对企业忠心耿耿，善于培养手下，喜欢为人师表。通常，他们要在管理家族企业方面有自己独到的见解。

导师们必须对他们在企业中现有的地位有足够的安全感，并且要确定他们负责培养的接班人不会对其构成威胁。这就意味着不要挑选那些处于他们职业生涯顶峰的人作导师；相反，应该挑选那些正在作出重要贡献的并有着良好晋升机会的人。

既有才能又有野心的非家族成员管理者，比如IBM公司的查理·柯克，尽管他们知道家族成员在企业里的核心地位，但仍然会视年轻的家族成员为他们权力和地位的竞争对手。由于导师与学生之间的竞争关系会使得培养过程复杂化，所以应该避免安排与学生年龄相仿或是处在同一辈分的非家族成员为导师。通常，挑选的非家族成员导师应该是处于两辈人之间，即年龄在新一代接班人与即将退任的最高领导者之间。这样的话，如果接班人30岁出头，而最高领导者70多岁的话，那么导师就应该50多岁。在这个年龄段里，非家族成员管理者正处于他们事业的巅峰，也经常接触商学里教授的一些前沿的技术和战略。他们有足够的精力和热情，对新的领导者来说，他们既是导师也是兄长。另一方面，他们又有一定的资历，他们的地位是稳固的，因而不会把年轻的家族接班人轻易看作是自己的直接竞争对手。另外，他们也已经到了考虑自己接班人的年龄段了。

老一辈的领导者们如何定义这个培养过程，以及如何就这件事与企业里的职员进行沟通，这对于培养过程能否得到持续的支持是至关重要的。家族领导者必须向被挑选为导师的人清楚地说明他们需要传授什么样的技巧以及取得成功的标准是什么。最重要的是，老一辈领导者要清楚地界定年轻接班人必须通过的严格的业绩标准，而且他们的学习进程要清楚准确地向家族长辈们汇报。当然，在很多有培养计划的企业里，这种培养针对的不仅仅是家族里的年青一代，还包括那些立志成为高层管理者的非家族成员。

不能为学员强行安排导师。要想培养计划达到预期的效果，学员必须被赋予对导师的一定的选择权。在大的家族企业中，家族领导者很可能会指定五六位高管，然后让下一代接班人从中选择一位当导师。家族领导者会与被选为导师的人会面，向他们解释这个计划的目标是什么和他们需要做的事情。而这个导师小组的成员需要一次次地碰头，讨论学员的进展程度以及这个计划有待改进和加强的地方。导师们不仅有义务对学员进行教导，而且还要在企业内为新一代领导者的发展创造良好的氛围。例如，这可能就意味着需要适时地向高层管理者汇报，以确保学员取得的成绩被认可并使其获得晋升的机会。同时，也要注意平息谣言，特别是那些关于为了安插年轻接班人而作出人事调动的谣言。导师小组里的成员通常会互相支持，经常交换意见，并共同促使所有者为接班人的发展扫清障碍。

一些家族企业倾向于在企业外寻找管理者当导师，这些人除了能有效地承担他们的管理责任之外还善于培养接班人。例如，电视传媒有限公司（ Telemedia Inc.）的所有者博宾（Beaubien）夫妇就曾经邀请了加拿大最有名的商学院的前任院长来领导他们的家族办公室。这位院长与学生已经有了多年的相处经验，而且能很好地理解年轻人并与之沟通，博宾夫妇觉得他能给他们的两个儿子和女儿很好的教导。这个并不单单是父母的选择，他们的孩子们同样参与了其中，而且，孩子们对这位导师怀有极大的崇敬。

新泽西州一家机械专业企业的所有者意识到，他没有办法传授给儿子继承企业所需要的一切技能和知识。蒙森工程公司（Monsen Engineering）是一家装配空调系统以及在这方面提供服务的公司。所有者迪克·蒙森（Dick Monsen）今年 59 岁，并打算在十年之后退休。他从外面为他的儿子埃里克（Eric）请来了三位导师。这个别出心裁的培养计划是为埃里克量身打造的，目的就是用十年的时间把他培养成企业的接班人。尽管埃里克在销售和市场方面很有天分，他却从来没有担任过任何管理职位。与他那位拥有麻省理工学院工程学学位的父亲相比，埃里克还缺乏一点技术上的专业技能。

这位父亲专门雇用了一位首席运营官和一位首席财务官来教导儿子。作为激励，他给予这两位执行官一定数额的公司股票，使他们在埃里克成功运营公司之后能够获利。"我有没有想过让埃里克干得更出色？"首席运营官吉恩·萨维特瑞（Gene Savetierre）自问自答到，"当然想过。那样的话，我将会从这家企业中获利。"为了更好地完成他们的任务，萨维特瑞和首席财务官乔·科伊尔（Joe Coyle）通过参加研修班和看书不断地加深他们对家族企业基础知识的了解。除此之外，还有一位顾问被邀请作为埃里克的教练，他同样也加入了这个导师小组。[6]

## 培养多个接班人：第二代家族成员与第三代家族成员中的培养计划

一方面要强化整个企业对培养计划的重视，另一方面长辈们必须避免让年轻人形成一种印象，即他们毋庸置疑地会成为企业的领导者。培养计划在考虑接班问题的初期就已经开始实施了，因此要让候选人认识到，他们很可能没办法通过所有的考核从而无法最终成为企业的领导者，这一点是非常重要的。父母们要成为有效的导师，就必须接受儿女们随时会失败的可能性。如果不是这样的话，接班人就没有办法让别人对他信服，整个培养过程也就会沦为父母们一相情愿的想法而不是基于现实的情况。

父母们有责任向接班候选人清楚地说明培养计划的目标是什么，评价他们表现优劣的标准是什么，以及这个计划持续的时间。年轻人需要得到保证，保证这个计划不会被无故拖延，以及当他们通过了规定的考核之后他们都有机会最终成为领导者。接班候选人很可能会面临一种风险，即现在掌权的长辈们不愿意放权，他们不断改变游戏规则，例如设计新的测试和评价标准，以确保控制权仍然牢牢掌握在他们手里。如果培养过程被无故延长，学员们很可能会产生玩世不恭的情绪，也就再没有动力继续参与下去。

当企业下一代的治理结构将转变为兄弟合作制或者家族合作制的时候，这些告诫也同样适用。如果存在多个接班候选人，则任何事情都要做到一视同仁。在只有一个接班人的企业里实施的培养计划中存在的一系列对技术能力、绩效测试以及信息收集的要求，对于在较大、较复杂的企业里开展的对未来合作者的培养也是同样重要的。

但是，在这些系统中的培养计划还要注意培养未来合作者之间的协作能力。事实上，培养过程应该提供一些测试，考查他们是否能够合作无间。除了评价每一个人在不同工作任务中的表现之外，还应该对他们在实现一般工作目标时与其他人的合作情况进行评价。如果有证据证明他们之间没有办法相互合作，长辈们就可能要重新审视他们将来的发展规划。对于那些在培训期间没有办法与其他人融洽相处的人，或者那些反而成为了团队实现目标的障碍的人，可能就要把他们从接班人计划中剔除出去。

如果在下一代中有几个接班人会成为合作者的话，培养计划就应该成为一个更为浩大的工程，从而必须为每一个培养阶段都专门制定计划。有的企业分别为兄弟姐妹中的每一个人安排一位高层管理者为导师，有的企业则采用循环流动方案，每一位高层管理者都对流动到他那个部门的候选人进行指导。这些年轻人根据他们的天赋和兴趣的不同，会在不同领域中表现出色，由此他们会对某一个部门产生兴趣；在较大的企业中，还可能会对某一管辖区域产生兴趣。因此，这些特定部门的高层管理者就会在对他们的培养中充当较为重要的角色。在一些合作型的家族企业中，年青一代很可能会由他们各自的父母来培养。这样，他们常常会仅仅擅长于他们父母所专长的领域。[7] 这并不是什么好事，原因有很多：第一，在培养期间，候选人在各个方面的才能都要受到考查，而且他们应该接触到企业方方面面的活动；第二，有的时候天赋和兴趣并不是家族性的，如果候选人仅仅受他父母的培养，管理层将无法对他的才能进行全面的评价。

如果父母将更多的时间用于培养兄弟姐妹中的一个人，这就会出现一种很微妙的情况。这种偏心会加剧兄弟姐妹之间本来已经存在的竞争。然而，这种情况往往又是无法避免的，特别是当父母事先已经断定了兄弟姐妹中谁最终会脱颖而出时，他们自然会在这个人身上投入更多的精力以培养他的领导能力和决策技巧。在一些较大的企业中，我也见过父母是如何避免发生这种偏袒的。他们把兄弟姐妹作为一个群体来培养，将他们所有人召集在一起进行教导，并且对所有人都进行言传身教。

很多情况下，家族合作制中的候选人是由他的叔叔或者姑姑来培养的。就像我们在隆巴尔迪家族的案例里看到的，如果候选人与他们的亲戚之间能够产生信任和友爱的话，这种情况很可能会发生。但这样的教学关系也会导致棘手的心理问题和权力斗争。当家族分支间存在竞争的时候，有的家族成员就会对叔叔或姑姑处理事情的公正性和尽心尽力的程度产生怀疑，特别是这些叔叔或姑姑自己的孩子同样也是接班候选人的时候。最好的情况是他们对别人的孩子不给予帮助和教导，最坏的情况则是他们有意拖某些第三代家族成员的后腿。另一方面，这些叔叔或姑姑也害怕在他们部门学习的第三代家族成员会把部门的信息传到他们父母的耳朵里，特别是当他们与一些第三代家族成员的父母存在竞争关系的时候。

无论是谁做导师，建立兄弟合作制体系最重要的一项任务就是加强兄弟姐妹之间的团结。一些家族为了达到这个目的，筹划了一些使大家彼此贴近的活动让他们共同完成。比如把他们所有人都安排去执行一个发展计划，而这需要他们共同学习两到三个星期。同时鼓励兄弟姐妹们加入到一些团队活动里，例如共同销售，参加一次户外探险或是创造机会让他们学习如何在危机出现的情况下相互帮助。兄弟姐妹们会举行每周一次的例会或是例行午餐，用以讨论他们各人培养计划的进展情况，然后向长辈们反馈意见和提出建议。一些企业为了加强他们之间的合作还专门开发了一些项目。例如要求第二代家族成员们为企业组织建立一个董事会，让他们共同制定董事的资格条件，招聘面试候选人，并向长辈们介绍说明董事会的结构组成。

除了所有家族企业接班人所必须掌握的技能之外，在培养阶段，第三代家族成员们还要学会与不同的人、不同的组织打交道。他们要学习在一个复杂的管理结构下开展他们的工作，例如在董事会或家族理事会的监督下工作。他们要学习处理不同家族分支之间的利益关系，还要学习管理股东和分红政策。在培养阶段，这些将来会共同从事高层管理工作的第三代家族成员们会被要求完成一些集体任务(像上文关于兄弟合作制所介绍的那样)以测试他们的合作能力及合作效果。一些企业还把他们安排到其他具有同样规模的企业里，甚至是非家族企业，让他们了解别的企业的治理结构和股东分红政策。

### 父母培养

在家族企业里，有一些职责只能是由担任领导者的父母或是直系亲属来传授给下一代。但正如我之前指出的，在父母与子女之间建立教学关系是十分困难的。那么，在什么情况下我们可以建立亲子之间的教学关系，而且还能克服这种复杂关系所带来的某些困难？要回答这个问题，我们首先要弄清楚亲子关系与教学关系的区别。

亲子关系中包含了很多感情。相反,有效的教学关系是围绕着传授知识和技能来展开的。在这种关系下,导师与学员必须相互尊重对方的能力,并且保持一定的心理距离。在培养过程中,人们总是力求做得更好。这是一种相互依赖的关系,而不仅仅是一方依赖另一方。导师不能手把手地教;相反,导师的任务是创造出一种氛围,以激励学员完成他需要完成的工作。作为培养对象的年轻人也要积极参与到培养计划的制定中来。由于导师与学员之间隐含的权力是不平等的,自发型学习有助于减弱这种固有的不平等。导师可以帮助创建学习条件,并把各种选择具体化,但最终必须由学员自己作出抉择并承担后果。

在任何企业中,导师的一个很重要的作用就是确保学员个人兴趣要与组织利益相一致。年轻的接班人经常只按照自己的兴趣行事,而忽略了企业的短期或长期利益。导师的作用就是给学员以约束,并寻找一种途径,使得学员既能够在组织中成长同时又对组织作出真正的贡献。

看看下面这个常见的案例。一家大型房地产家族企业的所有者要培养儿子成为接班人。在儿子的一再要求下,他买下了一个快餐的特许经营权,目的是让儿子学习经商。快餐特许经营权对一个房地产企业来说是没有多少战略价值的,而儿子能从中学到多少东西也是一个未知数。但这个所有者为了让儿子高兴不情愿地同意了投资快餐业。这项决定更多是受感情因素的影响,而没有考虑到快餐业的经营最终是否能满足儿子成长的需要。当然,这里也可能有别人不知道的动机。例如，父亲害怕儿子有朝一日会取代他的地位，从而让儿子远离企业的核心经营范围；也有可能是儿子为了摆脱父亲的阴影才选择从事快餐业。

这项投资最后还是以失败告终。不只是儿子没有得到有价值的关于房地产经营的经验，这一项冒险投资还消耗了企业不少资源。这个父亲并不是一位成功的导师，他让感情干扰了他的判断，没有正确评估这个项目会对儿子的发展产生什么样的影响。

父母自己早年的经历会影响他们培养子女的意愿和能力。成功的企业家们在他们的成长经历里通常都得到过很多的帮助和指导，例如来自配偶的、前辈的或是曾经提拔他们成长的可信赖的高层管理者的。随着年龄的增长，他们会逐渐意识到，他们也有责任去培养晚辈，给予他们帮助。他们的事业已经到达顶峰，而为人师表则进一步强化了这种感觉。对于逐渐老去的人来说，很重要的一件事情就是看到他的人生观、他所信奉的哲理以及独特的人生道路选择将会成功地传给下一代。对他们来说，成为一位有天分的年轻人的导师，特别是这位年轻人与他在同样的领域里追求事业的发展，会给他一种重拾青春的感觉，为生活带来生机和乐趣。莱文森对经验的重要性作出了以下说明：

> 对于中年人来说，成为年轻人的导师有着非常重要的意义。这种特殊的满足感来自于加快年轻人的成长，促成他们形成梦想和实现梦想，并使他们在现有的价值观和能力基础上开展更好的生活。刚刚步入成年的初

期，帮助培养孩子和青少年成长是这个年龄段的主要特点，为人父母的冲动也来源于此。当进入中年期，人们会进一步以教育年轻的成年人为己任。培养计划的开展利用了这种为人父母的冲动。但是，培养计划远没有这么简单，它还需要在中年生活中存在某种程度上的自我实现感。由于有着强烈的自我存在感，以及成年后自身的不断发展，人们也就更有能力去促进年轻人的成长。[8]

大多数的教学关系，在一定时期内，会成为导师和学员生活中很重要的一部分，甚至是关键的一部分。只有当学员完成了这种生命转折之后，这个时期才会结束。

这种教学关系平均来看可能会持续两到三年，最多为八到十年。它可能会因一方的离开、调职或死亡而结束。有的时候在经过一段冷静期之后，教学关系会自然而然地结束，导师和学员之间发展出一种温暖但不过分亲密的友谊……但更多的时候，一种紧密的教学关系会以师生之间严重的恶性冲突告终，师生之间再没有什么好感。年轻人可能会强烈地感觉到辛酸、怨恨、被抛弃的忧伤以及结束关系之后的解脱和重获生机。相互之间的共鸣已经不复存在。以前深得他尊敬和爱戴的导师现在被认为是苛刻且过分吹毛求疵，不是致力于促进学生个性和独立性的发展，而是按照其自己的意愿来硬性塑造学生……另一方面，在导师看来，年轻人是如此不可理喻，对导师中肯的劝告不加理睬，莫名其妙地反抗，而且忘恩负义。由于他们相处了一段时间，他们对对方的指责通常还具有一定的合理性。[9]

在家族企业里由父母亲自培养子女为继承人引发的一个问题就是亲子关系能否经受得住如此强烈的感情冲击。父母和成年子女都希望家庭关系能够经受得住这一阶段的感情洗礼。培养计划会使本来已经存在问题的亲子关系雪上加霜，当培养计划结束时，感情破裂的风险将会加大。

研究教学关系（虽然不是亲子教学关系）的克拉姆(Kramm)指出，教学关系是否能够善终取决于结束的时间。一方面，如果教学关系持续时间过长，导师或学生"很可能就会产生怨恨情绪，因为教学关系没法对个体不断变化的需求和关心的事作出反应"；另一方面，如果教学关系过早结束，双方感情上的需求还没有得到满足，其中一方将感到失落，被遗弃和恼怒。在深入访谈了18对非家族企业里的师生后，克拉姆指出，教学关系并不一定会以悲剧收场；相反，导师和学生在经过强烈感情冲击之后还可以保持朋友关系。他总结到：

> 教学关系结束之后是一个感情失落的时期，但它同样可以成为一个兴奋期。如果结束时间选择得恰到好处，高层管理者会很荣幸地看到他培养出来的人晋升到更高的职位，承担更大的职责。他知道他自己帮助了一位年轻管理者获得了关键的技术，使其加强了自信心并在组织中取得进步。这会给他带来很大的满足感。同样地，在晋升之后，年轻的管理者会感觉到一种个人的

成就，同时，也会感觉到在没有高层管理者的直接指导下有效地完成工作也是一个积极的挑战。[10]

无论有多大的风险，一般说来，在家族企业里父母会承担起培养子女的大部分责任。在相对较小的家族企业中，父母培养实际上是不可避免的。在这些企业里，除非父母积极参与到培养下一代的工作中，否则很难产生继续领导企业的接班人。即便是在有一定规模的家族企业里，有非家族的高层管理层可以充当导师，但是对于年轻的接班人而言，有一些东西仍然只能从他们的父母身上学到。例如，只有作为企业所有者的父母能够指导儿子或女儿将家庭价值观体现在日常的商业实践里，指导他们去处理与非家族员工的关系这一敏感问题，以及指导他们去掌握社交场合中一些得体的举止。

### 亲子教学关系如何结束

如果父母和子女都成功接受了共同工作带来的心理挑战，而且培养计划开展得顺利，子女们就会学到父母为人处事及商业见识的精华部分。这些将使他们带领企业开创未来。父母也很高兴看到子女们受到企业员工的赞赏，并使父母的一些观点和传统得以继续发扬下去。

然而，当培训进行到一定阶段时，接班人会公开地表达他对企业未来发展的看法。如果他是一个充满激情的人，父母就认为他可能会去开拓一个崭新的未来。他的视野很可能会集中在一些新的技术和新的管理方式上，这些都是年青一代在大学和商学院里学到的一些最前沿的知识。而父母们由于其所处的年龄阶段的原因,会更多地考虑稳定,但是急切的年轻人则更愿意为实现他们的梦想承担风险。

这时候教学关系就处于一个困难的转折点。在观点和目标上潜在的分歧很可能成为父母和子女在企业未来发展问题上激烈争执的一部分。教学关系也因此而中止了。年轻人觉得父母身上没有什么是值得学习的,父母也可能感觉到自己的地位和传统观念受到了威胁。如果子女成功地获得了权力,他们将会对企业进行根本性的变革,以致他们父母珍视的所有价值都将荡然无存。

按照莱文森所描述的,有些教学关系是在幻灭和辛酸之中结束的,包括亲子教学和非亲子教学。在那些成功避免了感情破裂的商业家族里,双方会达成共识:教学关系仍然正式地持续着,但是没有进一步的培养学习内容。也就是说,年轻人仍然把父母亲当作导师来尊敬,对长辈的意见和建议也给予应有的尊重。但事实上,晚辈们明白,父母的一些观点正在被时代所淘汰,这些观点再也不能被当作指引企业发展的明灯了。未来接班人依靠的是他自己的远见和洞察力。但是无论如何,他在表面上仍然要承认长辈的权威。

在这个过程中存在一条潜规则:导师和学员都理解对方发展的需要,但从来不公开谈论它。他们可能偶尔会有冲突,但只会有选择地在一些敏感的问题上进行争论。教学关系的外部形式被小心维护着,但其内在现实已经完全改变了。教学关系事实上已经破裂,但是为了缓解由此引发的紧张气氛，父母和子女可能会寻找其他的一些共鸣，期望在商业之外重新发现一些以前大家都喜欢的活动。他们或许会继续去钓鱼，一起参与慈善事业或是社交活动。共同参与这些活动所带来的乐趣重新修补了已经存在裂痕的亲子关系。当然，这种新的关系是建立在宽容之上的，即双方都要向对方递出橄榄枝；同时，他们还要都赞同这种隐瞒真正关系的做法。在一家企业里，由父亲一手培养出来的儿子正带领着企业取得惊人的发展，而父子之间则维持着我们所说的这种关系。父亲对儿子取得的成就给予充分的肯定和赞赏，而儿子则向外界公开地宣扬大部分的功劳都归功于父亲的领导。

尽管这需要双方都做出保全对方面子的姿态，但是这种培养之后的例行公事可能会持续很长一段时间，而且永远都不会失去其价值或变得矫揉造作。其中的原因，我相信是因为这种关系是建立在父母和子女双方真诚的关怀之上的。他们对于在培养过程中共同取得的成就的一种持续性的庆贺造就了这种关系。

家业

# 第九章　选择与接任

1986年，王安(An Wang)博士的大儿子弗雷德里克·王(Frederick Wang)被任命为王安电脑公司(Wang Laboratories)的总裁。弗雷德里克·王时年36岁，拥有布朗大学数学学士学位。自从1972年进入王安电脑公司以来，他已在该公司的多个岗位上工作过。尽管他受到了同事们的爱戴和尊重，但如果不是因为王安大儿子的身份，他几乎不可能会被任命为总裁。弗雷德里克接管公司的时候，这家公司正处于极度危险中。这也给我们提供了一个很好的案例，让我们来看看环境为何能大大地降低领导权力成功交接的可能性。

虽然这家公司是当时的电脑界巨头之一，拥有每年20亿美元的良好销售业绩和3万余名员工，但是其市场份额却在不断流失。20世纪80年代中期，个人计算机和其他诸如计算器之类的桌面产品的市场竞争变得日益激烈，这家公司也由此进入了其发展历程中的一个关键时期。显然，在这种情况下，王安博士的接班人将面临一个严峻的挑战，就是努力恢复公司在迅速增长的个人计算机领域中的领导地位。

一些分析家认为，弗雷德里克是一个缺乏耐心、动辄争吵而且专制的领导者。要赢得那些工程师、科学家和经理们对他父亲那样的尊重，弗雷德里克都要费上不少气力，更不用说那些外部董事了。新闻界当时认为，因为王安的身体有恙且日益衰老，无法继续应对公司的危机所带来的重压，弗雷德里克才会被早早地任命。然而，甚至在弗雷德里克被任命为他父亲的接班人之前，董事会成员们就已经表示了对他的疑虑：

> 多年以来，他们一直关注着弗雷德里克。董事会成员们担心他由于缺乏经验、判断力和影响力而无法领导公司。外部董事们从20世纪80年代中期起就开始不断地劝说王安博士从公司外引进一个职业经理人。如果有必要，可以给弗雷德里克一个有影响力的头衔，但是不能让这样一个年轻人来管理这家扩展中的全球性企业的经营，尤其是这家企业正处于全球竞争最激烈的行业。外部董事们竭尽全力地恳求王安博士寻找一位最聪精、最有经验的人来管理公司，但是王安博士却无论如何都不愿屈服。他对这些外部董事们说："他是我的儿子，他能做好！"[1]

事实上，弗雷德里克并没有达到他父亲的期望。他无力扭转公司的颓势。1989年，他的父亲被迫解雇了他，取而代之以一位非家族的资深经理人。这位经理迅速地重组了公司，并为公司制定了一个全新的战略方向。然而，在20世纪

90 年代早期，王安电脑公司的规模还是不可避免地缩减到原来的一个零头。同时，作为对 IBM 为其注入 1 亿美元现金的回报，王安电脑公司同意把 IBM 的设备销售给它的客户。而 IBM 曾经一度是王安博士发誓要赶超的对象。

把王安电脑公司的衰落全部归结于对弗雷德里克的草率提拔是有失公允的。然而，事实的确表明，在公司发展历程中的一个如此关键的时刻，提拔一个相对比较年轻而又缺乏经验的家族成员作为董事长是一个相当大的错误。王安博士并不是唯一一个在接班人任命方面作出不明智决策的公司创业者。其他一些曾以家族命名的家族企业的衰落至少在一定程度上也是因为任命了不合适的接班人，如施温自行车（Schwinn bicycles）、斯坦韦父子钢琴公司（Steinway pianos）、斯坦伯格公司（Steinberg's）。基本上，家族企业在将公司的主要职责移交给接班人之前，并没有对接班人系统性的测试和评价给予充分的关注。

本章将探究在接任阶段接班人发展计划中应完成的最重要的任务。在这个阶段，被任命的接班人通常在 35—40 岁，他们已经确定了把自己的职业生涯献给家族企业。我们将首先考虑他们在本阶段将要面临的人生发展的挑战，以及为什么其领导能力的严格测试和评价在确立其在企业中的权威并赢得主要持股人的信任这两方面至关重要。其次，我们将审视在准备建立一个兄弟或家族团队以接管家族企业时所面临的一些挑战。最后，我们将探讨应如何在公司中规划和宣布领导者的更替，以及新领导者在度过了最初的蜜月期后所要面临的挑战和公司内讧。

## 人生发展的挑战

30 多岁的成年人正处于从成年人早期的"新手阶段"到"稳定阶段"的转变之中。在这一时期，他们寻求在成年人世界中获得身份与地位。他们已经形成了自己的理想，并且可能已经作出了一些关于职业和婚姻等方面的基本的生活抉择。一般而言，他们最关键的问题不是"我的理想是什么"，而是"我怎样才能实现我的理想？"。

对于那些被任命的家族企业的接班人，他们所面临的挑战就是确保他们对公司的领导权。在把自己完全托付给公司之后，他们渴望能够通过公司来实现自己的梦想。然而，他们中的一些人总是被怀疑的眼光包围着。最有能力的年轻领导者仍然密切关注着其他具有吸引力的职业选择。他们总是被诸如此类的问题所困扰："我有机会展示我的才能吗？""我有能力控制我自己和公司的命运吗？"在这一阶段，潜在的接班人必须既要赢得前辈们的信任，又要保持他们的自主性。莱文森指出了由这些相互冲突的需求所产生的内在的矛盾心理：

> 一方面，人们（在其 30 多岁时）希望做一个更加独立、更加真实的自我，并在面对其他人的压力和诱骗时更加坚定。另一方面，他又追求社会对他的认同。用自己的声音说话固然重要——哪怕没有任何听众，但他同时又渴望被倾听，并且得到尊重和他应得的酬劳。追求

独立的渴望使他毫无顾忌地做任何他自认为很有必要做的事情，并且不考虑后果；而得到肯定的渴望又使他对他人的反应及其所带来的影响十分敏感。[2]

接班人被认可的过程是复杂的，因为这不仅取决于接班人完成任务的能力，而且还需要得到上一代的认同。一方面，接班人想成为一个独立的自我；而另一方面，他又不得不活在父母和其他上一代家族成员的阴影中。无论是否有意，许多上一代领导者都不愿授权给下一代家族成员，因为这样做意味着他们最终必须退出并将控制权移交给下一代。因此，许多接班人在这一时期都不能充分获得他们所追求的独立。

在我为一些家族企业作咨询的时候，曾遇到过许多年近40甚至40出头的人，他们仍被其父母当作青少年来看待。年轻的成年人对父母过分的依赖会造成严重的心理后果。如果这些家族企业中年轻的成年人一直被其父母当作孩子来看待，那么他们又如何在他们的孩子们面前充当一个有责任心的成年人和父母呢？当父母们承担了年轻的成年人部分或全部的家庭开支（包括他们家庭的衣食以及他们孩子的教育费用）时，这个问题就变得更加复杂了。但是，这种情况却经常发生。在这种情况下，许多未来的接班人努力追求耀眼的头衔、昂贵的汽车和衣着以及其他成功的标志，以此来修饰自己成功的外表，从而补偿他们的不安全感。然而，具有讽刺意味的是，在其家族成员和公司员工看来，这种行为通常只会更加损害接班人的权威。

在工作中,"用自己的声音说话"的需要通常激励新领导者迅速实施组织变革。这些变革可能是出于公司发展的需要,也可能是出于年轻领导者的某种心理需要,因为他们需要把公司引入他们所要的轨道,从而能够允许他们大展拳脚去实现自己的理想和抱负。家族企业的目标和战略的变革通常出于年轻领导者对更多独立和自治的渴求,以及对在家族企业中留下自己烙印的向往。

然而,每一次的创新都会被上一代人放入传统的思维中去评价。无论新领导者倡导的变革是一项重要的重组、战略的转移还是对新技术的投资,旧团队中的前任领导者和其他上一代家族成员都会对变革提出质疑。他们甚至会把对现状的偏离看作是对他们个人的批判,一种对他们的观点和方法已经过时的提醒。前辈的反对可能使年轻的领导者无法发现其倡导的变革的潜在缺陷。而接班人也可能会仅仅因为某个个体、战略和流程与旧体制的联系而低估了他们的价值。

新领导者在这一阶段所面临的最大挑战之一就是既要尊重前任领导者的观点和成就,同时又要加强对组织的控制。为了顺利实现接管,年轻领导者必须组建一个团队,这个团队既要对其忠诚,又要能够理解他们接管企业的步骤。这个团队的出现通常会导致许多家族和非家族的高层管理者被迫退休。这些高层管理者为企业作出了卓尔不凡的贡献,而且,他们中的许多人都做过年轻接班人的导师。大多数家族企业没有设定强制退休年龄这一事实使得这一过程变得更为复杂。年轻领导者如果要在继任过程中取得成功，就必须学会取得一种微妙的平衡：他们必须在老领导者退出的问题上赢得成功，同时又不致背上铁石心肠和忘恩负义的恶名。

## *攻占天王山：年轻的接班人如何去展现他们的勇气*

如前所述，接班人为了确保其领导地位，必须被前辈们认同为“老一代世界”（莱文森语）中的一员。为了实现这一目标，接班人必须理解权力与权威之间微弱但又至关重要的差别。权力是指接班人影响他人行为的能力，而权威则是指影响他人行为的一种权利。这个差别乍看起来好像没有多大意义，但是如果仔细观察，它的重要性就变得非常明显了。权力通常来源于一个简单的事实，即接班人恰好是所有者家族中的一员。在这种情况下，人们将其对他人的行为产生影响力的原因归结于其与该组织的最高管理者之间存在的某种特殊联系。与此相反，权威必须通过努力去赢得，它是自下而上的，而非自上而下的。权威在很大程度上取决于其追随者将其对他人的行为产生影响力的原因归结于接班人的能力、可信赖度及领导能力的意愿。接班人越依赖于同家族之间的特殊联系，他可能获得的权威就越少。试图在没有权威的情况下实施领导始终是一个相当冒险的想法。正如马基雅维里（Machiavelli）所言，那些通过特权而获得权力的人必须非常努力才能维持它，而那些历经艰难困苦才最终成功的领导者虽然在获得权力时经历了很大的困难，但是却能够很轻松地维持它。[3]

在组织中获得权威必须要有显著的成就。虽然良好的学校教育会对接班人有所帮助，但是，他只有通过不断地获得富有挑战性的成功才能赢得那些最终成为他们追随者的人的尊重。而耀眼的头衔、宽敞的办公室、惹人注目的象征着财富和权力的那些东西却不能达到这个目标。

一般而言，接班人可以通过他们在公司的关键时刻所表现出来的行为证明他们的非凡才能，例如使某个部门起死回生，显著地增加了销售额，开发和引进新的生产线，打入一个新市场，解决诸如工人罢工和严重财务危机等危急的生产问题或困境等。接班人提高并施展他们能力的最好的地方是去某个业务部门而不是去行政部门。对某个部门的财务状况承担有一定责任的接班人，其能力可以由他们是否达到公司的目标来衡量。通过始终达到甚至超过那些财务目标，接班人证明了他们拥有为整个公司做同样事情的能力。

在一家跨国啤酒公司里，两位堂兄弟的不同经历说明了为什么拥有一份具有可衡量目标的工作对于一个接班人的发展来说是至关重要的。赫伯特·加思(Herbert Garth)和安德鲁·加思(Andrew Garth)[4] 都已经年近四十，他们两人都拥有著名大学的 MBA 学位，而且几乎同时进入家族企业。两人都很聪明、富有激情并且表现出卓越的领导才能。赫伯特主要从事助理工作，协助制定公司战略并使董事会成员始终了解公司的政策决议。他几乎是他父亲——公司的董事长——的一个翻版。在公司没有人愿意处理的复杂的财务、法律和战略问题上，他都会提出自己的建议。相比之下，安德鲁虽然也在公司总部工作，但他负责管理公司全球范围的销售人员。在仅仅五年内，安德鲁就通过一个创新的全球营销运动使该公司啤酒的国外销量翻了一番。结果，赫伯特得到了高层管理人员的高度认可，但是，安德鲁则作为一名取得具体成就的经理人给公司的每一位员工留下了深刻的印象，而这种领导者正是公司未来成长所需要的。虽然高层管理人员都承认赫伯特有许多天赋，但是他们却发觉很难描述他实际上做了什么，甚至有些人抱怨说他喜欢在管理会议上对实际问题提出一些不切实际的解决方案，而不是主动去承担解决问题的责任。

正如这个案例所表明的，接班人所承担的工作决定了他们能否成功处理本阶段的主要问题，并以此向他们自己和公司中的其他关键员工证实他们的能力。正如歌德（Goethe）所说："你所继承的……也就是你必须尽力去拥有的。"

### 前辈的认同

前辈的支持对于新领导者树立自己的权威也是至关重要的。管理者和其他员工都应当知道，被上一代领导者所认同的强有力的新领导者可以确保公司在其领导下走向未来。不过，这种认同是一个过程，而不只是对公司和媒体的一个宣告那么简单（虽然这也会在恰当的时候有所帮助）。赢得公司认可通常需要经历一个比较长的时期——虽然不是无限期的，这个过程一般会持续三到五年。在此期间，上一代领导者必须向股东提供具体实在的证据来表明接班人已经成熟并且成就斐然。通过这种做法,上一代领导者表明了他们对接班人的判断力和领导力的信任。

前辈们必须在适当的时候退出并对接班人委以重任,尽管这将冒很大的风险。因为在这个过程中,可能会出现代价高昂的错误,这种错误对于整个公司甚至对上一代自身的经济安全会造成严重后果。当然,草率行事或给潜在接班人安排没有能力胜任的任务也是要不得的。绝不可在这些接班人的导师还不确定他们是否懂得飞行之前,就令其坐在飞行员的位置上。在有效的接班计划中是不会出现意外的。在权力交接发生之前,接班人和他们的团队必须经历过实战演习。随后,当前辈们不能再在他们身边给出建议的时候,他们就将必须单独面对挑战。

因此,接班人未来的成长和发展不可避免地存在着一定的风险。但是,如果上一代的财富以及他们退休后的收入没有保障,他们会愿意冒这样的风险吗?一次拙劣的接班可能将积聚数年的财富置于危险之中。许多年长的企业所有者的财富都系于其家族企业,但是他们并没有意识到自己的财富可能由于他们接班人的失误而迅速地毁于一旦。他们将自己的个人财富置于不必要的风险之中,例如,把他们的房子作为贷款抵押品,以此来为家族企业的接班人进行的新投资或扩张计划提供资金。一些企业所有者尚未认识到风险的原因之一是他们认为他们可以将自己所接触过的每样东西都变成金子,就像过去发生的那样。既已如此,还会出现什么差错呢？他们在自己孩子身上冒很大风险的另一个原因是出于一种为人父母的责任感。

然而，经验却表明，为了成功实现接管，年轻人必须学会承担他们所作的决定带来的后果。为了表明他们能够胜任高层职位，他们首先必须承担高层职位所固有的责任和风险。如果上一代已将投资组合多元化并采取措施保护其退休后的收入，他们将更乐意提供这些机会给接班人。这就使退休计划与接班计划之间的关系问题复杂起来，关于这一点，我将在随后的章节中讨论。无须多说，除非长辈们对他们的财产安全采取了足够的保护措施，否则必将受到其接班人的拙劣决策所带来的影响，因此，他们不愿退出，也不愿创造给年轻人授权的条件。[5]

## *最大的挑战：创造愿景*

即使接班人通过了所有的测试并已证明其杰出的领导能力，他们可能仍旧没有充分确立其领导地位。真正的领导者必须为其员工和股东提供一个鼓舞人心的企业未来的愿景，并通过该愿景为公司指明一个有意义的奋斗目标。接班人所描绘的愿景基于家族的共同梦想，并且确定了公司价值观。这种价值观对公司的文化、战略、产品选择以及对与关键股东的关系产生着深刻的影响。

在生命中的这个阶段，许多年轻的领导者都将他们的努力集中于巩固其权力基础上，而非创造一个指引公司发展的新愿景。然而，为了成功，他们必须至少领先他们的追随者几步,并经常思考这样的一些重要问题:“我们是谁?我们要去哪里?为什么?”正如我们在第四章所讨论的那样,创造并清楚地表达这种愿景并不是一个容易的过程,它需要时间,也需要付出努力。愿景必须同时传达出对历史的尊重,以及对激动人心的变革的期盼。新领导者必须理解家族企业未来所要面临的环境,并需要提出创新的管理建议来应对。通过为公司注入一个新的方向和新的目标,接班人和他们的领导团队将使得公司重新充满活力,并赢得他们在长辈心目中的地位。

显然,我所描述的愿景超越了许多管理手册类书籍中对愿景的定义。原则上,我并不反对以一种正式的“叙述”来写出愿景,但是仅仅通过纸上谈兵并不能达到接班人想达到的目的。接班人必须抓住每一次机会与重要的利益相关者——家族成员、股东、高层管理者以及关键员工——交流,告诉这些利益相关者企业会被带往哪个方向。接班人必须坚定且充满激情地告诉他们把企业带往这个方向的意义,并说明公司沿着这个方向发展会取得更大的成就。否则,人们将把它看作是一个权术谋略,并对接班人作为一名领导者的可靠性表示怀疑。这也是为什么前任领导者不能将公司未来的愿景直接地传递给新领导者的基本原因之一:愿景必须由肩负着完成这个愿景的人清晰地表达出来。

在这个阶段,接班过程看起来很像一场接力赛。为了使团队绩效最大化,手持接力棒的运动员在将接力棒传到下一位运动员手中之前始终不能减速;同时,下一位运动员必须在接到接力棒之前就开始起跑，从而得以在接到之后全力以赴地冲刺。然而，前一个运动员在传棒之后就应当离开跑道，让下一位成员去背负全队的期望。每个人有自己的角色，但是确保传递过程不出现任何失误的重担几乎全部地落在了接棒者的身上。因为除非接班人以一种爆发的速度起跑，否则团队就会损失时间，接班人的领导也就不会被认可。

然而，偶尔有些时候，接班过程的重点在于接班人能否赢得各方人士的信赖，这些人包括公司管理者和公司员工、关键客户、供应商以及银行家等。虽然接班人必须证明他们管理和建设公司的能力，但这对于确保他们作为家族企业的领导者取得成功还是不够的。为了在接班人甄选的过程中取得成功，他们必须首先赢得家族及大股东的强烈认可。这是家族企业的接班过程所特有的方面之一。接班人必须用行动表明他们理解他们最终要对所有的股东负责，包括那些不在公司工作的股东。他们必须证明他们将始终让股东保持对公司目标和计划的了解，并照顾这些股东对分红的要求以及对在决定公司治理政策时拥有发言权的渴望。

同时，他们必须歌颂家族及其价值，这种价值是过去以及现在的家族成员引入企业的。通过对公司的领导，接班人能够对其他家族成员的经济状况产生巨大的影响，他们也因此成为该家族中事实上的领导者(尽管通常并不是唯一的领导者)。例如，通过给一位亲属的孩子的职业生涯提供建议，或者利用其关系来帮助家族成员，或者为家族成员提供公司内部的机会，接班人表明他们将服务于每位家族成员的利益，而非仅仅是他们自己和公司的利益。他们还可以告诉未参与管理的家族成员在家族中拥有一份职业的好处，并在适当的时候征求他们在公司治理和股东问题方面的建议。接班人要尽一切可能缓解在公司中工作的家族成员的压力，并通过参与诸如家族理事会之类的讨论，表明自己尊重家族成员对一些影响公司业务及公司治理的问题发表看法的权利。

### 第二代和第三代家族成员：通过团队协作实现抱负

在兄弟合作制和家族合作制企业中，接班人通常不得不以一个团队的形式来工作。虽然对于那些所有（或大多数）第二代或者第三代家族成员都要直接参与公司管理的企业来说，合作相当重要，但对于那些只有一部分第二代或者第三代家族成员在公司内工作的企业来说，合作也是不可或缺的。在任何一种情况下，他们都必须不断努力调整其个人梦想，以便与组织的共同梦想相一致，即便他们已经成为了股东并承诺共同协作。第二代或者第三代家族成员仍然面临着个人理想必须服从组织需要的情况。缓解个人需要与集体需要之间的紧张状态通常需要一些特殊的天赋。

五位继承了一家制鞋企业的兄弟们提供了一个很好的例证。他们的父亲过世后，他们的母亲强烈主张他们在这家企业内共同工作。这五个兄弟的关系一直非常亲密，并一致认为可以成功实现合作。然而，在他们合作大约五年后，35岁的最年轻的弟弟便开始强烈动摇了，因为他相当羡慕他父亲的独立自主，这种独立是一种拍板决策的自由。在他看来，他父亲才是“自己命运的主人”。深信自己在这个合作制企业中不能实现自己的梦想，于是他卖掉了自己的股份，离开了家族企业去开创自己的事业。作出这个决定是痛苦的，一是因为他觉得自己背叛了兄弟，背叛了家族的梦想。再者，很显然，如果他将自己的财产留在家族企业中而不是开创新事业的话，他净资产的增加将会快很多。但是，他却认为：宁做鸡头，不为凤尾。

选择留下来的兄弟却不这么认为，他们觉得家族合作所带来的益处超出了在合作制企业中必须作出的个人自主权的牺牲。这些合作所带来的益处包括：兄弟姐妹共同工作所带来的乐趣、共享财产所带来的收益以及能够为他们的孩子创立遗产所带来的满足感。（在现实中，很少有家族成员会去比较留在合作制企业中带来的经济收益相对于自己开创新事业的经济收益。）

为了被长辈们所接受，合作制企业中的每一位兄弟姐妹还必须树立其在企业中作为一名管理者的信誉度，以及其在家族中作为一名充满爱心的成员的可信赖感，而这两者是截然不同的。对于合作者来说，向股东们和社会传递一种集体存在感更为重要，这种集体存在感是一种一加一大于二的感觉。这是兄弟合作制企业成功的秘密，同时也给予了那些怀疑这种合作方式不可行的人们强有力的回击。

兄弟合作团队的成员可通过多种途径传递集体存在感，例如，他们可以表明为了长久地作为团队中的一员工作从而可以放弃自己个人的某些利己思想。兄弟之间的合作通常来源于建立可以与老一代领导者权威相媲美的联合领导地位的需要。在由天生具有非凡领导魅力的企业家创办的家族企业中，兄弟们通常采取联合起来的方式抗衡创办者内在的强有力的权威。

把权力给予一个团队从而去抗衡父母强有力的权威，这作为一种生存战略可能会奏效，但是却不能激励一个兄弟合作团队去日复一日地努力工作。兄弟合作团队必须考虑在他们的父母去世后会发生什么。如果他们的合作是被动而非主动的，那么这种合作关系的基础就非常不稳定。他们的合作必须基于一个更加主动的共同梦想，而不仅仅是被迫临时搭建起来去应对"大敌"；否则，这个合作制企业几乎注定会失败。

为了树立团队的权威，团队中的每一位成员都必须采取实际行动，增强别人对他们是一个整体的认同。虽然这并不必然意味着他们都必须成为杰出的执行者或领导者，但是他们至少必须被认为是称职的或"足够好"的执行者。

让我们来看看这么一个兄弟合作制企业。这个合作团队由三个兄弟和一个妹妹组成，他们每人都拥有 1/4 的股份并在这个由其父亲所创办的家族企业中担任管理者。两个年长的哥哥都是杰出的执行者，而且对家族成员都极具爱心。他们两人都理所当然地已经升到了最高职位：一个是董事长，另一个是 CEO。这个妹妹并不是一位强有力的管理者，但是作为财务专家，她的建议也不时得到两位哥哥的征询和重视。在过去的几年里，她为公司作出了巨大的贡献。

然而，第三个兄弟却一直都是这个合作制企业的寄生虫。尽管拥有营销部主管的头衔，但他从未严肃地对待过他的职责。他上班经常迟到早退，没有独立决策的能力，即便承诺的工作也很少完成过。每个人都清楚地知道，如果他不是这个家族第二代成员中的一个，他甚至都不可能会被公司雇用。其他的三位兄妹也由于宽恕了他糟糕的绩效而削弱了整个团队在员工心目中的认同感。非家族的高层管理人员开始质疑这些合作伙伴是否有勇气和毅力去作出承诺，承诺严格地以同一标准来要求家族和非家族员工。高层管理人员和企业外的合作伙伴都纷纷开始怀疑共同领导制度是否真正能够有效运作。

当一些兄弟姐妹感觉到他们的父母总是偏袒他们中的某一个时，兄弟合作制的另一个障碍就显现出来了。在这样的家族中，那个“最受宠爱的孩子”面临着极大的挑战，即需要其具备造诣颇深的外交能力。他必须摆出一种姿态，以此来缓和其兄弟姐妹挥之不去的嫉妒。例如，他可以通过积极地改正自己的过失来赢得其他兄弟姐妹的信任。在兄弟团体与父母意见相冲突的时候站在其兄弟姐妹一边，这个受宠的兄弟可以通过这种常用的方法证明其对团队的坚贞不渝。在这种情况下，最受宠爱的兄弟冒着自己收益受损的风险传递了其作为团队一员的承诺。

在一个家族合作制企业中，将一些第三代家族成员提升到高级管理层中可能会影响各个家族分支互相联合的情况。尽管每个家族分支所拥有的股票最终决定了一个家族合作系统中的权力平衡,但是某个家族分支在领导团队中所拥有的成员的数量仍然是该家族分支影响力大小的一个重要评判尺度。在其他条件相对平等的情况下,在领导团队中拥有最多成员的家族分支将对这个家族的经济资源产生最大的影响力。与兄弟合作制企业相同,仅仅拥有管理技能对于在家族合作制企业中确保接班人的权威而言是不够的。除非接班人能够赢得所有家族分支的信任并且积极地处理家族合作体系中的政治角力,否则在接班阶段,他们会在确立其权威时面临许多障碍。

与其他企业形式相比,在家族合作制企业中,接班过程通常更长并且掺杂了更多的政治因素。那些作为领导者的第三代家族成员必须证明他们将照顾到所有家族分支的利益。不过,如果公司有许多经验丰富的非家族领导者来指导未来接班人的发展并最终授权给他们,这个交接的过程就会变得容易许多。

当家族合作制企业中存在一大批老一代的领导者,同时这些老一代领导者又有能力确立或者削弱接班人的权威时,接班人进入高级管理层的障碍可能就更难以跨越了。例如,如果一个家族分支由一些没有参与管理的年长的家族股东支配,那么,这些家族股东就会希望公司支付给他们丰厚的红利,并且他们会支持赞同他们这一想法的接班人。

然而,这个过程的政治斗争并不仅仅是由经济利益所驱使的。传承数代的家族合作制企业还可能被他们的过去所束缚,上一代的恩怨可能会延续到下一代。如果一个家族分支中的某个长辈曾经背叛过另一个家族分支中的他的某个堂兄弟，那么，这个长辈的家族分支的成员可能数代都不会得到受过他们欺骗的家族分支的成员的信任。以一家拥有数十亿美元资产的欧洲公司为例，该公司已经传承了六代之久，并有67位家族成员拥有股份。这家公司最初由三位兄弟创立，他们建立了一个由三个家族分支控制的统治集团，这三个家族分支我们暂且称为A分支、B分支和C分支。在家族企业的前三代中，大多数优秀的领导者都来自于A分支，即公司创始人中最年长的哥哥的家族分支。然而，自从来自于该分支的总裁在20世纪20年代去世后，公司的领导权便转移到了B分支的两位家族成员手中，而且这两位家族成员还得到了C分支的支持。然而，这种权力平衡的变化却使得A分支和B分支之间产生了裂痕。结果，A分支的家族成员不堪忍受这样的痛苦，于是他们试图把他们股份中的大部分卖给一家跨国竞争企业，但是并未成功。这种行为被其他两个分支的家族成员看作是一种不忠和背叛。

也许是命中注定，最近，当来自B分支和C分支的家族领导者面临退休时，最有资格的接班人又在A分支产生了。他拥有一流大学的MBA学位，而且无论在家族企业还是在其他企业，作为领导者和经理人他都取得了辉煌的成就。虽然所有年长的家族成员都认可他是最佳的候选人，但是B分支的家族成员却不愿意认可他的候选人资格。毫无疑问，这个接班人很快意识到了他遭到的不公正评判是缘于上一代人之间的恩怨。后来，他在一次股东大会上主动地站了起来，满怀激情地发誓他要补偿其前辈对 B 分支犯下的错误。从那以后，他才最终被认可为接班人。他在股东大会上的誓言是他巩固其权威的关键，同时也铺就了他进入高层管理团队的道路。

因此，要想在一个家族合作制企业中取得领导权，必须要主动去面对一个非常复杂的股东群体。在家族合作制企业中，最有效的接班人会全心全意地去处理这些问题，他们在处理这些问题上所花费的时间通常与经营企业一样多。

### 甄选过程：谁最终作决定？

无论对未来的领导架构如何展望，必须有人决定如何甄选将为公司效力的下一代领导者。许多现任的 CEO 都认为他们必须亲自作决定。这种想法并非总是明智的，因为他们可能倾向于选择那些在管理风格上与他们相似或与他们目标一致的人，然而，公司未来发展的需要事实上可能与此大相径庭。

最终的决定权是否应该留给包括公正的外部董事或委员会在内的公司董事会？家族理事会应当介入其中吗？如果答案是肯定的，它又该扮演什么样的角色呢？既然下一代家族成员是决策的实践者，那么，那些活跃于企业中的下一代家族成员是否应当参与决策？

有时，把决定权留给后辈们比留给长辈们可能更好，因为无论如何，他们毕竟是要与企业共赴未来的人。但是这种选择也带有明显的风险。如果年轻人不够成熟，不能够与人方便，对他们自身相对的优势和劣势也缺乏理性的认识，那么，让他们来甄选接班人就有可能会加剧竞争，把这个甄选过程变成一场具有破坏性的竞赛。

为了避免这种恶性竞争的发生，同时降低现任或未来领导者独立决定所带来的风险，最好的办法是让其他股东参与决策。在一些企业中，外部董事们组成一个委员会负责接班人的任命，但是他们的任命决定必须经过家族股东的批准。在另一些企业中，会组建一个接班人任务小组来负责指导候选人的培养并作出任命决定；但是，同样地，他们的决定通常也必须经过董事会或全体股东的批准。正如我们前面所说的那样，任务小组通常由值得信任的高级管理者和可能未在公司中工作但对公司情况了如指掌的家族成员组成，有时还会包括一位外部顾问。在大型家族企业中，高级人力资源管理者通常扮演着关键角色，因为这种人通常对接班人的历史绩效以及应该如何处理接班过程中所出现的问题有非常清楚的了解。

无论由谁来最终作决定，在这个过程中，领导者必须保持公开透明和小心谨慎。一方面，决策过程必须是透明的，以保证接班候选人和其他股东不认为决策结果是武断的。如果每个人都看到这个过程是以一种公平、严格和有序的方式进行的，那么这个过程就具有了合法性。另一方面，作决策的群体必须注意保护候选人的隐私权，因为决策者在甄选过程中能够清楚地了解到候选人的性格以及他们的优势和劣势。如果这项工作做得不好，就可能在家族和公司内部引起关于候选人相对优劣的争论，甚至会引起不同候选人及他们的支持者之间不必要的竞争。这类争执通常会损害甄选过程。

***确定头衔***

在甄选过程中，头衔问题是不可避免的，尤其是当组织将由一个主张平等的团队来领导时。这些与头衔相关的问题必须在权力转移前解决。

头衔的重要性主要表现在其对外所代表的意义上。虽然头衔在界定管理角色和责任方面有一定的价值，但是头衔也会带来产生冲突的风险。因为头衔会在公司和家族内部带来威望，所以头衔不仅可以在家族成员之间，甚至可以在夫妻和家族分支之间引起妒忌。一些最为激烈的接班人斗争就是由头衔的分配问题以及头衔所具有的特定含义所引起的。

与其他企业一样，家族企业通常使用那些可以表明职责和权威的头衔，这些头衔可以确立其拥有者在各种利益相关者眼中的地位。然而，头衔的意义更多地体现在旁观者身上。在一些家族企业中，董事长头衔由一个在公司经营中不再拥有巨大权力的家族元老来担任，这位家族元老一般正准备退休或者已经退休了。这种董事长可能几乎就不承担任何责任，尤其是在一个没有董事会的家族企业里。另一些情况中，董事长甚至可能是一位从未在公司中担任过任何重要角色的家族成员。这位家族成员被赋予一个重要的头衔，甚至可能还包括一份颇丰的薪水，让其能够在外人面前昂首挺胸，虽然事实上这位家族成员已经远离了管理职位。但是，与许多大型上市公司一样，在大多数情况下，家族企业的董事长也是由组织中具有影响力的人物担任。这个人依靠其地位和控制着大部分表决权的事实坐在了董事长的位子上。此外，作为家族中的元老，董事长通常也是在家族中最有影响力的成员。

当两个兄弟即将成为平等的合作伙伴时，谁应被赋予董事长头衔，而谁又应被赋予 CEO 或总裁的头衔就成了一个突出的问题，因为 CEO 或总裁通常被认为是要向董事长汇报的。在一个兄弟合作制企业中，这可能会成为一个特殊的问题。一般而言，年轻的弟弟不愿意被外界认为他需要服从兄长，也不愿意被外界认为他的影响力不如兄长；同时，他那对地位敏感的妻子也不愿意在公众面前居于董事长夫人之下。然而，当弟弟担任董事长职位，而哥哥或姐姐只是董事会成员时，问题可能更加严重。

我一直努力纠正家族企业中董事长就是“老板”的观念。我向他们指出，在拥有董事会的公司中，CEO 或总裁并不是向董事长个人而是向作为一个整体的董事会汇报。这至少在一定程度上缓解了合作伙伴因为把董事长当作“老板”来对待而产生的对未来的忧虑。

董事长需要对其关键选民——股东——负责，并领导董事会设计组织的政策和战略目标。董事会负责在大局上监督企业的管理，而 CEO 或总裁则要同时关注外界商业环境和组织内部事务，负责执行董事会的命令并且管理公司的日常事务。在一些家族企业中，CEO和总裁是同一个人，但是在另一些家族企业中，CEO和总裁由两个人来担任，而且前者通常要服从后者。在大公司中，无论是上市的还是非上市的，头衔都为谁将成为未来的接班人提供了暗示。当一个人处于绝对的统治地位时，他可能同时拥有董事长、总裁和CEO三个头衔。当被任命的接班人能够承担更大的责任时，其会被赋予CEO的头衔，但上一代领导者仍然保留着董事长和总裁的头衔。在恰当的时候，接班人会同时拥有CEO和总裁的头衔，此时，上一代领导者仅保留董事长的头衔，这预示着其即将离任。最后，当年轻领导者担任所有的三个头衔时，领导权力的转移就发生了。而伴随着又一代接班人的产生，新一轮的循环也会随之开始。

许多人(包括一些政府调节员)将组织内在的利益冲突归结于任命同一个人担任董事长和CEO，因为董事长领导的董事会是要负责监督CEO的活动的。的确，在德国和斯堪的纳维亚国家中，严格的公司管理法案禁止董事长兼任CEO。在英国，通常由一位类似于公司CEO的执行董事服务于董事会，但是董事会还会有一位独立的董事长。英国和西班牙的董事会与美国不同，这两个国家的董事会更像是执行委员会，需要经常碰头并参与管理决策。在西班牙，CEO并不是总裁。在那里，CEO是一个由董事会任命的职位，职责是监督公司运营。在许多国家，头衔都与供应商和客户的认知保持一致。例如，一家大量业务都在美国的西班牙公司采用董事长和 CEO 作为它的两个最高头衔，原因就是这些头衔很容易为美国客户所理解。

如前所述，正在向团队领导迈进的家族企业有时会让合作者轮流担任总裁，有时会任命联合总裁，有时则让多个领导者担任 CEO。这些解决头衔问题的方式通常是一种妥协的结果，它往往会带来多重影响。由两位合作伙伴轮流担任总裁的做法表面上维持了标准的组织层级管理结构，即在任一时间内只有一位总裁。而事实上，任何与组织关系密切的人，包括合作者本身，都认识到总裁的权力其实是受这种体系本质所限的。每一位合作者都知道，即便是在自己的任职期间，也不能单独作出决策。这位合作者必须去尊重另一方的观点和偏好，否则，另一位合作者在其担任总裁期间必然会推翻前者的政策。

在公司外部的人看来，拥有两个或多个联合总裁或者一个 CEO 团队的做法可能仍被理解为是“古怪的”，甚至可能被认为是缺乏内部凝聚力和政策目标的标志。把一个不寻常的领导安排——例如联合总裁——推广开去，需要一些具有象征性的步骤。例如，我经常建议我那些即将采用兄弟合作制的客户去改造他们的办公室，并以此来作为他们平等合作的象征。以一家长期由一个人担任总裁的欧洲企业为例。当这家企业将由两位兄弟共同组成联合总裁的时候，这两位兄弟决定把前任总裁的办公室闲置起来。取而代之的是两个大小相同的办公室，位于前任总裁的楼下。这两个办公室的中间由一个备有一台圆形会议桌的会议室相连，以便在会议期间体现两者的平等地位。后来，当我参观这家公司时，兄弟俩自豪地带我参观了这套重建的办公室，并解释说这一新型设计要比他们所做过的其他任何演讲都更能清晰地传递他们平等合作制度的精髓。

在家族企业中，人们对与头衔相关的问题投入了太多的感情。大多数家族企业的所有者都把头衔看作是牢固不变的，而事实上头衔相当具有弹性，并不断随环境而变化。在我的经验中，大多数与企业相关的人都明白谁拥有最大的权威其实与头衔无关。那些拥有最大权威的人是那些懂得如何做事的人，那些通过努力赢得权威的人，以及那些具有领导天赋并对自己的能力非常了解的人。然而，在家族企业中，头衔通常仍然在公司和家族内部传递一种微妙的层级关系和心理暗示。为了促进多个领导者之间的合作，这一点必须被注意到。

### 确定时间表并且广而告之

假定接班人已经通过了所有的测试并证明了他们的领导能力，那么下一步的任务就是制定接班具体步骤的时间表，这个时间表包括开始、进行和结束三个步骤。一个清晰的时间表有助于人们安排工作日程，处理企业事务并调整他们对企业新纪元的预期。在许多家族企业中，大量的高级管理职责在正式公布之前就已经由接班人来承担了。更为通常的情况是，上一代领导者按照一个时间表把责任逐步移交给新领导。该过程所花费的时间通常由即将接任和即将离任的领导共同决定。当然，这个过程不可能在一夜之间完成，但是也不能拖太长时间。家族企业所花费的平均时间一般是六个月到一年。

在制定出时间表之后，两代领导者都必须遵守；否则，人们就会怀疑该计划是否会被严肃地对待。例如，人们会怀疑长辈们是否会为了保留其控制力而拖延时间表的实施。长辈们应当有一个自己的退休计划（我们在第十一章中将会更多谈到）；同时，所有关于股权转让的磋商——作为即将发生的领导权力转移过程的一个组成部分——也应接近结束。两代领导者都必须关注不可预见因素（如商业危机）之外的情况所造成的对于时间表的背离。他们还必须警惕由于抵制变革而造成的延误。

即便接班人已为接任作好了充分的准备，公司也应制定一套应对意外的计划，以防接班人由于意外事故或突发疾病而不能接任。接班人的意外死亡事故是罕见的。但是，由于这种事件将对公司造成严重危害，从家族、所有者和管理的角度出发，这种可能性还是应当被考虑进去的。公司应当在如何应对这种突发事件方面作一个全面规划。[6]

关于怎样向家族、企业以及外界传递权力交接这一消息需要经过一番思考。当然，在那些权力转移实际上已经执行了一段时间的公司中，这时候的一个公告只不过是走走形式而已。然而，如果存在数位候选人的竞争，那么，公告就必须富有技巧和策略。公告采取什么样的方式，如何解释决议并使之合法化，以及如何选择公告的时机——包括让不同的人得到消息的时间——都有可能对新领导者权威的确立和接班的成功进行产生促进或阻碍作用。

一些企业所有者选择暗中交接，即不作出任何官方的或公开的公告。这可能是一个错误，因为外界可能会把它看作是决策过程中所产生的一些困难和决策步入歧途的反映。不作任何公告会削弱交接的重要性，甚至会被理解为长辈们并不打算真正退出。显然，这并不是激发接班人自信并树立其信誉和权威的正确方法。

在作出领导者接班公告之前，该决定必须得到董事会和家族领导者的强烈认可，并应通知其余的家族股东。事实上，首先通知股东的用意之一是大家可以共同讨论防止在新闻界出现纰漏的具体办法。其次，高层管理者在继家族成员之后也应尽快被通知到，因为他们的支持对于交接的成功也是至关重要的。高层管理者在传播消息和解释决议的合理性方面扮演着关键角色。

对家族和关键股东的公告通常应包括该接班人产生的原因和产生的方式方面的细节内容。除了需要举出该接班人是最佳人选的证据外，还需要陈述接班人对公司的展望及其规划中的公司发展方向。同时，公告还必须强调公司领导者和董事会对接班人的强烈认可。

公告信息的核心内容应是一致的，但是对于不同的听众，公告还必须作出适当的调整。准备公告的人必须预期每个股东群体的关注焦点，并以一种对他们表示关切的方式来传递信息。例如，对家族的公告需要传递一种自豪感并强调该接班人不仅仅只会关注公司利益，同时也会照顾到家族利益。对财务部门的公告应强调接班人会通过增加新的投资或扩大市场份额的战略来创造股东价值。如果公司的股票可以上市交易，还必须说明该决议对股票价格的潜在影响。对全体候选人的公告必须表达出对公司未来的谨慎考虑，例如公司战略与接班人素质的匹配以及家族价值观与接班人价值观的匹配。对全公司的公告则应传递一种强烈的目标感和热切期待未来的新生感。

领导结构与传统偏离得越远，所需要作出的解释也应该越详细。尤其当涉及组织结构的变革时，员工会想知道那对他们意味着什么，他们以后将向谁汇报，每一个新增加的头衔各有什么含义，以及即将离任的领导的新角色是什么。例如，如果公司即将由第二代家族成员合作领导，领导者就必须考虑团队成员之间将怎样划分职责，哪些人负责制定公司主要决议，以及这些决议将如何被执行。

对范围较广的公众发布信息时需要较少的细节说明。对大型社区发布信息时，应强调接班人的合格性以及他所作的保留前人所留下的遗产、保证不裁员以及一如既往地为当地组织进行慈善捐助等等一系列的承诺。

许多家族企业举行正规的仪式来宣布接班人的甄选结果并进行正式的领导者交接。仪式通常应当包括甄选过程的说明、该接班人是最佳人选的原因的阐述、上一代领导者的离职讲演以及新领导者的就职宣言（包括他们对长辈的感谢、对该家族企业传统和价值观的认同，以及他们对组织未来的展望)。如果公告仪式是经过认真筹备的,它将成为一个绝佳的机会,使得领导者交接合法化并帮助组织中的所有成员理解、适应和接受一个企业新纪元。同时,这也帮助领导者传递一种重要的信息,即他们已经负责地采取行动维护组织的连续性。从组织文化的观点来看,“交接仪式”在象征意义和情感作用两方面所产生的影响不应被低估。

### *接班的善后工作*

不可避免地,公告必然会使一些人感到失望。因此,领导者必须注意缓和其他渴望得到该职位的强有力的候选人(及其家庭)的情绪。这些候选人所作的贡献以及他们对于公司未来发展的重要性必须被认可。同处理政治选举结束时的善后工作一样,领导者必须抚平他们在选举过程中所受到的伤害,并把他们团结起来共同创造新的未来。事实上,这可能需要花费一段时间来重新定位失败的候选人在公司中的角色,为他们提供既保全面子又具有相当挑战性的新机会。

然而,为受挫的候选人提供“安慰奖”要承担损害组织管理效率和治理结构的风险。一些失败的候选人常常被赋予表面上看来似乎拥有较大职责和影响力的头衔,但事实上却远非如此。一些人被列入核心委员会,尽管他们并不具备这样的资格;甚至还有一些人被邀请加入董事会。而在这种情况下,如果他们对新领导者制定的政策持强烈反对意见的话,他们就会成为一种破坏力量。虽然家族企业一贯很重视和平(尤其是当一场接班人竞赛对某些人造成了伤害时),但是,不应为了和平而不惜一切代价。一些失败的候选人离开公司是不可避免的。如果真地发生了这种情况,新领导者和他的领导团队只需要简单地重新部署,并且找一个合适的替代者。

不管选举过程留下何种痛苦,在领导者的交接公告之后,公司内通常会有一场庆祝活动和一种新生感。尤其是当领导者被认为有超人天赋并且非常合格,从而能够领导公司走向更加光明的未来时,这种感觉尤为真切。在这个阶段,每个人都持合作态度,在交接过程中普遍存在的焦虑也开始消散。但是,这种和谐状态并不会持久,组织必然会对新领导者有一番考验。焦虑平静下来之后,接班人一方面要应对一些人要求得到特殊恩惠的请求,另一方面还要遭到对他的政策不满者的攻击。

罗伊·W.门宁格(Roy W. Menninger)博士描述了他在1967年初任门宁格机构总裁时所经历的考验。这是一家位于堪萨斯州托皮卡(Topeka, Kansas)的著名的医疗中心,是国内心理疾病治疗方面的领头羊,也是一家家族企业。罗伊·门宁格的叔叔卡尔·门宁格博士和他的父亲威尔·门宁格博士都是富有权威的、受人尊敬的大人物,而罗伊·门宁格这位几乎没有经过管理者训练的精神病专家却被任命为他们两位的接班人。尽管与他专制的叔叔相比,作为新任总裁的罗伊·门宁格还是很受欢迎,但是他发现,之前的同事不仅仅是对他非常恭敬,而且极不愿意在会议上发言,就像有人在威胁他们不要发言一样。另外还有一堆只知道点头哈腰的奉承者，而实质上他们只是为了从新领导者那里寻求特殊恩惠而已。蜜月期很快就被动荡期所取代了：

> 我很快就成了猜忌的中心和替罪的羔羊，尽管这都是通过一种迂回的途径。我一直以"人品好"闻名，所以公开攻击我是比较困难的。因此，愤怒、恐惧和怀疑便都在暗中爆发了。到处都充斥着背后诽谤、指桑骂槐和对以前亲密同事的无中生有的指责，这种不愉快的气氛让人窒息。当由员工和预算分配之类的事情所引发的激烈竞争在部门之间爆发时，责任通常会被推卸掉。用一句我们的行话来形容，就是过失向上转移。这一切看起来都是我的错，而事实上全部都是他们的错。[7]

在这种情况下，罗伊·门宁格发现，他开始鄙视人们的动机。作为总裁，他开始担心自己能否赶上他那些著名的前辈们所取得的成就。

接班人应被预先警告他们的行为将受到周围人们的质疑，他们的权威也将受到周围人们的考验。如果没有这种警告，他们会将来自于周围的反对理解为对他们的领导缺乏信心或是失败的标志。这种认知将会导致自我怀疑，甚至会因生气而责骂那些批评者。

有争议的问题的出现通常迫使新领导者作出使一些人高兴而使另一些人失望的决定。在一家大型跨国制造企业里发生过这样的事情：当两个家族成员从家族的一个分支的成员中接过领导权的时候，他们的竞选成功得到了整个家族的欢呼称颂，其中甚至包括许多并不参与公司经营的家族所有者。所有的家族成员们在大多数问题上的意见都很一致，直到家族中的一个分支要求变革董事会结构。这一分支的领导者认为，因为他们的成员比别的分支多，所以他们应该在董事会中拥有更多代表。而其他分支则反对说，名额分配必须根据每一分支所拥有的股票数量，而不是根据拥有的人数。

事情已到了紧要关头，作为新领导者，这两位家族成员第一次被迫动用了他们的权力。他们设定了一条红线：董事会是不能被重组的。这个决定激怒了要求变革的分支。不过，紧张局面最终还是消失了，家族中的每位成员都松了口气。

在接受考验的期间，新领导者必须坚定他们的立场，表明其实现目标的决心，并且指出他们所能容忍的底线。这种强有力的反应在新领导者需要对组织作出较大调整并领导公司向新的目标前进时显得尤为重要。有效的领导者不可能始终取悦所有的人。通常发生在蜜月期之后的考验，可被用来评估新领导者是否具备针对不同组织作出艰难决定的能力。心理上而言，这能够使追随者们消除恐惧，并再次确信组织在接班人问题上作出了明智的选择。

家业

# 第十章　一个更系统化的甄选过程

现任领导者任期届满之际，许多正式的和非正式的利益相关者日益清楚地意识到，在即将开始的征途上，他们下的赌注有多高。在家族企业里，甄选继任领导者的机会极为难得（据一项研究表明，此类甄选平均每 20.6 年进行一次）。这种相对的稀缺性就提高了这样一种可能性，即人们视此甄选机会为一生中唯一的一次机遇，它既能拓展个人的职业生涯，又能增加个人收益——这种个人收益是他们通过直接或间接参与企业发展所获得的。[1] 然而，家族企业并不一定会因此而坚定在甄选接班人的过程中采取谨慎态度或严格程序的决心；相反，甄选继任领导者的重要性，往往只会引起成员们更多的不安与紧张，或者加深对严格有序的甄选程序的抗拒心理。

除非企业所有者有一套能对候选人作出评估以及最终甄别的系统程序，否则其个人的臆想和偏好将有可能在临近甄选的关头显现出来。强有力的证据表明，领导者乐于选择与自己具有相同特质的人作为接班人。[2] 如果现任领导者的子女或者近亲也是接班候选人之一，这种可能性就更大了。家族企业对自身的独特性有着具体的界定，例如企业独特的使命和遗产、建立家族企业王朝的雄心、家族的身份特征以及在以前曾取得成功的管理风格等，这些都会使甄选过程变得愈加复杂，并极有可能导致现任领导者在着手甄选接班人的过程中很难注意到组织的客观需求。

接班计划研究领域的权威更倾向于赞同以下的观点：企业接班人的甄选必须以企业未来发展的需求为导向。如果只着眼于当前的需求，企业就极有可能无法应对不断变化的竞争环境的需求。[3] 同所有的动态系统一样，企业也是在持续发展，不断进化的。快速成长型的企业所需要的领导者同多部门组织结构（multidivisional）的成熟型企业所需要的领导者是不一样的。空有想法的企业家最终可能会沦为失败的管理者，亨利·福特、王安以及加拿大的萨姆·斯坦伯格就是最好的例证。同样地，在高度专业化的大企业里，很多成功的管理者也没有能力去胜任企业家的角色。

众多企业所有者认可商学院广泛流传的一种观点，即接受过一般管理课程培训的人就能够成功地领导各种类型的企业。此观点对于家族企业非常危险，因为这类企业通常过于拘泥于传统，而且过分重视企业内部建设，以致他们对外部市场变化反应极其缓慢，而这些市场变化则会对企业的产品和服务的生命力构成极大的威胁。

本章研究企业如何确定高层领导职位的接班候选人，如何评估候选人以及如何作出最后的甄别。首先，我将分析一些使甄选过程和甄选结果都失之偏颇的心理因素和政治因素，例如建立家族企业王朝的雄心就是其中的一个因素。其次，我会介绍影响确定继任领导者人选的那些政治因素和情感因素，以及企业都采取了哪些不同的方法使这些因素所产生的负面影响最小化。此部分讨论的重点是现任领导阶层在考虑接班人的个人能力与企业未来发展需求的基础上所进行的战略性甄选过程的每一个步骤。再次，我将着眼于企业所有者们是如何根据自身的要求去设计组织选拔继任领导者的标准的。同时还会考虑到在一些企业中，他们所需衡量的不仅仅是单个领导者自身的优势和劣势，而需要综合考量高层领导团队中每个人的优势和劣势，并进行很好的匹配。最后，我将要探讨决定候选人中是否包括非家族管理者以及最终的选拔是否会超出候选人的范围之外的首要因素。

基于本章的目的，我将作出如下的假设：一、家族企业中，现任领导者认为领导权力交接是必需的而且是不可避免的；二、家族企业已经有了清晰明确的“共同梦想”，并且能使这个共同梦想与下一代的家族企业形式紧密地联系在一起；三、已经经过正式或非正式的讨论确定了家族内部与非家族的候选人。在以上的假设成立的前提下，组织需要认真考虑的就是如何作出这个艰难的选择——在确定企业性质及发展阶段的前提下，谁才是最佳的接班人。

### 建立家族王朝的雄心遮蔽了正确的判断

家族企业在甄选接班人的时候缺乏严格的甄选程序往往是因为他们把家族遗产看得比企业的发展需求更重要。此类家族企业通常拥有建立家族霸业的雄心——领导者致力于建立一个屹立千秋万代而不倒，并能为子孙后代带来越来越多财富、名望和权力的企业。由此，我们可以推论，正是这种雄心使王安高估了他儿子弗雷德（Fred）的能力，却忽略了对弗雷德的管理经验和领导能力的批评。实际上，据舆论报道的王安对外界批评弗雷德所作出的反应表明，他并没有将这些批评看作是对弗雷德的能力的客观评价，而是把它们理解为对他家庭的攻击。既然连规模如王安电脑公司这样的高度专业化企业在甄选接班人的过程中都缺乏严格的程序，那么中小型家族企业没有认识到这种严格程序的必要性也就不足为奇了。然而，在小型家族企业中，不合格的接班人将对其企业的生存与发展构成更大的威胁。

企业即将面临领导权交接的时候，领导阶层会对甄选过程提出明确的要求。随着时间的推移，人们将从管理高层获得关于企业接班人标准的信息，特别是关于非家族的管理者是否与家族成员中的管理者一样拥有被选举资格的信息。如果一个极具竞争力的非家族管理者被晋升为要职人员，或者其业绩得到普遍的认可，那么其他非家族的管理者就会对进入最高领导层抱有更大的希望。换一个角度看，如果企业内全部或者大部分重要职位均由家族成员担当，那么非家族的高层管理者就会据此推断自己将被排除在接班人的甄选程序之外。如此一来，他们就会考虑跳槽到更有发展前途的组织中去。

一些揭示家族构建家族霸业的雄心的行为很难为我们所理解。当家族在接班人的甄选过程中对在多大程度上从家族的利益出发，在多大程度上从企业的角度考虑，持有一种矛盾的心理的时候，情况更是如此。这种情况是很常见的，例如企业领导者头一天明明还公开赞扬一个非家族的管理者所作出的贡献，使得该管理者对晋升抱有更大的希望，却在第二天就对他进行毫无根据的批评（或者对一个家族继承人极力褒扬，而此继承人与该管理者是同一职位的竞争对手），这样又使该管理者晋升的希望破灭了。

在企业中，甄选过程越是不透明，人们越是会认定甄选结果最终是由血缘关系所决定，而不是由个人的商业敏锐度与绩效所决定。同样的道理，在家族内部，甄选过程透明度越低，家族成员越会认为类似父母偏爱或是兄弟排行这样的因素会主导甄选结果。

我们可以以一个两端迥异的连续体来度量家族关于构建家族霸业的雄心。在这个连续体一端的情况是，企业家族深信他们的领导才能和商业天赋是与生俱来的。家族在过去涌现出一批英雄式的领导人才，在未来同样也将是人才辈出的，这种观念来自于他们认为自己的家族与众不同、坚不可摧这样一种自恋心理。考虑到这样一种信仰体系，一个这样的家族企业在面临权力交接的时候如果连一个合格的家族继承人都没有的话，家族成员们将会感到极为尴尬，颜面无存。

另一端的情况是，家族企业并不固守接班人必须是家族继承人这样一种观念。事实上，在这类企业中，建立家族霸业的雄心与关注自信和个人成就这些深层的价值观念是背道而驰的。他们将企业创建者的丰功伟绩归功于多种因素的综合，其中包括个人天赋、恒心、外部环境以及个人的运气，而同时具备这多种因素的状况是不可能再次降临到子孙后代身上的。他们还认为，任人唯亲对企业的长远发展及生存都会构成威胁。因此，这类企业并不鼓励甚至是明文禁止年轻的家族成员进入高级管理层。

跟王安不一样，数字设备公司(Digital Equipment Corporation)的创建人肯·奥尔森(Ken Olsen)则深信 DEC 是他自己的企业，而不是家族的。我们从 DEC 发展历程的记载中可以看到这样的事实——虽然奥尔森的兄弟斯坦(Stan)在 DEC 工作多年，但是事实上奥尔森从未鼓励过斯坦在 DEC 发展自己的事业。相反，在斯坦离任后，奥尔森还鼓励他不再插手企业的事务。此外，肯·奥尔森再也没有聘请其他家族成员加入企业。[4]

在沿用非家族式管理模式的家族企业中，前文提过的金宝汤公司的多兰斯家族就是一个最好的例子。而为欧洲业界所熟知的则是西班牙的罗卡·瑞德多勒(Roca Radiodore)家族，它创办了一家专门制造卫浴设备的跨国企业，已历经了四代。随着其家族越来越庞大，担任企业管理者的家族长者推行了一项政策，规定此后企业管理层将不再吸纳家族成员。尽管如此，罗卡家族中还有大约60个企业股东，他们依旧活跃于企业的各大活动中，并且积极推进家族的价值观念和家族传统从而使之形成统一的企业文化。

如果接班人的甄选过程极大地受到了建立家族霸业的雄心的影响，那么家族成员围绕甄选作出的各种明争暗斗也可看作是对甄选过程是否合理的一种检验。领导权力更迭之际，利益相关者都会密切注意着局势的发展。当接班人的甄选活动明确展开以后，一部分利益相关者还会提出他们自己的议程和候选人名单。

一个历经了四代的家族企业能够很好地说明政治以及情感因素是如何在权力交接的最后关头发挥作用的。73岁的总裁兼CEO在任27年后，终于开始认真考虑退休的问题。在广泛征集意见的过程中，他愈发意识到由他即将到来的离任而引发的复杂的权力争斗很可能会令拥有数十亿资产的企业陷入极大的危机中。在与管理层中的家族成员的会谈中，他认识到一场紧张的争斗在他儿子和另外两个家族成员之间展开了，那两个家族成员觉得他们分支的股权在不断扩大，因此企业的领导权应该转移到他们的分支之中。而他与非家族的高层管理者讨论的结果是，企业最优的发展道路也许就是把经营管理的职能移交给家族外的专业人士。对于不参与企业实际运作的家族股东来说，接班人的甄选是他们取得在董事会中有积极影响力的股东席位的唯一良机。他们的安排很明显，那就是为更公平的股息分配方针寻求支持，并予以本家族分支的成员更多往高管层晋升的机会。由于对公司各分支为利益而展开的政治争斗感到无比困惑与失望，这位总裁最后决定暂时搁置接班人甄选的计划。

如果继任领导者的最终人选问题只能留待利益的冲突和人身攻击来解决，这时往往无法就最终人选作出选择——直至现任领导者逝世，否则人选问题将一直被搁置。即便作出选择，那也将是一个糟糕至极的决定。严格的甄选程序的阙如将导致这样的结果：一个家族成员在毫无准备而且可能是个人积极性不高的情况下，或者其见识和经验跟组织未来发展的需求和战略不相匹配的情况下成为了新一代的企业领导者。

### *确定企业所需的领导才能*

对企业接班人的选择必须建立在对企业未来发展需求和竞争形势的客观评估上。第一步是要设计一份用于现任领导集团既不控制企业所有权也不控制企业管理时的战略大纲。第二步是在战略大纲的指导下得出所需的领导能力的具体指标。此阶段最关键的问题是：领导者到底应具备什么样的能力和资格才能对组织未来可能出现的机遇与挑战作出利于企业发展的反应呢？

为了设计好战略大纲，企业必须密切监控经济环境与竞争态势的变化。现任领导者就可以据此起草一份关于理想的接班人或接班团队的任职资格说明书。该说明书中必须对最重要的核心能力作具体描述，其中包括领导能力、个人对行业与企业发展的认识、计划能力与沟通技巧等。说明书还必须考虑到企业具体的情况和战略方向这些因素。例如，如果企业打算大幅度缩减规模，这时所选择的这个接班人必须展示出在必要的时候能够作出果断抉择的决心和魄力以帮助企业健康成长。在这种情况下，那些强烈渴望赢得众人爱戴的接班人——就像很多希望自己与严厉的父母不同的人那样——将不是最佳的人选。如果一个企业因为污染环境而遭到政府和舆论的抨击，在这种情况下，就要求领导者具有丰富的公共关系阅历和圆滑的政治手腕，并且善于与政府部门进行谈判。而企业计划研发新产品或者新服务项目时，领导者勇于进取的胆量和精神则成为首位的资格要素。

起草任职资格说明书可能会使企业的接班任务复杂化。例如，部门众多的大型企业有一系列不同的产品，面临不同的市场环境，由此我们可以推论：拥有多个市场、多种产品的企业对领导者能力的需求必然也是多元的，而一个人是不可能兼备这种多方位的管理技能的。在这种情况下，企业会考虑组建一支领导团队，其成员各自满足企业不同的能力与资格要求。

贾斯汀（Gerstein）和赖斯曼（Reisman）提出了一个用于企业战略性甄选的有效方法。尽管他们的理论框架最初是服务于非家族企业的，但是其逻辑基础同样适用于家族企业。表 10－1 概括了企业发展的七个阶段以及在不同阶段下应采取的战略。每种战略的选择都伴随以一系列与其相关的标志性事件或挑战的出现。例如，企业初创期的一般特征是高金融风险和无止境的工作负荷；而企业的剥离清算期总是与不利的竞争形势、员工士气问题以及技术落后等相对应。

表 10－1　各种战略环境的特点

| 战略环境 | 主要特点 |
| --- | --- |
| 1. 初创阶段 | ●高金融风险<br>●管理团队的凝聚力低<br>●缺乏合理的组织、系统或程序<br>●无限大的工作负荷：企业有大量需要优先考虑解决的事情<br>●资源稀缺，难以满足所有的需求<br>●与供应商、客户以及外部环境的关联程度低 |
| 2. 成长阶段 | ●希望迅速产生“效果”所带来的时间压力：需要作出快速的评估及决策<br>●经营效果不佳，但是企业仍有其生存的价值<br>●在竞争中处于劣势<br>●员工士气低落：相互尊重程度与凝聚力低<br>●不合理的体制：薄弱的或官僚式的基层组织<br>●与供应商、客户及外部环境关系紧张<br>●缺乏合适的领导者：此阶段一般忽视领导的重要性<br>●有限的资源：技术短缺；企业内存在一部分不称职的员工 |

(续表 10-1)

| | |
|---|---|
| 3.获取利润及合理化阶段 | ●金融风险处于可控制的范围内<br>●长期处于不具有吸引力的行业:有选择地进行投资,但是有些新投资可能是不值得追加的<br>●组织内部发展稳定<br>●较高的管理能力和技术能力<br>●合理的体制与行政结构<br>●与供应商、客户及外部环境的关系良好 |
| 4.高速发展阶段 | ●中高程度的金融风险<br>●新市场、新产品、新技术<br>●多种发展要求;多种相冲突的事件需优先考虑解决<br>●组织某些部门迅速成长、扩张<br>●管理/技术/资金资源不足以满足企业各方面的需求<br>●组织各部门发展不平衡<br>●在从事目前的工作与建立体制支持未来发展两者之间转换 |
| 5.战略重组阶段 | ●中低程度的短期风险;高度的长期风险<br>●抗拒变革:一些部门官僚主义过重<br>●与因调整战略而产生的需求相关的人员、技术和能力组合之间高度的不匹配性<br>●可能缺乏事前的战略规划;在执行团队中具有较高的操作导向 |
| 6. 清算与剥离低绩效业务阶段 | ●处于不利的竞争位置或无竞争力的行业;或者兼具两个不利因素<br>●低回报的状况可能会持续<br>●很可能存在士气问题和技术短缺的问题<br>●由于没有令人满意的回报而几乎不会进行转型或者改组<br>●需要减少损失并作出艰难的决策 |

（续表 10－1）

| | |
|---|---|
| 7. 整合并购阶段 | ●可以将并购归入以上任意一个阶段<br>●由于对变革持矛盾心理或者防御心态而给管理带来了新的压力<br>●存在着对并购的企业在某些层面上与母公司进行整合的基本要求 |

表 10－2　各种战略环境所需的领导特质

| 战略环境 | 主要工作要点 | 理想候选人的独特特征 |
|---|---|---|
| 1. 创业阶段 | ●为企业设立愿景<br>●建立核心技术和专业营销队伍<br>●构建管理团队 | ●构想企业愿景<br>●以行动为导向："实干家"<br>●关键技术领域的深层次知识<br>●组织能力<br>●安置员工能力<br>●团队建设能力<br>●个人魅力：感召力<br>●所有关键职责领域的广博的知识 |
| 2. 成长阶段 | ●快速、准确的问题诊断<br>●关注短期并最终关注长期问题 | ●以"负责"为导向：强势领导<br>●很强的分析和诊断技能，特别在财务方面<br>●出色的企业战略家<br>●精力充沛<br>●风险承担者<br>●能有效地应对压力<br>●良好的危机管理技能<br>●优秀的谈判家 |
| 3. 获取利润及合理化阶段 | ●高效<br>●稳定<br>●连续<br>●敏锐地感知变化的信号 | ●学识渊博："内行人士"<br>●对变化敏感："耳听八方"<br>●预见问题："问题发现者"<br>●管理技能高<br>●"系统"导向<br>●强"关系"导向<br>●认识到管理连续性和发展的需求<br>●以生产最多为导向：更追求高效而不是增长 |

（续表10－2）

| | | |
|---|---|---|
| 4.高速发展阶段 | ●关键部门的市场占有率上升<br>●对快速变化的管理<br>●建立长期的健康而清晰的未来愿景 | ●卓越的战略规划和财务规划能力<br>●对未来有一个清晰的愿景<br>●能够平衡轻重缓急，例如稳定和增长<br>●组织和团队建设能力<br>●良好的危机管理技能<br>●中高风险承担者<br>●精力充沛<br>●优秀的人员配置技能 |
| 5.战略重组阶段 | ●在涉足的有限的商业领域中讲求效能<br>●管理变革<br>●支持"剥离" | ●善于推行变革的优秀政客或管理者<br>●优秀的说客：强"人际影响力"<br>●中度风险承担者<br>●对人高度支持和敏感："并非莽撞闯祸的人"<br>●优秀的"系统思想家"：深谙复杂系统的运作<br>●良好的组织和人员配置的行政能力 |
| 6.清算与剥离低绩效业务阶段 | ●降低损失<br>●制定强硬决策<br>●对企业最优处置 | ●"冷酷无情"：性情坚定——愿意做一个坏人<br>●细致分析成本和收益——不简单接受现状<br>●风险承担者<br>●不寻求荣耀：愿意从事条件恶劣的工作；不追求个人魅力<br>●要求被尊敬，而没必要被喜欢 |
| 7.整合并购阶段 | ●组织整合<br>●建立信息和控制资源 | ●分析能力<br>●关系构建技能<br>●人际影响力<br>●良好的沟通能力<br>●个人魅力——建立"即时可信度"的基础 |

表10－2有效地概括了贾斯汀和赖斯曼提出的七种战略环境下一些主要的工作要点和领导能力的特征。

当然，某企业所处的情况与表中所列的某个阶段的各个特征完全相符几乎是不可能的。事实上，大型家族企业按照控股公司的形式进行架构，其各个子公司有各自的战略，而各个不同的战略都可以归入上述的某一类中。在这种企业里，甄选程序的确定必须充分考虑到给定系统所面临的战略环境的多样性以及不同战略环境对领导者的具体要求。

### *确定理想的资格要求*

企业所有者有时候并不能很容易就确定战略性甄选的关键因素。此时，有很多方法可以帮助解决这个问题。其中一种是"头脑风暴法"。高层管理者根据企业战略预测未来可能遇到的挑战，然后列举出一系列的形容词用以描述能够应对这些挑战的领导者应具备的素质。另一个方法是设计一系列实践性的问题，围绕这些问题展开讨论，得出企业未来发展对领导者能力的要求。[5]（这种方法对小型家族企业的接班人甄选和不熟悉战略性甄选的企业来说尤为重要。）问题包括：

- 未来六个月里，在家族、所有权结构、企业这三方面，领导者将会面临哪些战略性的挑战呢？未来一年呢？未来两年或三年呢？
- 在头三个月你如何判断你的决策是否会获得成功呢？哪些是判断的关键指标？
- 继任领导者需要跟哪些人或者说哪些角色的人保持

着互动的联系？每一个甄选继任者的权威人士都想从该领导者身上得到些什么呢？领导者可能会遇到一些什么样的矛盾冲突？

- 从各个主要的利益相关者（例如家族成员、股东、高层管理者、董事、客户、供应商、金融组织）的角度看，领导者应该具备哪些行为特征、态度和技能？
- 领导者的日常工作和职责是什么？拥有何种特殊的技能会提升自身的价值？哪些技能是最关键的？
- 领导者拥有什么样的技能和经验能使工作完成得更出色呢？
- 领导者每日、每周、每月、每年的代表性工作是什么？
- 描述一个理想的领导候选人的关键词有哪些？请用形容词表述出来。
- 如果让你从以上的关键词里挑选五个来概括领导者所应具备的基本资格，请问是哪五个呢？

### 确定组织的发展需要

虽然对于任何组织来说，构建未来的企业战略对于接班人的甄选是必不可少的，但是这对家族企业来说还不够。必须对接班人将面对的企业未来的所有权结构以及家族内部情况给予足够的重视。“三环”模型（描述企业、所有权结构以及家族三者的重叠）对于确定组织未来发展的战略是很有用的。[6] 正如我们所看到的，这个模型的基本前提是，在家族企业中，存在一个系统的三方相互依存性，而这三方就是上面所说的企业、所有权结构和家族。

负责甄选接班人的权威人士必须一直对其长远的家族经营模式进行斟酌。本人提出了一个跟贾斯汀和赖斯曼相似的理论框架，该论断与企业家族内部及所有权结构的需求相适应。表 10-3 概括了在三种基本的家族经营模式下理想的接班人的一些特质。

其他一些学者指出，家族企业里的所有者的资产计划、企业战略计划以及接班人甄选计划是具有内在的相互依赖性的。除非这三个计划都能够得到很好的制定，[7] 否则很难预期领导权交接会造成哪些资源需求方面的冲突。不动产税、重新进行企业战略定位以及对退休人员的养老支出，这些费用支出经常会超出企业的实际支付能力。除非潜在的财政紧张问题能得以解决，否则将难以想象接班人最后会面对一个怎样的局面。例如，所有可以运用的财政资源都得用于不动产税的支付，那么接班人凭什么使家族企业的发展获得新生呢？

无论是什么行业，领导权转移越不及时，就越难预测会有什么事情发生。最好的情况是，企业的战略计划已付诸实行，那么当领导权交接来临之际，通过战略计划的实行就能在此中得到大量可利用的信息，这些信息是关于在可预见的未来企业可能遇到的战略性挑战与机遇的。预测的时间跨度越大，以下的工作就越显得重要，即制定几个合理的战略大纲并且由不同的战略大纲确定对其领导者的要求。

表 10－3　不同的家族企业经营模式下对接班人特质的不同要求

| 未来家族经营模式的类型 | 理想的接班人的特质要求 |
| --- | --- |
| 所有者控制制 | ●优秀的企业家头脑和领导才能<br>●清晰的愿景和对个人梦想的追求<br>●对于独立领导得心应手<br>●对企业有深刻的理解<br>●勇于承担责任<br>●有统领家族成员的能力<br>●与前任领导者有着本质的区别<br>●喜欢成为受人瞩目的焦点<br>●拥有超凡的个人魅力 |
| 兄弟合作制 | ●同胞血缘关系紧密<br>●优秀的团队领导能力<br>●清晰的愿景和对共同梦想的追求<br>●能在团队中工作并且能使团队中的其他成员显露出其最优秀的一面<br>●良好的沟通能力<br>●良好的冲突管理能力<br>●拥有广阔的胸襟——能与人共享荣誉<br>●能以平和的心态对待集体所获得的报偿<br>●乐意并且有能力去指导领导团队中的后进者<br>●具有耐心和幽默感 |
| 家族合作制 | ●清晰的愿景和对共同梦想的追求<br>●良好的沟通能力<br>●拥有对非家族的优秀管理者团队的领导能力<br>●在整个大家族中拥有很高的威信<br>●能很好地协调和管理股东之间复杂的关系<br>●能充分考虑到不参与企业管理的家族股东的需求<br>●发展完善其复杂的行政管理体制（董事会及家族委员会）以及在这种复杂的体制下工作的能力 |

## 选择非家族CEO

确定企业的组织需要和战略需要以后，现任领导者还需作出两个关键的选择。接班人的甄选是只有家族成员才有候选资格,还是对非家族的优秀管理者也给予考虑呢?假如候选人中也包括非家族的管理者,那么他们是必须来自本企业,还是对企业外部的人员也给予参选的资格呢?

很多企业会选择企业内部的非家族人员或者企业外部人员担任企业的CEO,他们以此作为一种企业过渡的手段,直到家族的接班人成长起来并有足够的能力对企业进行领导。大型商贸企业嘉吉就是这样一个例子。嘉吉是一个历史悠久的家族企业,它由非家族人员担任企业总裁,同时对家族内年青一代进行培养从而为日后的接班作准备。其他一些企业则根据企业规定把家族成员完全阻隔于管理层之外。持这种观点的学派指出,任用非家族成员作为企业管理者,是防止某些家族内部问题破坏企业正常经营发展的唯一方法。

随着领导权交接的时间日益逼近,围绕着权力交接的一场政治争斗也将愈演愈烈。为了避免这种争斗的发生,企业急于从企业外部寻找一位新的领导者,而这种压力将随时间的逼近而逐渐增大。虽然家族成员已经被排除在管理层外,但是却不能完全阻隔家族内部的政治理念和家族力量对企业发展的影响。正是由于存在着这样的矛盾,它很容易会演化升级到管理层面上——例如董事会内部的意见分歧——在管理的层面上,不同的家族分支会因各自所代表的利益集团而就企业的战略和政策而争吵不休。我们所熟知的上市公司金宝汤公司就陷于这种局面——非管理层的家族股东们的内部分歧与争斗使公司深受其害。

家族企业从外部招聘 CEO 的另一个原因是，他们预期要对企业战略方向作重大改变或者是要对企业进行重组改革，而他们认为只有从外部招聘的领导者才能胜任。这种观点的逻辑基于美国企业广泛信奉的一种信条，即企业内部人员深受组织及企业文化的束缚，因而不能大刀阔斧地推行彻底的变革。对于家族企业来说，为了对企业进行重大的变革，企业会思考对其独特的企业文化进行多大程度的更新，会思考变革过程对“新鲜血液”和新理念的需求程度，在这些思考的基础上企业将会作出从外部招聘领导者的决定。但是，仅仅基于对战略发展需求的考虑而招聘外部人员，这对家族企业来说是有一定风险的。虽然从外部招聘企业的领导者可以避免家族内部政治观点直接介入企业的发展，但这种做法很可能会导致新领导者与某些家族成员之间产生一种对抗心理。为了消除家族内成员对权力的渴望，许多家族选择聘请家族外的管理者，从而将企业从家族成员争权夺利的斗争中解救出来。

有这样一个案例。欧洲一家跨国企业的所有者们对他们所面对的很多具争议性的问题难以作出决策，例如对大批老员工的解雇问题。于是，他们就从外部招聘了一个强硬派的领导者来替他们做那些“肮脏”的事情。这个领导者曾就职于大型的非家族企业，有着丰富的经验，深谙政治权术。然而，在清除了所有阻碍企业发展的难题后，这个新上任的 CEO 就将他的权术计谋全部用在了对付这个家族上。新领导者在三个拥有公司所有权的家族分支中挑拨离间，从中坐收渔翁之利，以建立起自己的权力基础。

毫无疑问，这样的新领导者认为自己的做法是利于企业的发展的。确实，他的做法是基于在非家族企业中长期担任职业经理人的丰富的经验。但他并没有认识到，制造家族内部摩擦实际上会危害企业发展的长期稳定性。他也最终因此而被解雇了。之后，这个家族重新聘请一位 CEO，除了同样具备作为一个职业经理人的能力之外，这位新的 CEO 无论在人格特质还是专业资格上都与上一位表现出极大的不同。

很多企业所有者由于从企业外部招聘了一位领导者而得不偿失，原因是新领导者并不关注企业所有者所关注的问题，而且对家族为企业发展所作出的贡献不屑一顾。曾经有一个家族企业为了进行战略方向调整而外聘了一位新 CEO，这位 CEO 实际上在尝试对企业进行一场彻底的整肃运动，其不仅仅要清除家族对企业的影响，还企图颠覆企业原有的宗旨和传统。他取消了所有用于家族发展计划的企业基金。而且，他坚持要把家族办公室撤离出企业的总部。而作为企业传统的一项活动，每年在家族宅第内举行的企业聚餐活动也被取消了。此外，他也不再邀请家族成员中的管理者参加企业集会或庆典并为之发言了。对于这样的一场变革，并非只有家族成员持否定态度。非家族的高层管理者也会担心，他们害怕新领导者会把企业变成一个高度集权，失去家族文化精髓和价值观的官僚机构。

为了避免以上情况的发生，家族企业的外聘CEO必须关注家族对企业发展的要求，必须能在家族的企业文化下开展工作。选择从外部招聘CEO的家族在要求人选具备专业资格的同时，还必须要求他认同家族确立的价值观、期望以及企业发展的目标。外聘CEO应该意识到，他们应对家族股东负责，他们不可以忽略股东们的意见与要求。事实上，CEO的部分职责就是帮助家族构建企业未来的“共同梦想”并且竭尽所能使之实现。外聘CEO的议事日程应服从于家族所需。他们必须愿意并且有能力去指导企业所有者的后代的能力培养和发展。他们要定期和主要的家族股东会晤，就企业重大事件进行商讨并且要取得股东对其重大决定的支持与认可。被家族选中的CEO应该能游刃有余地平衡好企业内部的微妙关系。与管理团队共同工作的过程中，外聘CEO必须代表着家族企业所有者的利益和选择。与此同时，在面对家族股东的时候，他们必须从公司立场出发支持他们的管理者，从专业的角度发表观点，维持高标准。如果他们发现家族的行为危害到企业的总体发展，那么在必要的时候，他们还必须与家族进行抗争以保证企业的健康发展。最后，在分配资源的问题上，他们应尊重家族的财政预算。外聘CEO也应该认可家族企业的优势，而且要使企业的发展重心聚焦于长期发展目标而非短期的获利机会。

### 团队领导的标准

在探索组织未来需求的过程中，即使是所有者控制制企业,也不应把理想的领导角色看成是一个孤立的个体。领导的实力总是取决于他(或她)周围的人的能力,有效的管理也依赖于高层领导团队中不同能力的配置。因此,我们应该更多地考虑能够管理未来战略挑战的领导技巧和能力,并考虑如何在共同负担领导责任的团队成员中分配这些能力。

大型多元化的家族企业选择接班人时,团队领导的理念就变得尤为关键。这些公司在甄选过程中面临的一个难题是,如何组建一支领导团队并使这个团队拥有全部所需的技能和经验。考虑将权力移交给一群而不是一个领导者能够适当提高解决甄选困境的可能性。科宁有限公司(Corning Inc.)就为我们提供了一个有趣的例子。这家发明了光缆的专业玻璃公司成立于1851年,一直由霍顿(Houghton)家族控制。霍顿家族已经先后有五代人积极参与公司管理,而且他们强烈感到合适的家族管理对公司是十分有益的。因为他们持有长期投资的观点,使公司能够在研发上进行大量的投资(比其他同规模企业平均投资水平的两倍还多)。然而,最近65年来,公司却总是为保持家族成员与非家族成员在最高管理层的平衡而疲于奔命。

从1930年开始,该公司只有董事长和总裁两个最高头衔,霍顿家族成员担任一职而非家族成员担任另一职。1971年,当阿默·霍顿(Amo Houghton)开始考虑他的接班人时,公司采用了团队领导模式,增设了两个副董事长。同时,力量的权衡也是稳定的,即两个霍顿家族成员和两个非家族成员。这种团队模式直到十年后威廉·H. 阿米斯特德(William H. Armistead,其中一个非家族成员经理人)退休才发生变化。两年后詹姆斯·R. 霍顿(James R. Houghton)继任,他的新团队共六个成员,但只有一个霍顿家族成员。[8]

摩托罗拉有限公司也是发展团队领导模式的优秀公司的另一个代表。公司的团队领导由家族和非家族管理人员组成。罗伯特·高尔文(Robert Galvin)反对只有一个首席执行官的观点,而偏好一个由三人组成的首席执行官办公室(chief executive office)。共有领导权的思想反映在整个组织中,它为管理的发展提供了机遇同时也防止了领导权的不连续性。因此,当公司首席执行官办公室中的一个关键人物乔治·费希尔(George Fisher)离开摩托罗拉成为柯达的 CEO 时,公司并没有因为他的离去遭受混乱。54 岁的加里·图克(Gary Tooker)和 43 岁的克里斯托弗·高尔文(Christopher Galvin)轻松地接手了他的职责。

当出于战略考虑要求平衡不同家族分支的股东之间的力量时,团队领导的观点同样适用。在这些情况下,团队的构成必须使非家族的高管和来自家族不同分支的优秀的高管之间达到一种最优配置。

以一家大型的欧洲公司为例,领导团队由一个非家族成员的高管和三个来自不同分支的家族成员组成。这个非家族的高管在和三个家族成员共事的十多年中,赢得了他们极大的尊重,并扮演一个导师和团队促进者的角色。与此同时,这三个家族成员能力卓越,而且为未来的挑战作了充分周密的准备。其中一个是构思新产品的创造性天才——他已经推出了三个具有高度革命性的产品;另一个已经为公司发展了国际销售网络以有效地应对与该行业巨头的竞争;第三个是个极具远见的战略家,他能清楚阐释组织的发展方向并且能激发雇员全力以赴的热情。上一任的领导者们将发展和甄选出这支领导团队视为他们最伟大的成就。

### 收集候选人的资料

心理学界有一句格言,过去的行为是未来行为的最佳预测者。甄选过程的下一步是收集各个接班候选人的资料并评估他们的绩效,这里有许多方法。对候选人在职业生涯中的不同职位上的绩效进行历史性回顾是一个不错的方法。当然,如果一些中小型家族企业几乎没有保存可信的绩效记录,这会是一项困难而令人沮丧的任务。这些企业缺少能够有效地收集资料的人力资源管理人员,而且重新找回的信息也总是支离破碎或者不具有可信度。

当历史资料缺乏的时候,对候选人进行深入的访谈时常能得到有价值的信息。这种方法对于我们评价候选人在陈述他们作为领导者和管理者的成功与失败之处的客观程度是非常有效的。这些年,我认识了很多经验丰富的家族企业所有者,他们都仿效过雷金纳德·琼斯(Reginald Jones)在任通用电气董事长兼CEO时发明的接班人甄选方法。在他建立这一方法的时候,通用公司有七个非常有能力的接班候选人。琼斯要从中选出最好的三个组成高管团队,同时选出一个全队的统领。他运用了下面的方法系统地收集了资料并最终选择了他的接班人杰克·韦尔奇和其他团队成员：

在事先未对外声明的情况下，他和其他七位候选人分别进行了秘密会面。他提出了下面的两难选择："我们两人乘坐的飞机坠毁，我们都不能生还。你认为谁应该是下任CEO?"琼斯说，这一问题"让他们真地吓了一跳"。令人吃惊的是，从每个人对其他人数小时的评价中，大家感到了整个团队的融洽关系。相同的对话也发生在其他将要退休的高管之间，由于这些人没有切身的利益关系，"我能开诚布公地和他们交流"。而且，"对所有人都非常熟悉"的最高副执行总裁提供了信息。所有这些信息都与管理开发和薪酬委员会交流共享。

三个月后，另一场对话在各位候选人之间展开。不过这次他们事先得到通知，并且有了准备，他们来的时候都带了"一捆又一捆的资料"。然而这一次琼斯告诉他们："我不作决定而让你作，现在你将选择谁？还有哪些人能进入公司最高管理层?"最优秀的三人就是根据对最后决定起重要作用的对话资料选出的。在参加了所有的董事会议并与公司最高管理层共事了14个月之后，韦尔奇被选为团队的领导。琼斯选择的特定标准包括：1）选择一个与他类型不同的人；2）考虑他的接班人未来面临的环境要求。[9]

琼斯十分关注接班候选人让领导团队有效运作的能力，这也是他的甄选方法中最具创新精神之处。在家族企业这种特殊的环境下谨慎地运用这种方法，将十分有助于在家族成员中建立团队。

考虑这样一种情况，企业所有者承诺将企业交给他的三个儿子。儿子们都十分刻苦努力且忠诚于企业的未来，但最小的儿子一直表现出超过其两个哥哥的领导才能。儿子们关系紧密且团结合作。虽然父亲已经感觉到两个年长的儿子默认了小儿子的领导能力，但他仍担心如果他武断地将CEO的职位交给小儿子，另外两个会将这一决定理解为偏爱并憎恶它。另一方面，虽然他愿意尝试实行兄弟合作制，也已经将他的股份平均地分配给三个儿子，他仍然感觉三个中最有能力的应该正式成为公司的最高领导者。

经过一番自我反省，父亲采用了琼斯的飞机问题谈话方式。当他与两个年长的儿子谈话时，他惊奇地发现他们对小儿子的领导能力心服口服。谈话讨论了他们每个人未来的领导角色，而哥哥们主动提名小弟弟为企业的 CEO 也让父亲感到欣慰。通过这一方式，平等的兄弟合作关系变为"魁首制"。年长的兄弟们参与甄选过程也使小儿子的领导地位和权威合法化。

另一个评估候选人绩效和能力的方法是，通过结构化调查问卷访问在各种职务和项目中与候选人共事过的上司、同事、下属。在一些家族企业，组织的成员可能不敢与最高领导者坦率地讨论未来的接班人这一话题。在这些情况下，一些企业所有者常常向外部寻求帮助，以一些对公司未来有重要影响的因素为标准，对高层管理者采用匿名式调查来评价候选人。一些公司与外面的公司签订收集候选人资料的合同。另一些公司将他们的年轻经理送到评估中心，运用行为手段工具和各种情景测试来评价他们的领导技能。借助外部力量的缺陷在于这些公司往往采用相当标准化的领导能力标准，而这并不一定能反映特定组织的特殊需求。

这些方法并不是相互排斥的。实际上，社会科学领域认为，运用多种方法综合收集资料比单独运用任何一种方法可靠得多。无论运用哪种方法，收集候选人的绩效记录的过程才是甄选程序的关键，这样才能对他们进行比较且能和公司对领导能力的要求相匹配。如果只保存少量的记录，现任领导者只好通过其他的方法检验。为了减少最后抉择中主观判断的影响，他们必须在权力交接前的剩余时间内收集足够多的有关候选人的数据。

### 通过与理想接班人比较来衡量候选人

假设高层领导者已经汇集了每个候选人的绩效记录。下一步就是运用这些数据详细描述每个候选人的优势和劣势，判断其是否与理想接班人的一系列标准相匹配。这样能使长辈和年轻人识别每个候选人的优势和劣势，以便能在日后的训练或经验中纠正。也可能为每个候选人拟定发展计划或课程，详细说明个人发展机会，提高候选人处理公司关键事务的技能。

但是，如果企业已经没有多少时间，或企业面临必须马上任命一个新领导者的压力而所有可能的接班人还需要更多经验或培训，该怎么办？如果视野内没有合格的接班人，企业唯一的选择就是从外部搜寻一个首席执行官作为过渡的领导者工作一段时间，直到年轻的候选人能够完全胜任领导者的职务。

实际上有一种情况，企业无论内部是否有合适的接班人都先到外部搜寻。一方面，与外部候选人的接触通常能帮助企业明确其需要的领导才能；另一方面，这种搜寻能为企业提供诸如领导技能和企业应付报酬等方面的市场基准。在甄选过程的最后一个阶段，外部搜寻使高层领导者能够与理想的关键素质相对照，全面审视候选人的领导才能。

### 纵览甄选过程

图 10－1 描述了我对甄选过程各种要素的综合。虽然图表将其划分为几个非连续的阶段，我们应该认为这是一个连续进行的过程。在这里，负责甄选接班人的权威人士（不同企业将各有不同）必须持续不断地预期企业需要的领导能力，评价候选人符合这些能力的资格并为他们提供学习必需的技能和能力的机会。

图 10－1 是基于一些公司的经验，这些公司都曾经有效执行过甄选过程的一个或几个阶段；很少有公司能很好地掌控每个阶段。当然，如何运用这一过程，取决于每家公司可利用的人员和环境。而且，这个过程的各个阶段也不必然以一种线性的关系排列。过程是动态的，某些阶段可以同时进行而有些可以进行“反馈循环”。比如在识别领导能力要求之

图 10－1　接班人的甄选过程

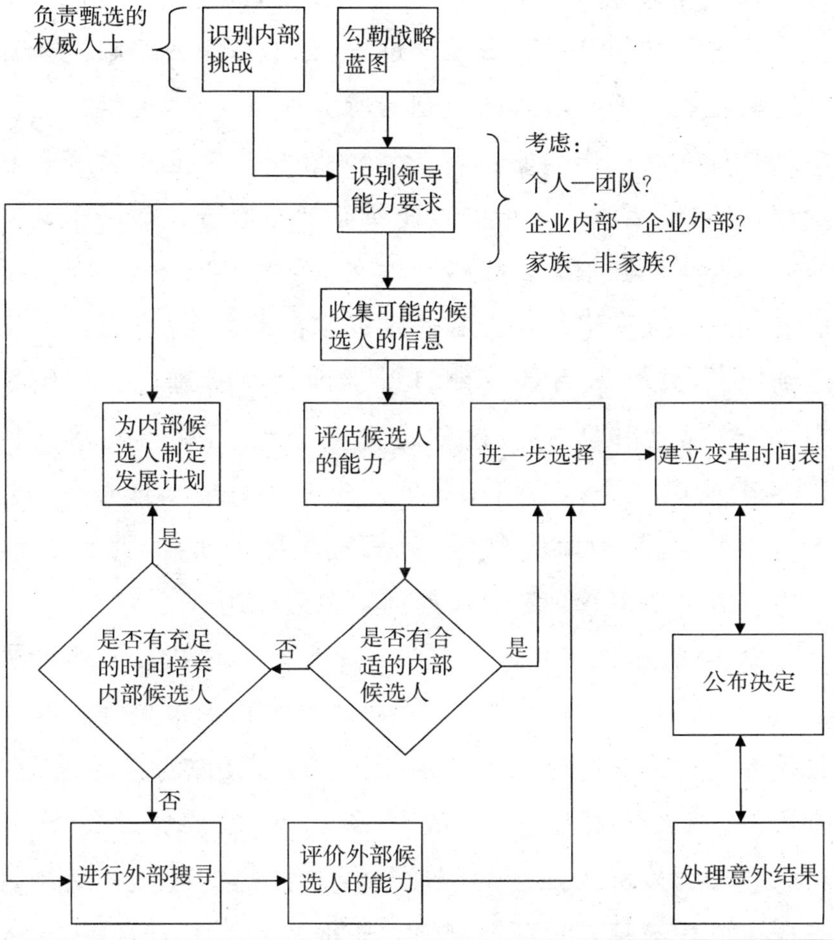


后，企业便收集内部候选人的信息，但是它也可以同时开始进行外部搜寻获得标杆数据并评估公司可能获得的外部人才。在评价内部候选人之后，某些人可能被确定为合适的接班人，这样就缩小了选择的范围并有助于作出最终的决定。如果领导者认为在候选人群中没有合适的，他们必须判断是否有足够的时间去培养内部候选人。如果时间紧迫，他们就可以着手外部搜寻。

我主张必须经过这么一个过程，并不是说战略甄选能提供解决企业未来所遇到的问题的所有答案，或者能准确地选出最有资格的人作为它的领导。预测未来总是充满着不确定性，必须谨慎对待。某些企业所有者不愿进行战略甄选并非完全没有理性基础。战略管理文献认为，组织领导者对他们的企业环境和组织自身有一定的掌控能力，这种看法经常遭到抨击，并被认为是一种幻想。[10]即使在最理想化的组织中，战略规划和实施的过程也总是杂乱无章。就像沃德(Ward)所说："企业战略选择实际上是——也永远是——艺术多于科学。"[11]对家族企业战略甄选领导人而言，更是如此，因为有许许多多管理和家族的因素在起作用。

总之，分析许多貌似合理的方案所具有的成功机会和失败风险，这种分析行为本身也许比通过分析而准确作出预测更重要。就像艾森豪威尔(Eisenhower)曾经说的："计划是没有用的，编制计划的过程才是最重要的。"经验告诉我，从战略高度思考接班人甄选的问题能提高抉择的质量。最高管理职位往往被某种迷雾所笼罩。企业领导者总是坚持以"人岗的完美匹配"的原则来雇用组织中低层的员工，但他们往往避免用同样的方法选择高层管理者。也许他们清楚地意识到家族企业领导者需要执行的任务的复杂程度，他们反对分解并分析候选人需要的独特技能，相信这些任务十分复杂和模糊以至不能分析。也许同样重要的是，从心理方面说，企业所有者担心分解他所承担的任务以及质疑这些任务对未来的重要意义，会使自己显得已被时代所淘汰，并且很有可能破坏了自己的英雄形象。

在完成战略甄选过程之后，现任者有时能够得出冷静的结论，认为他们的技能和管理风格已经不再可行。一个成熟的领导者，能够意识到这样的结论绝不会贬低他们的风格和掌舵这几年对组织的贡献。实际上，战略甄选通常可以使得接班计划在现任领导者中引发的一些情绪以建设性的方式得到表达。同样重要的是，它有助于防止那些情绪干扰甄选过程，扭曲人们的判断。就像吉尔摩(Gilmore)指出的：

> 在领导权交接过程中，焦虑的情绪是很严重的，扭曲思想的风险也很大。团队(或家族)会很容易地从对过去领导者的过高评价转变为另一极端。人们特别容易为幻想出一个能够满足企业所有需求的完美候选人而深受苦恼。[12]

根据对企业未来多种战略蓝图的严格定义，那些现任领导者建立了一系列用以评估接班人能力并避免“奇妙幻想”的方法。如果实施得好，这个方法可以使系统中的人们更加容易地讨论未来企业的需求，从而降低了接班计划的阻碍。这个过程还可以用来矫正一般管理者可以胜任任何特殊环境体系这种错误认识。

更为重要的是，一个由战略驱动的甄选过程帮助了那些最终被选中的新领导者与公司未来目标和方向达成一致，并巩固了他们的领导和权威。这个过程还明确了为什么是他们——而不是其他候选人——从极少数人中崭露头角，能够让他们相信组织是多么珍视他们独特的才能和优势。这个过程同时也将他们的注意力引向他们将要面临的挑战上，提高了他们实现明确的战略要求的责任感。换句话说，这个过程向他们发出了行军的命令。

# 第十一章　离任

接班计划的最后几年里，在家族企业对下一代接班候选人进行培养和甄选的同时，另一幕也在展开。随着年轻的领导者晋升到组织中更加显赫、责任更加重大的位置，老一代管理者们将日益感觉到他们的任期将至。到了六七十岁时，企业领导者们会不可避免地表现出身体上和精神上的衰老，不管他们有多么得天独厚的基因、饮食和锻炼。即将发生的领导权力的代际传承注定会激发潜在的情感的强烈释放。莎士比亚的《李尔王》和《亨利五世》正是以此为题材的，二者都是典型的接班故事，集中反映了亘古永存的代际传承中的一些根本问题：《李尔王》是埋藏于即将下台的君主们内心深处的忧虑和所受侮辱的一个缩影；《亨利五世》则描述了王子们作为成功的领导者树立威信的过程。

家族企业使得领导者能够充分地享受掌权时的美妙时光，这是非家族企业所远远不能相比的。最具有代表性的就是，家族企业没有法定的退休年龄，至少没有一个关于家族企业领导者退休年龄的规定。作为家族企业所有者的一个好处就是他们可以自由调整让位的步伐，这使得他们可以根据个人的健康状况和偏好来灵活地安排退休进程。如果他们能够负责任地行使这一特权，这种灵活性就可以使企业所有者让位而不失尊严，甚至可以使那些具有高度适应性的企业所有者仍然留在公司中。

成功的家族企业的新老交接是一种愉快的经历，两代领导者可以从中分享共同的成就，并一起展望企业和家族的美好未来。那些一直到最后都拒绝为接班制定计划的领导者绝不能代表所有家族企业所有者。尽管一些领导者视自己为暴风雨中海面上的救生圈，坚持继续领导企业，但很多人还是会选择退休以从事期待了多年的活动，寻求新的挑战。许多企业所有者选择光荣隐退，把企业交给更有能力的接班人来管理。

然而，缺乏固定的退休年龄使得家族企业中的接班进程极易受到企业家个性中阴暗的一面的影响。有关家族企业的文献中所载的接班悲剧表明，当让领导者自己安排接班进程时，他们常常滥用特权，随意决定退休进程。在家族企业发生的一些失败的接班计划，无疑在一定程度上可以归因于企业所有者本能和无意识的抵抗，甚至那些开明而老练的所有者也不例外。对这一现象的分析大多强调年老领导者个人的抵抗，但组织中其他强有力的因素也共同推迟或暗中破坏了接班计划和领导者离职的进程。

领导者的变更会剥夺一部分人——如其配偶——享有

多年的许多特权。他们可能事无巨细地参与到企业的各个方面，从经营企业的各个部门、管理财务状况到帮助雇员解决家庭问题，还有为顾客组织社会活动等。[1] 不管刻意与否，配偶可能会列举出许多理由来支持现任领导者对离职的反对态度，而这不仅仅是出于忠诚。

企业中一些老一辈的管理者也面临情感的困境。他们中的许多人或许已经跟随现任领导者多年；事实上，这的确也是他们继续留在企业的一个原因。他们在高层团队中的地位甚至他们的工作在领导者变更时可能都会难以保全。即使工作没有受到威胁，他们也倾向于尽可能长期地维持那种让他们深感荣幸的与老一代企业领导者之间亲密无间的关系，并会尽可能地避免这种关系被与接班人之间那种比较正式的关系所取代。

试图延长老一代领导者的任期的做法让那些满怀希望的接班人感到失望。[2] 在高度竞争的行业，这会使整个公司的未来陷入绝境。因为在这个阶段，日益衰老的企业所有者常常倾向于规避风险——更多地关心如何保护财富而不是增加财富。正如沃德经常提到的那样：致使企业成功的产品和思想在这个时期已经成熟。这时需要一种新的战略聚焦使企业获取新的活力以保证它的生存。大量研究表明非家族企业频繁地变更领导层一定程度上就是为了重建企业的战略方向。然而在家族企业里，领导者难以适应市场的变化以及对新观点的抵触，都会导致企业的发展停滞和最终破产。[3]

最后的分析发现：接班计划能否实施取决于高层领导者

的决心和勇气。家族企业的利益相关者或许会阻碍这个计划,但只要高层有果断的领导能力,计划就可以顺利进行。在这一章我将就为什么一些领导者比另一些领导者对于离任的抵制情绪更为强烈进行讨论。然后我们会分析老一代领导者在他们人生的这个阶段面临的深层的心理困境及其对领导权交接进程的重大影响。对这个困境的分析有助于解释为什么一些人可以顺利地离任,而另一些却不能。此外,我们将探索离任进程对企业、家庭和其他利益相关者的重大影响。特别地,我们还会分别详细地分析上一任领导者四种典型的退出方式对接班人和他们的领导团队的影响。

### *领导者退出的心理*

企业领导者在65—70岁这一时期将面临这样的事实:他们已经没有多少时间去实现他们梦想中还没有实现的方面。这个年龄的人们会不可避免地发现许多原本他们为自己设下的人生目标最终将无法完成。对于那些无法从宏伟的梦想中走出来的人们来说,时间正迅速地流失,他们余下的日子越来越少。随着时间的流失,领导者愈加真切地感受到,不管他如何努力都很难在有生之年亲眼见到梦想殿堂的完工了。这个痛苦的事实驱使着企业家们争取在有限的时间里做更多的事情。具有讽刺意味的是,这恰恰又将他们自己逼入了筋疲力尽的境地,加速了本就让他们苦恼的衰老进程。

研究表明,人们以不同的速度衰老,饮食的改善、锻炼的增加、医疗水平的提高可以明显地延缓衰老的进程。[4] 然而老年人还要抵抗视力和听力的衰退、心脏病、癌症和其他慢性疾病的侵袭。精神敏锐性缺失的症状通过例如老年痴呆症和阿尔茨海默症等退化性脑疾病表现出来，这些症状变化缓慢而且很难观测出来。像李尔王最糟糕时那样，一些企业所有者会慢慢变得极端，对过去的自我加以嘲讽和批判。心理学为我们描绘了这样一幅极端的画面：

> 洞察力和判断力的减弱以及情感的丧失引起个性和智力的缓慢退化。旁观者比本人对这个过程感受更为痛苦。兴趣受到限制，见解变得生硬，理性思考变得愈加困难……典型地，情感被钝化和夸大……一个耽于幻想的人可能变得因循守旧，或者一个性格外向者可能变得温顺，也不如往常般风趣诙谐。[5]

《纽约人》(*New Yorker*)杂志上有一篇很尖锐的文章，它戏剧性地描述了一个因年老的领导者表现出古怪的征兆时却无人能顶替他，从而使家族和公司为此付出了惨重的代价的故事。文章追溯了一家美国国内历史最久、规模最大的冷冻食品公司——西布鲁克法姆斯(Seabrook Farms)——的衰败历程，是由公司创始人的孙子约翰·西布鲁克(John Seabrook)撰写的。他将公司的衰败直接归咎于他爷爷 C. F. 西布鲁克的老态龙钟。他爷爷直到 80 岁还在掌权，尽管早就失去了领导能力。早在 50 多岁时，C. F. 西布鲁克就呈现出动脉硬化的迹象，他有时甚至会“中邪”一样地穿着多层浴衣出现在服装店。1941 年的一次打击动摇了 C. F. 西布鲁克的信心,但他在与三个儿子夺权的过程中取得了胜利,并坚持将公司管理到20世纪50年代。西布鲁克法姆斯公司由于老西布鲁克的无能和最高领导层的权力争斗而遭受了一系列的挫折。他的家人曾试图让法院宣判他精神失常,但他们的努力以失败告终。最终C.F.西布鲁克宣布和他的儿子们脱离关系,为了向家人泄愤,他甚至最终将公司卖掉。[6]

当然,并非所有年迈的企业所有者都这样地极端。然而,仍然有许多领导者,即使是健康状况相当良好,也不再拥有变革的精力、动力和毅力,而这些因素对当今的企业是至关重要的。那些在位20多年甚至更长时间的企业所有者毕生积累的经验和思想,在瞬息万变的商业和经济环境中或许不再有用。人们很难确切地判断CEO的经营哲学和技术是否已经过时,而CEO自己往往是最不愿意接受他不再是这个职位的最佳人选这一事实的人。

领导者可能会突然醒悟到,他们的才能和知识已不能适应商业环境的变化,尤其对于那些靠不断地夸大自我形象来获取战胜困难的信心的企业家来说更是如此。他们是自己命运的主宰这个根深蒂固的信念是企业家们成功的关键因素。事实上,关于企业家的英雄主义和他们不朽声名的假定,通常是他们的家族和企业文化中最为核心的却又不易为人所察觉的信念。这些隐秘的假定使得人们不愿面对领导者终将离开的事实,从而导致了对周密的领导者离任计划和接班计划的抗拒心理。

随着年龄的增长和才能的衰退,男人们往往会愈来愈依赖他们的妻子。一些女人转变成为真正的家族领袖，在幕后决定接班的结果。配偶可以加快或者减缓企业所有者交出领导权的速度，她们可以在很大程度上影响企业所有者对他们孩子能力的评估，从而改变任何一个潜在接班人的地位。一般而言，妻子要比丈夫年轻，企业领导者去世后她们往往成为主要的决策者，因而，她们的才智就决定了企业的生死存亡。

正如我们在隆巴尔迪家族的案例中讨论的那样，母亲在协调兄弟间的竞争关系时扮演着至关重要的角色。对于许多商业家族来说，在接班进程中最难治愈的创伤是母亲而非父亲的去世。

## 英雄暮年的基本困境

临近退休时，家族企业的所有者能否把时间有效地用于维持企业的持续发展，在很大程度上取决于他们能否成功地走出埃里克松所描述的基本心理困境。埃里克松认为，处于这个阶段的人们总是在努力寻求自己人生意义之所在。内心在绝望感和完满感之间挣扎，这是这个时期的人们所面临的基本困境。对于许多临近退休的人而言，绝望源于对自己所过的生活的失望，正如莱文森指出的：失望通常是有一定的现实依据的，但也包含了很大一部分的非理性的自我谴责。根据埃里克松的观点，绝望的感觉

> 是当试图开启另外一种新的生活以寻求人生的完整，但又感慨时间短暂时所表露的感觉。这种绝望经常

隐藏于对某些特定的制度和个人的厌恶、躲避和长期的不满的表象之下。而这样一种厌恶和不满仅仅表明了个体对自我的蔑视,而与他们对优越生活的向往无关。[7]

另一方面,埃里克松认为完满感源于对他们在人类世代中所处的地位的高度认可:

这是一种对个人自尊而非对个人本身近乎自恋式的热爱,是一种传达某种社会规则和精神意义的经历,不论需要付出多么昂贵的代价。这是对自身绝无仅有且无可取代的生活轨迹的认同:这是一种全新的、不同的对父母爱的方式。[8]

埃里克松认为:人是独特文化和人类历史某一特定时刻结合的产物,人类在这一限制下最大程度地丰富自己的人生经历从而积累了无限的智慧,完满感正是通过这种智慧表现出来的。

在有限的生命里,我的力量虽被分离开来,但它仍然如此鲜活,我们称其为智慧。我们所说的智慧有很多内涵:从成熟的才智到积累的知识、深刻的判断和全面的理解……在生命轮回的尽头,一种对如何能超越身份、超越悲喜交加的一生的"终极关怀"也被唤醒了。[9]

如埃里克松所说,最根本的问题在于企业所有者难以摆脱悲伤情绪,从而无法鼓起勇气、整合内部资源来把对家庭和企业的控制权转交给下一代。这个理论预言自恋情结将阻碍他们理解和考虑接班人的需求。他们不能以代际传承的精神看待下一代,而埃里克松认为这种代际传承的精神对晚年成就的取得至关重要。只要日益年老的企业所有者受英雄主义的驱使,他们就会对体力下降和终将去世的事实置之不理。追逐不可能实现的梦想最终将使企业家精神紧张,劳碌一生。

从接班人的立场看,埃里克松引用多思托耶夫斯基(Dostoevski)的观点:在人生的成就被完全理解和接受之前应该首先考虑到死亡。企业所有者应该承认他们终究会死亡,因此,需要投入勇气和精力来为企业将来作规划。这样,他们确实可以巩固他们的遗产和对后代的贡献,建立不朽的声名。

## *四种退出的方式*

借用埃里克松的分析,我不认为高层领导者进入老年期时必须从生活中解脱出来,放弃更远大的梦想;相反,社会心理学对退休的研究发现:对于很多高层管理者来说,缺乏富有意义的工作会加快衰老进程。问题是高层领导者能否找到足以使他们从企业的领导层退出,将权力交给下一代的新的挑战。

为描述不同的企业领导者如何处理权力交接带来的心理影响,我将借用杰弗里·索南费尔德(Jeffrey Sonnenfeld)在他的《英雄的辞别:CEO退休时会发生什么》(*The Hero's Farewell:What Happens When CEOs Retire*)一书中的说法。[10]通过对家族企业和非家族企业的调查,杰弗里把领导者退休时的退出方式划分为四种:"君主型"(monarchs)和"将军型”(generals)这两种方式并非出于真心交出企业的控制权;另外两种方式“大使型”(ambassadors)和“总督型”(governors)将控制权交给接班人并极得体地离开。

在我看来,每种方式都是埃里克松所描述的心理困境的不同形式的反映。大使型和总督型领导者能够富有前瞻性和建设性地解决心理困境,而君主型和将军型将陷入绝望和完满的两极纷争中无法自拔。

杰弗里认为,四种退出方式和管理风格无关;与此相反,通过研究家族企业我发现,君主型和将军型领导者在管理上更专制,而大使型和总督型领导者更为民主。这些差异对接班进程影响很大,因为领导者的管理风格决定了组织氛围;而接班进程是否有计划,是进展顺利还是遭受抵制,成功地完成还是中途受阻,都是在这种氛围中进行的。管理风格也影响到企业雇员的种类、退休的规则和程序、接班候选人的培训和评估以及管理者鼓励独立和创造性思考的程度。随着接班的日益临近,这些工作更加重要。

君主型领导者通常给人这样一种固定的印象:拒绝离任甚至从不考虑离任。将军型领导者也像君主型领导者一样决心继续掌权,但他们采取的方式更为迂回和策略。他们可能确实已开始执行接班人计划但却不自觉地企图夺回权力,例如安排一个不能胜任的接班人。根据埃里克松的理论,我们可以推测这两种人不能完全放弃他们毕生的梦想去接受一种平静的生活。这些企业的所有者们完全被忧虑驱使着。在他们本可以享受自己的成功所带来的收获时,他们却很担忧，继续鞭策自己努力工作以逃避对衰老和死亡的忧虑。他们似乎不能尽情享受所取得的成就以及对他人生活的贡献。

君主型领导者通常有自恋[11]的倾向，他们通过培养家族和企业对自己的依赖性来建构环境。随着年龄的增长，他们越来越不愿意授权和分享信息。他们挑选那些没有主见、唯唯诺诺的人来充当管理者和顾问。他们试图控制家庭成员的所有活动，从妻子的着装到孩子配偶的选择。更有甚者，他们通过给予或收回金钱、假期房屋的使用权、汽车、股票或者在企业中的地位等家族资源的方式来达到自己的目的。

君主型领导者的重要特征就是不愿考虑任何形式的接班计划。他们的配偶与孩子同他们一样，通常不提接班的事情，直到有非常明显的证据表明企业所有者的衰老会危及安全和财富。“受强大想象力的驱使，”杰弗里写到，“君主型领导者掌控着大权直到去世，或是直到受到董事会或者下属的强烈抗议而被迫辞职，或是直到企业被卖掉。”[12]有些情况下，年迈的君主型领导者的健康状况是如此之差以至于周围的人都不敢提退休的事情，生怕会使他深受打击而危及生命。有这样一些极少数的情况，当企业聘请顾问来启动接班进程时，年迈的企业所有者总是对顾问的到来疑神疑鬼，不是对顾问置之不理，就是千方百计地破坏接班进程。因为变革组织和建构接班计划的权力通常为所有者掌控，所以没有所有者的参与一切只是徒劳。但有时候，商业伙伴或者亲密朋友的死亡会促使君主型领导者为接班计划做些事情。

我研究过一个家族企业，创始人是个典型的君主型人物，他一手创建了一个房地产帝国。直到一次小手术引起的并发症将他带到了死亡的边缘，他才开始着手财产计划和接班计划。在他离开公司的两个月里，他的大儿子非常漂亮地兼并了一个主要的竞争对手。回来之后，当他发现自己已不再是公司不可或缺的人物时感到万分震惊。当看到儿子只要得到机会就能出色地领导企业时，这个父亲向我坦言：回到公司后，我的心情很矛盾：一方面非常高兴，因为我不在时儿子与高层管理者和董事会能够有效地经营公司；另一方面，看到即使没有我，他们也能表现得那么出色，我心里有些失落。

多年来，他一直反对律师、会计师、顾问的建议，最后终于决定执行反复商讨过多次却总是延迟的接班计划。生病之前，他把公司的股权均分给他的子女。不幸的是，子女间充满了对抗和竞争。很显然，兄弟合作制是不可能实现了。在医院里，他苦苦思索企业出现问题的原因所在，发现主要原因在于自己没能彻底放权给大儿子。回来后，他重新制定了财产计划，使大儿子获得了对企业明确的控制权。然而没过多久，他又再度执政，并且掌控着比以往更大的权力，这显示了典型的君主对放弃王位的抵抗。但是新的财产计划增加了企业在他离开后持续发展的可能性。随着时间的流逝，他把相当多的精力用在企业内外新的项目上而不影响他的儿子和领导团队。然而直到今天，他仍会情不自禁地在一些重大事情上表现得专制，以提醒每个人他才是真正的老板。

君主型领导者潜在的接班人通常就像一个胆小懦弱的

王位继承人。由于缺乏发挥其潜能的机会，家族企业中那些最为出色和聪明的人会去其他地方寻求职业发展。那些留下的人被迫扮演附庸的角色。许多人内心充满了愤怒，因为他们放弃了自己的梦想，换来的却是无权无势、服从于他人的生活。只有领导者去世他们才能无拘无束地追逐自己的抱负这样一种想法，使他们的内心充满了罪恶感。事实上，他们中的一部分人确实只有在领导者去世后才能得到发展。然而此时，修复他们自尊心的伤害并纠正领导者创建的从属文化通常为时已晚。

另一方面，君主型领导者的去世通常为配偶提供了机会：她们如果也高度忠于领导者的梦想，就会去实现它，只不过会采取另外一种方式。通常，她们会在家族和企业里引入一种更为温和的、通融的方法来尽力修复对家族关系的伤害。然而这种努力往往使她们陷入困境，因为孩子们试图仿效过去君主型领导者建立的专制风格。尽管如此，很多人都会利用这段时间来培养那些能够在将来掌管企业的人。

在人生的这个阶段，当不得不放弃他们的梦想时，将军型领导者会比君主型领导者表现得乐观。他们会更乐意交出一些特权和象征性的权力，以继续保留他们的权威。如果他们开始了接班计划，通常是因为他们知道这是伟大领导者所必需的。即便如此，他们也会安排能力不强的接班人，或者剥夺他们成功所必需的培训和发展机会，或者坚持任用忠于他的高层管理人员而不是让接班人自己挑选领导团队。

领导权转交给接班人或接班团队之后，将军型领导者对他们的表现持观望态度。但是转交时企业可能正陷入困境，这无疑加大了新任领导者成功的难度。就像战后戴高乐将军管理法国政府的情形一样，前任领导者试图寻找机会来证明新的领导者的缺点和失败的同时证明他自己对企业是不可或缺的。将军型领导者常常通过证明那些逼迫他退休的人是错误的，只有他才能做好工作、实现愿景，来获得一种被拥护的感觉。

这并不是说将军型领导者的策略是阴险或是邪恶的。的确，有很好的理由能够解释将军型领导者的深层动机可能是出于无意：在家族企业中采取这种策略来反对他的孩子们，他们会深感内疚。像君主型领导者一样，将军型领导者试图逃避自身衰老和死亡的威胁。他们担心交出权力后生活会变得空虚和无聊。与君主型领导者不同的是，将军型领导者会对周围的人发出混乱的信号。他们通过开展退位计划给予接班人希望和期待，然而除非是真正将权力交出，否则也只不过是使得接班人的希望一次又一次地破灭而已。

对于潜在的接班人来说，反复地被授予权力而又被夺回的挫折和羞辱所激发的无助感会降低他们的效率和积极性。他们总是担心前任会批评他们的表现，有损他们的权威。家族企业里这种胜利无望的局面会导致两代人之间矛盾的加剧、家族的分化和几代人痛苦的感受。

### *大使型领导者以新的角色留在企业*

与君主型、将军型领导者不同，大使型和总督型领导者能获取一种心理上的完美感来应对年龄增长带来的挑战。大使型领导者将管理权力转交给接班人后会继续扮演一种角色,如企业的顾问或代表。总督型领导者会彻底断绝与企业的关系,转向新的挑战,如开办新企业、为公共部门服务或者筹办家族基金等。这两种方式都能克服未能实现全部梦想所带来的失落感,从而很好地满足下一代的需求。并不像君主型和将军型领导者那样嫉妒年轻人的精力和勇气,大使型和总督型领导者为接班人的发展和成就感到自豪。他们能够看到自己的价值观和抱负通过年青一代得到延续。同时,他们明白接班人是独立于他们的个体,也明白作为领导者要想成功必须独立思考和行动。

大使型和总督型领导者注重培养接班人和员工的独立思考能力。这种品性明显提高了他们对下属委派和授权的能力,也使他们能够克服对落后于时代的担忧,在退休后活跃于各种有建设性的活动中。通常,他们会积极地参加新活动,这不代表他们想延续宏伟的梦想,而是为自己考虑,是出于自己的兴趣,甚至因为它们能使日益衰老的领导者从对成就和超越的终生追求中解脱出来。在我看来,大使型和总督型领导者的配偶们倾向于支持他们的退休计划,使他们能够自由地从事其他的活动,同时也有更多的时间和家人在一起。这些配偶经常为这种可能性而激动:退休将给他们带来家庭生活的和谐美满。

大使型和总督型领导者都从根本上对于为企业作出的贡献感到满足。不同之处在于他们想和企业保持关系的程度。大使型领导者希望与企业保持关系,但不想重新获得权力。有这样一种最好的情形,大使型领导者依照保持着作为前任领导者的尊敬和权威,而又不直接干预企业的重大决定。

大使型领导者在人生的这个阶段通常完成了对接班人的指导,甘心扮演新任领导者的顾问角色,可能还会保留董事长或仅仅是董事会成员的头衔。(事实上,为离去的领导者选择有威严的头衔是件很复杂的事。在一些企业叫名誉董事长;在一些大的企业,他们或许会成为董事会执行委员会的董事长。)他们将大部分时间用于企业的外部活动,代表企业出席一些礼仪性场合或慈善活动。有时,他们能够在公司中继续行使一些重要的非管理性职能。例如,我研究过的一位企业创始人喜欢作研发。他已经发明了将原钢转化为钢条的滚轴技术。这位前任 CEO 在 70 多岁时将企业的管理权交给他儿子之后回到了研发部门继续作研究。在我的研究结束之际他 83 岁,此时已经获得五项专利,这些专利后来成为了企业的主导产品。

大使型领导者的存在可能会造成员工和其他利益相关者之间的混乱,阻碍接班人清晰地确定自己的身份和日程。好的情形下,接班人已通过自己无可指责的表现树立起了领导权威。尽管如此,离任的领导者还可以做许多事来界定他的新角色以支持接班人,如公开表明对新任领导者的信任以及支持他的领导团队,仅在新任领导者有疑问时才给予建议等等。他们也可以作为新任领导者同原有的顾客、商业伙伴、供应商等外部资源之间的桥梁。一些具有象征性的行为对于界定大使型领导者在企业内新的角色也是非常重要的。例如，为强调现在掌权的是新任领导者，离职的领导者可能会腾出以前的房间，将办公室搬到其他楼层或者另外的地方。宝丽来的董事会为纪念创始人埃德温·兰德（Edwin Land）的贡献，在离总部较远的剑桥为他建造了一幢城堡。

某国际性建筑业家族企业的前任 CEO 老史蒂夫·贝克特尔（Steve Bechtel，Sr.）为我们提供了另一个大使型领导者的例子，他在 1960 年将控制权转交给儿子小史蒂夫后清晰地界定了自己的角色。这位父亲退休后以名誉董事长的身份访问了公司在世界各地的客户和商业合作伙伴。他的到来象征着企业对他们的重视。他在访问过程中与政府官员或其他潜在顾客就商业合同进行探索性洽谈，当洽谈进行到关键阶段他则功成身退，将真正的谈判交给接班人及其团队。这种接班模式效果很好：小史蒂夫在 80 年代后期也很愉快地将权力转交给了自己的儿子。

大使型领导者成功扮演新角色的关键是离任的领导者和接班人之间持续的相互信任。我的研究表明，当父母与儿女之间长期以来一直维持良好的关系时这种情况更可能发生。大使型领导者只要不利用权威和声望与新的管理团队作对就能够保住地位，持续地为企业作贡献。只要老一辈持续地表达出对下一辈的信任和支持，下一辈能够尊重老一辈，不断地对老一辈过去的贡献表示敬意，企业就会受益于大使型领导者的继续留任。

因为许多将军型领导者也会进行接班人计划，这就需要敏锐的眼光将大使型领导者与他们区别开来。一个很大的区别是将军型领导者倾向于选择能力差、依赖性强的接班人，而大使型领导者更可能挑选能力最强的候选人。此外，将军型领导者控制权的转交要比大使型领导者慢得多。尽管许多企业所有者把大多数股份转交给下一代后仍可以保留表决控制权，但将军型领导者即使把管理权交给接班人后也倾向于保留手中的股份。

权力交接后还有另一种方法可以检验退休领导者的真实意图。因为商业环境中会出现这样或那样的逆境，如经济倒退，新竞争者的出现，主导产品的需求减少等，接班人上任后可能会面临许多挑战。当逆境出现时，前任的行为会表明他是否真地放弃对公司控制权的追求。此时，将军型领导者倾向于把接班者所面临的逆境看成是自己重新获取权力的机会，可能会采取一些行动来阻碍接班人，例如宣扬新任领导者没能力应对挑战。大使型领导者的反应可能与此相反，他们把这看成是接班人证明自己勇气的机会，而不是自己重新扮演领导角色的机会。他们将会坚定地相信接班人处理逆境的能力，当接班人请求时也会提供建议；即使接班人不向他们征求意见，他们也不会生气或者感到失望。

### 总督型领导者转向新的领域

四种类型中，总督型领导者退休后最不在意在企业中留有虚名，也最能切断与企业的联系。他们转向新的领域来实现未完成的梦想。有趣的是，杰弗里的调查发现，总督型领导者大多来自有董事会的大企业。在这种企业里，接班进程更趋于制度化。根据全部表现来看，这些CEO通常不如其他的领导者成功，但在任期的最后两年里他们在组织里表现出色。这个发现表明他们或许能创造一种包容和支持性的组织氛围使得他们与企业划清界限。

据我所知，家族企业中的总督型领导者为重振企业家精神的愿望所驱动。这些企业家从企业的初建时期中得到的满足感比管理一个成熟的企业要多。他们喜欢创建企业时的精力和热情，却可能逐渐对管理企业感到厌倦。很容易看到临近退休的总督型领导者和他的孩子们一起开始新的冒险。如果处理得好，这将促使家族经营的多样化，并培养家族成员的企业家精神。（隆巴尔迪家族的老保罗就是坚信授人以鱼不如授人以渔的典型代表。在晚年，他和他的子孙一起开拓了不少新的投资领域。）像大使型领导者一样，许多总督型领导者热心于公益活动，他们通常会建立自己的基金。也有的去教书，做顾问或是从政。他们中的一些人成为社团的著名人士或者在政府部门获得显赫位置。许多人把这种服务看作回报国家和检验自己在其他领域的影响力的机会。

戴维·洛克菲勒（David Rockefeller）从大通曼哈顿银行退休是真正的总督型领导者卸任计划的一个例子。在有违众人意愿地在银行工作多年后，他把权力转交给他长期的助手，即选定的接班人威拉德·布彻（Willard Butcher）。洛克菲勒退休前培养了很多兴趣使得他很容易就从董事长的位置退了下来。退休之后，他活跃于洛克菲勒基金会及其他家族企业。他和纽约现代艺术博物馆等组织以及哈佛大学、洛克菲勒大学共同举办了不少公益活动。另外他还积极地参加外交委员会、三方委员会和国际管理顾问公司（创建目的是鼓励退休的管理者继续为国家发展服务）的一些国际性活动。他还相当关注如何维持家庭的团结和经济、社会的有效性。在一次关于退休的访谈中，洛克菲勒谈到：

> 在我看来，我像以前一样忙。确实，我刚从远东回来，旅程中我能把乐趣和商业联结在一起……或许我比其他人更幸运能拥有这些机会，但退休才让我拥有这些丰富而有意义的经历。担心退休后就只能坐在空桌子前等电话铃响已经被证明是多余的。[13]

### 组织的复杂因素

在对各种退出方式的分析中，杰弗里客观地向我们指出，片面地认为某种方式是好还是不好是有风险的。实际上，在组织发展的某一阶段上发挥重要作用的领导特质可能会在以后阻碍企业的发展。正是君主型和将军型领导者坚持不懈的精神和他们对追求某一特定愿景的极大热情，形成了企业发展的根本动力。然而，当他们退休的时刻到来时，相同的特质却可能成为接班计划的绊脚石。同样，促使大使型领导者成为下一代的有效指导者的成熟心理和慷慨精神，可能使得他们的接班人难以确立自己的领导权和方向感。接班人要面对这样的困境，当他们的管理方式或政策与前任领导者产生分歧时，他们就需要同那种背叛或内疚的感觉作斗争。比如，当接班人必须辞退那些在大使型领导者任期内极其忠诚的高层管理者时，这种问题就出现了。

由于这些复杂因素，下一代领导者接管企业的进程被延长了。这种被延长的接班进程将使企业在需要对战略进行根本性再思考的快速变化的环境中冒很大的风险。有一个企业，接班人对于是否停止大使型领导者所钟爱的产品的生产犹豫不决，不愿开发更具创新性的产品使得企业失掉很大的市场份额。当被问及为何花了如此长的时间重新定位产品组合时，有个接班人这样回答："不论有多大的商业意义，终止父亲一手创建起来的那些业务对我们来说就像在父亲做好所有事情后在他老人家脸上扇一耳光一样。"直到大使型创建者自己坦言对企业正在丢失的市场份额表示担忧时，接班人才会在实施必要的战略转变时感到舒心。

至于总督型领导者，他们对切断与组织的联系转而进入其他领域的渴望会给家族企业带来问题。前任领导者的突然退出可能会使接班人有一种被遗弃的感觉。即使他们以一种更为渐进的方式离开也可能导致对权力交接进程的忽视。低估自己的智慧、支持及教导在一个有效的权力交接过程中的重要意义，对总督型领导者而言并不是一件稀奇的事情。

退休方式对于离任 CEO 的家庭也会产生显著的影响。在其他方面相同的情况下，君主型和将军型领导者的家庭内部关系明显比大使型和总督型领导者的家庭关系更为复杂和紊乱。君主型和将军型领导者专制的欲望经常使他们在接班阶段与子女产生冲突。通常,他们对于年轻人的梦想、抱负和需要并不感兴趣,经常在权力交接时陷入代际之争,这会对家族关系造成毁灭性的影响。有时他们中的一些人确实在到处寻找接班人,但这仅仅在他们认识到自己并不能在有生之年实现崇高的梦想之后才有可能发生。他们会在家族内部寻找一个接班人代表他来实现梦想。显得有点自相矛盾的是,他们通常希望他们的接班人与自己相似但同时又要遵从自己的意愿。

伴随大使型和总督型领导者的退休出现的家庭纷争一般不成问题。原因是这些领导者受自恋因素驱动较少。他们更易于理解年青一代的需要,对于领导权转移的讨论也更加公开。一个家族的共同梦想产生于对孩子们自小就有的抱负的开放、持续的讨论。更重要的是,大使型或总督型领导者的家族通常能更好地支持家族成员在家族企业内外去实现他们的梦想。

然而,正要从领导职位退下来的大使型和总督型领导者需要作出调整。把权力移交给他们的接班人要求他们接受这样一个事实:由于对家族主要收入来源的控制而获得的家族中的核心地位将最终走到尽头。随着时间的推移,父母变老了,组织逾越节、圣诞节、感恩节晚餐等家庭集会的责任就由孩子们承担了。年迈的父母就成了受人尊敬的客人。在许多大使型领导者的接班进程中,后代有意推迟参与这些活动从而使得家庭内隐含的层级制度不会被突然改变,这样就使父母们有更多的时间来作出调整。

### 兄弟合作制和家族合作制中的集体退休

领导者继任和退休的问题一旦与兄弟合作制和家族合作制联系起来就会变得复杂，因为数量较多的领导者可能同时或在较短的时间内退下来。与领导权及所有权交接相关的问题总是不可避免地使和善的同胞关系变得紧张起来。合作了毕生的兄弟们突然发现他们卷入了接班所引起的激烈冲突中，这并不奇怪。他们离开的时间和期限经常是人们争论的焦点。通常，他们之间的冲突集中于兄弟姐妹应该在几年内依次退休以便给每个兄弟姐妹掌权的机会还是集体退休以加速权力向下一代转移。

在依次退休的方式中，将要放弃管理职责的兄弟姐妹(一般是年长者，但也不常是)不相信其他人得到权力后能很好地处理业务。典型的情况是，退出管理层的人仍然是公司股东。他们通常感到需要对仍拥有控制权的同胞所作的决策进行监督和评判。当退出者的股份被全部买断后，他们可能仍然会密切关注企业的经营成果，因为支付过程通常会持续一个比较长的时期。

使兄弟姐妹的退休方式变得微妙而复杂的另一个原因是：他们的退休可能会造成最高管理层某些技能的严重缺失。特别是年轻的成员易于忽视兄弟合作制的成功在很大程度上是源于兄弟们作为一个团队使得整个领导层的技能与经验有了全方位的结合。那些仍然享有管理权的成员有时会觉得有必要证明他们自己能把企业管理得更好——这时常以企业受损为代价。业绩下滑会使企业陷入危机，除非在这个或那个伙伴退休时有人来填补功能的缺失。不仅如此，这样的危机可能会刺激那些离开者重新回到领导层，使得冲突升级，从而导致交接工作陷入瘫痪。

已离开公司的同胞担心那些仍留在公司的成员会利用他们。一些人担心留在公司的人将会改变现有的薪酬结构以使自己拿比过去更多的薪水和福利。一些人担心掌权的同胞不会与他们分享有关公司的任何信息。也就是说，那些将要离开的人必须找到一种有效处理他们退出管理岗位转变成被动股东这一问题的方式。权力变换另一方面要求构建一种信任，并提高这种信任水平以消除管理者和所有者之间的隔阂。

当然，在接班过程如何展开方面，兄弟团队中不同的人会有不同的计划。例如，留任的成员与选择退休的成员之间的冲突可能正好为准备离任的将军型领导者颠覆交接计划创造了机会。如果某个领导成员像君主或将军那样行事的话，他就会使接班过程处于危险的境地。除非其他兄弟姐妹能施加足够的压力，离任计划才会顺利进行。

如果兄弟们同时退休，如何选择他们的接班人就成为关键问题。正如我们所提到的那样，对他们孩子的任职资格和能力的评价过程会重新激起兄弟姐妹之间的竞争。通常，即将退休的同胞们会通过安排与他们相似的领导结构来规避这种潜在的冲突。然而，这种复制在堂表亲这一代有效运作的可能性是非常小的。堂表亲之间在需求与兴趣方面表现出更大的不同，所以正如我们所讨论的那样，堂表亲之间的关系与亲兄弟姐妹之间的关系是具有相当大的差别的。最能有效处理交接过程的高层领导成员经常是通过任命一个交接时期的非家族成员以争取时间，由他监督下一代，并对下一代的个人能力作出更为客观的评价。

对兄弟合作者的退休进行战略规划对于成功的权力交接是必不可少的。那些能够有效应对这一阶段需求的兄弟合作者们总是预先就接班过程的安排达成共识。比如，他们可能会对退休年龄达成共识并且同意当交接开始时相互监督彼此的退休进程。当兄弟姐妹同时退休时，最好是提出一个退休方案使他们退休后仍然能继续合作。可以设计一些退休项目来保证所有将要退休的老一辈领导者的利益。这些项目可以是发展家族基金，成立家族办公室协调家族财产管理，或者进行可选择的商业投资。这样做的另一个好处是兄弟姐妹之间能继续相互支持以适应退休并可以监督相互的行为，这样就没有人能破坏这次交接过程了。

对于那些已经进入家族合作制阶段的家族企业，退休在引起担忧的同时也会带来机遇。一方面，这些公司的组织结构更加庞大和复杂，从而为高层提供了更为广阔的选择空间，使他们退休后可以以元老的身份继续留在企业中。正如我所提到的那样，家族合作制企业通常由一组运营公司构成。这些运营公司可能是也可能不是战略相关的，并且都为家族成员掌控的控股公司所有。在这样的体系中，积极参与管理的家族成员不仅在控股公司，而且在附属公司的董事会中也扮演着关键的角色。高层有多种角色可供选择使得离职进程的灵活性大大提高了。

另一方面，在家族合作制企业中，权力交接过程很容易受到庞大的家族中各个分支之间复杂的争权夺利的斗争的影响。我已经描述了决定权力如何在家族成员之间分配的两个因素：成员较少，但每个人拥有的股份相对于那些股份更分散的分支来说更多的分支处于更有利的地位；那些在高层拥有更多成员的分支也处于更有利的地位。处于领导地位的成员对塑造年轻家族成员的职业生涯产生很大的影响。比如，他们通常努力提拔自己分支的年轻成员作为接班候选人来保持自己的地位；不仅如此，他们还反对接班计划，希望尽可能长时间地掌权以使这一分支的年轻成员得到尽可能多的发展。

那些掌握权力的堂表亲的退休，成为其他分支按照对自己有利的方式重新平衡权力分配的机会。那些一直以来被排除在最高管理层之外的分支努力抓住这个时机把自己的候选人推向公司顶层，并且认为应该“轮到他们”来管理公司了。然而，如果这些无权的分支不能产生合格的接班人，他们就很可能提倡聘用非家族管理者来担任高层职位，从而削弱长期掌权的分支的势力。外围分支也可能把这个接班计划看作纠正管理上的缺陷的一个契机，而这在权力属于主流分支时他们是不敢提出来的。这样，外围分支就可以在交接过程中尝试通过两种方式来加强他们的控制：一种是坚持他们分支的成员要参与管理；一种是通过采用更透明、更专业化的管理实践使掌权的分支承担更多的负担。

和非家族企业一样，家族合作制企业中高层领导者的任期视他们为企业产生价值的能力而定。令人惊奇的是，即使是一些历史较长的企业也不是通常都有制度化的退休方式。要找到充分实行制度化管理和监督接班计划的大型家族合作制企业是很难的。这就使得这些企业在对未来领导者的选择上比那些大型的非家族企业更易受到权力斗争的影响。

### 明确的时间安排的必要性

那些有效地管理接班人计划的家族很注重时间安排从而使接班进程明确化。前任领导者和接班人会就何时、以何种方式交接权力不断地进行磋商。因为人们是根据固定的时间安排来计划工作的，所以他们集中精力于履行对彼此的承诺。一个事先约定的退休进程能使退休进程不受个人影响。这使得年长者退出管理团队时不会有受歧视的感觉，也可以减少出现恶性竞争的风险。

时间安排的清晰明确很重要，因为这可以促使退休者负起责任来，降低他们有意或无意破坏接班进程的可能性。接班的时间安排取决于年长领导者的退出方式以及他们是否乐意退出。正如我们前面所讨论的，让君主型领导者计划接班进程就如同往山上推石头一样。到目前为止，社会科学研究和家族企业的创始者都无法想出创造性的办法来阻止石头不时地从山上滑下来。坦率地说，潜在的君主型领导者的接班人通常有两种选择:他们或者待在家族企业直到领导者老死,或者离开去其他地方实现梦想。

将军型领导者甘愿过早地退休,可能是因为怀着有朝一日像金甲凯旋的骑士一样重新回到权力中心东山再起的希望,而事先达成一致的接班日程可以阻止这种情况的发生。一个明确的接班计划使公司可以监控接班过程,使权力成功交接,同时让将军型领导者严格地遵守退出时间。有这样一个公司,接班人做了被要求的所有事情来准备接管权力,但是他的父亲——一个将军型领导者却改变了接班时间。儿子抱怨说:“我肯定会努力工作来领导公司,然而,每次看到我父亲改变游戏规则我都感到心灰意冷。”这种情况直到一个明确的接班计划经过讨论并被董事会通过和监控执行才有所改观。

因为继续和公司保持紧密的联系,大使型领导者可能会因受到诱惑而干涉新的领导者。通常,当其他人需要他们的建议和专业意见时,他们就可能重新行使管理职能。因此,一个清晰的接班计划对于告知所有人大使型领导者的退休安排以及明确他以后扮演的角色是必不可少的。

对于总督型领导者而言,考虑他们的退休安排以免他们过早地退出家族企业是必须的。明确的接班计划可以保证企业能够继续从已退休的领导者那里受益。一些家族企业与离开的领导者签署顾问合同以和他保持一种正式的关系;一些则让他们留作董事会或委员会的成员。所有这些安排中,授予退出的领导者的角色应该具有实质性。否则,他们可能怨恨这种被迫和公司继续保持联系的做法，这可能会使他们在心理上疏远公司。

### 计划退休

除了真正的总督型领导者外，大多数家族企业的领导者对于退休后的生活没有明确的计划。年老的企业所有者需要认真思考从最高领导职位上退下来后该做些什么。

心理学研究表明，个体在如何使自己适应退休生活时有很大的差异。大多数美国人渴望退休，事实上，年龄在65—74岁的人，仅有五分之一仍在工作。研究表明，大多数领导者乐于放下之前承担的管理职责来享受相对悠闲的生活，许多人对于被迫继续留任或继续参加以前那种活动很是不满。[14]研究同样表明，那些习惯于生活中充满精神和社会刺激的领导者退休后很难满足于仅仅是坐在门前的走廊上看门外的车水马龙。确实，有证据表明，退休后保持原来水平的激励的人比完全退出工作和社交圈的人要长寿。另有研究发现，那些不再处理复杂工作的人的认知能力会下降。根据一篇关于人员发展的文章，退休对于退休者的社交圈、社会交往的频率或对所获社会支持的满意度没有显著影响。看起来，当老年人在生活方式、个人的需求与偏好、个性之间达到一种平衡时，他们会感到很满足。[15]

开始时退休者会尽情地享受放松和休闲的机会，但迟早总会感到无聊。研究人员罗伯特·阿奇利(Robert Atchley)提出，退休者结束职业生涯后会经历三个阶段。最初的几个月是蜜月阶段，他们尽情参加多年来一直渴望却又没时间参加的休闲活动。他们享受新得到的自由，花时间去打高尔夫或是陪妻子旅行。然而，退休13个月到18个月之后，他们开始对新的生活方式进行反省。退休后的第二个阶段，他们感到无聊，对未来不再乐观。到第三个阶段，他们又获得了相对的满足感。[16]遗憾的是，目前还缺乏关于商业领域妇女的退休方式的研究。[17]

我们的文化在颂扬退休的领导者方面做得并不好。鼓起勇气来计划退休的企业所有者通常发现外部世界并没有提供大量的正面支持。如果有的话，计划退休也被看成是软弱的而不是有责任感的领导者的表现。我采访的一个企业所有者告诉我：

> 当我最终决定安排接班计划时，我所做的第一件事是告诉我最亲密的朋友——他们都像我一样是企业的所有者。让我惊奇的是，他们都以不同的方式笑我是傻子。有个人问我是不是从医生或其他地方得到了什么坏消息……另一个直接就说："你还很年轻，也很重要，怎能这么早就在这场游戏中缴械投降呢？"我花了不少时间来说清楚我对这件事情的想法，也使他们开始考虑接班和生命的有限性问题。

考虑到上述这些态度，即使是那些已经为退休计划作好准备的企业所有者也会对新的地位感觉不自在，这是不足为奇的。在这个问题上，他们比其他任何人都更能感受到一种"高处不胜寒"的孤独。表达和描述这样一种经历的词汇的匮乏是面临代际传承的家族企业中的家族成员进行沟通的障碍。通常,关于退休的很多担忧不是来自于退休前的心理困境,而是来自于有关退休后生活相对平淡的问题。例如我的办公室将用来做什么?我的名片上写什么头衔?谁帮我接电话?权力转换时提前考虑好如何解决这些问题会使企业所有者乐意离开。一些人雇用私人助理来分担过去由公司中的下属来处理的私人事务;还有些人建立远离公司总部的私人办公室,同样也拥有自己的秘书和职员。

企业所有者对退休的另外一个担心是他们退下来后会被忽视,并最终被遗忘。他们以前的生活集中在经营企业上,这种技能能够在多大程度上转移到其他领域他们不清楚。如果有人鼓励他们进行二次创业,他们可能会说,这在那种年龄即使不是荒唐可笑的,也是徒劳的。当然也有许多企业所有者,像洛克菲勒一样,发现退休后比以前还要忙。在我看来,那些成功应对退休的领导者退休后在某种程度上会寻求新的领域和角色来重新实现梦想。对于一些人来说,这可能使他们重新发现个性中隐藏的方面,如敏锐的艺术细胞等。对其他人而言,新角色可能包括在其他公司董事会工作或者进行新的商业投资等与工作相关的挑战。许多人退休后会投身于公益活动和社团工作。最终,很多企业所有者的退休动机是可以重新获得和妻子、儿女、孙子、孙女团聚的机会。

我们有望看到退休不再被单纯地看作单向的遗忘。当意识到学习接班和退休经验的必要性,一些领导者开始和其他企业的所有者结成互助性团体，共同学习和分享经验。过去十年间，许多家族企业的支持性和教育性团体已经遍布全国各地，通常作为大学延伸项目的一部分。教育性项目可以帮助企业领导者明确他们必须为依赖他们的人特别是对所创立的企业负责，因此必须有效地安排接班计划。最好的项目包括向那些有过切身经历，能提供如何管理接班进程的见解的人学习的机会。这种培训经历也有助于退休者的妻子和下一代理解领导者在计划退休时所面对的情感困境。这点非常重要，因为领导者在家庭和企业获得的英雄地位通常会给他们带上一种自恃和无所畏惧的光环。一个出色的领导者的妻子曾告诉我：

> 对我来说，我的丈夫通常就像一块直布罗陀的石头(the rock of Gibraltar)。我们已经习惯了他的强大和自信，从没想过他也会变得衰老，并最终依靠我们来生活。坦率地说，当你和超人一起生活了40年后，很难接受他也是个普通人，也像我们一样脆弱这个事实。

当领导者表现得越来越衰弱时，企业中的追随者们也不得不随着领导者的退休而放弃他们宏伟的梦想。在更深的心理水平上，他们突然感觉被遗弃了，没人来照顾。或者他们把领导者的行为看成是一种辜负，好像领导者之前的所作所为都是虚伪的。他们可能对离开的领导者采取一种报复性的惩罚，例如，在领导者最困难时不给予支持和帮助。

对退休领导者缺乏理解只会使接班计划受到更大的阻碍。妻子们常常利用领导者对退休后生活的担忧来助长领导者对接班计划的抗拒心理。通常，配偶们都参与了领导者的梦想，也目睹了领导者是如何一步步攀登上事业的巅峰的，在这一过程中，她们为领导者稳稳地扶住了梯子。她们中的许多已经塑造了自己作为强大的企业所有者妻子的形象。她们担心领导者退位后自己的地位也会受到动摇。

尽管教育性项目有很大帮助，但仅仅依靠这种项目本身肯定不足以克服接班过程中将遇到的所有障碍。正如我所说的，有效管理接班计划的家族通常为接班进程制定了时间框架，这样就可以对权力交接有明确的预期。不同于在茫茫的大海上行驶又没有指南针，这些家族会为接班计划——也就是老一代领导者退出，新一代领导者巩固他们对决策、政策和资源的控制权的过程——画出明确的路线，制定详细的时间进程。

本章和前面的三章共同探讨了接班计划的规划以及在每个阶段两代人所面临的关键问题和任务。之后，我们将转向研究决定企业成败的组织结构。我们将分析管理家族企业的独特需求以及董事会、股东大会、家族理事会这三个关键要素是如何组织起来以保证企业持续发展的。

# 家业

SUCCEEDING GENERATION

# 第四部分 确保连续性的治理

永续

家业

# 第十二章　确保连续性的治理结构和过程

在庞大而复杂的家族企业体系中，所有权可能是间接的，是难以厘清的。家族财产通常交给托管会管理，其结果是少数几个受托人将拥有决定公司命运的终极权力。在许多情况下，设计这种财产托管会不只是为了减少纳税，更是为了不让家族情感纠纷破坏企业的管理。主要所有者的律师会有目的性地设计出信托财产并起草一份股东协议书，它将阻止持不同意见的家族成员挑战主要所有者的控制。

在我看来，这种遏制战略基本上是固执而错误的。通常，它反映出主要所有者不愿意处理经营一个家族企业所需面对的与人有关的问题即伴随着家族企业范围的扩大而出现的棘手的情感问题，尤其当晚辈中许多的成员有不同的兴趣和观点的时候。不管所有者建立的法律樊篱有多强大，这种樊篱都有可能在之后几代的家族成员的压力下倒塌。

我的观点是，兴趣和情感问题都是可以成功地得到处理的，并且为了确保一个家族企业的连续性，这样做是很重要的。使股东保持愉悦的心情并使他们对企业保持忠诚，这对企业和家族都是有益的。实现这一目标的最好方法就是建立一种机制，使得企业、股东以及家族的各种问题和顾虑都可以得到公开的讨论和解决。

本书的这一部分讨论的是在有效治理的家族企业中，治理结构是如何设计的。具体地说，我将论述家族企业管理的三大支柱：董事会、股东大会和家族理事会。见图 12－1：

图 12－1　家族企业的治理结构

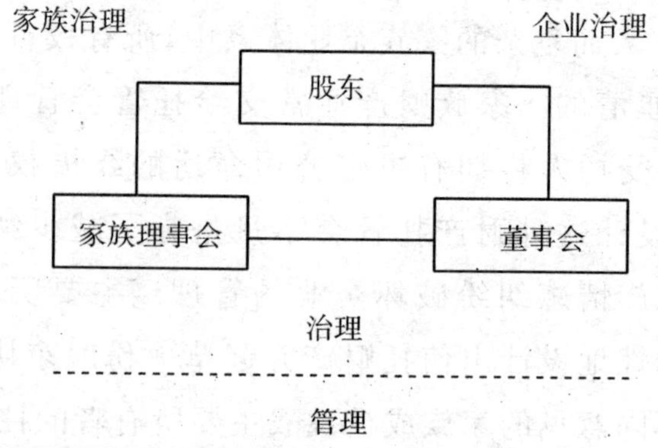


治理是什么，为什么它对企业的连续性如此重要？治理通常是指企业在社会及其自己的规章制度的法律框架里，组织自身从事商业活动的方式。在公众公司中，这一概念在很大程度上被定义为委托给董事会的责任，让其代表股东的利益，对企业的战略方向和方针以及管理层的绩效和决策进行监督。甚至许多家族企业的领导者也仅仅从这个定义出发思考治理的问题，而忽视了家族和股东表达自己意见的需要。而且,正如我们将看到的,家族股东们自己常常未能理解企业治理与企业管理之间的重要差别。

卡德伯里·施韦普家族(Cadbury Schweppes)的阿德里安·卡德伯里(Adrian Cadbury) 是英国一个很有影响力的公司治理委员会的主席。他曾经写到,治理是"企业家们在不损伤自己企业家动力的前提下,怎样利用公司的力量来为他们所服务的那些人带来收益"。[1] 这种定义意味着,公司有道德和伦理上的责任去满足形形色色的利益相关者的需求,包括它们的雇员以及它们从事商业活动所在的社区。虽然家族企业也承担了这样的责任,但是本书的这部分关心的是家族企业内部的关键利益相关方的治理。

家族企业治理结构的设计必须通过确保企业的增长和连续性,以及促进家族和睦和幸福来维护家族股东的长期利益。这意味着不管是家族还是企业都需要治理,并意味着董事会在家族企业中需要发挥广泛的作用。

虽然多年来,在大量的法令以及判例法中都有对公众公司董事职责的界定,可是却很少有法律性的指导方针来界定家族企业董事的职责。例如,在确保企业所有者为权力交接作好准备或者作出恰当的遗产规划方面,家族企业中董事会的职责是什么?具有最终决策权的领导者拒绝对他的接班作出详细的规划,如果在其去世之后,企业损失严重,那么董事们是否承担法律责任?如果所有者让他那些无法进行团队合作的子女结成兄弟合作关系,而董事们又没有对此表示出异议,他们是否应该受到指责?

不管是否喜欢，非家族的独立董事经常不得不陷入与监督企业发展和运作的常规职责无关的事务。此外，他们所代表的股东在很大程度上与那些购买上市公司的股票，但实际上和他们所投资的公司没有什么关系的大众投资者是不同的。

大多数的家族企业是缺乏治理的。即使它们有法定的董事会，也往往只是一纸空文，而且也缺乏能够运用自身的经历和专业知识在关键的战略方面为企业提供巨大帮助的独立董事成员。尽管存在法定的年度股东大会，但在许多家族企业中，这些会议通常只是流于形式，股东们只是被动地听取高层管理者所作的关于公司政策的简单汇报。此外，很少的家族企业明白，一个家族组织对公司的健康发展和延续性可能是至关重要的。

通常，是由于缺乏对多代家族企业的复杂性的关注，导致了压力和混乱，而这就产生了对治理的需求。家族成员的行为开始显得“怪异”。那些以前相互友好和熟悉的人们，因为工作和遗产问题开始变得相互怨恨或敌对。这种看起来怪异的行为甚至有可能被某些家族成员解释为精神病的症状。一些家族成员由此认为唯一的解决方法就是出售企业，并且确实有不少企业都是在这种情况下被出售的。

通常在这样的情况下，治理结构是缺失的：家族需要一个平台来设法解决并学着处理这些紧张关系。除此之外，家族理事会还发挥着一个更大的作用：勾勒未来，不断地设想家族将会如何发展，家族将需要什么，以及企业将在多大程度上满足那些需要。家族理事会是一个为终生学习所设计的机构,在这里,有潜力的年轻接班人培养出对企业的热情,了解专业化和有效管理的价值,这对实现共同梦想极其重要。理事会还试图形成关于未来最佳领导制度的一致意见,帮助家族进行调整以适应由权力过渡所带来的政治变化,甚至还能帮助董事会描绘出诸如董事长、CEO 等关键职位所需人才的理想特征。

治理必须被看成是家族企业的一种生存方式。领导们不仅需要知道怎样构建有效的结构,他们也需要知道如何对其进行有效利用。如果治理结构是家族企业保持延续性的引擎,那么持续不断地对家族成员进行如何利用这种结构的培训就好比是石油,没有它,引擎将无法发动。

本书结尾部分将会分析这些维持企业稳定性和延续性以及保证领导权的成功过渡的结构和程序的重要性。这一部分的两章主要涉及持续时间较长的家族企业,它们面临着伴随企业发展以及家族壮大而来的复杂问题。本章讲的是,治理的每个支柱——董事会、股东大会和家族理事会——是如何进行组织的,以有效地发挥作用。它总结了建立治理结构的方法,讨论了每种机构的基本构成,以及对每个机构都适用的话题,如怎样挑选成员,怎样组织他们的会议,以及他们所讨论的基本问题有哪些。

第十三章将更进一步考虑由积极、独立的董事会以及家族理事会所作出的重要贡献。它将特别关注外部董事在帮助家族企业所有者明确他们的梦想和培养接班人方面所扮演的角色，以及家族理事会在表达他们希望企业能够体现的价值观和传统方面所扮演的角色。这一章也将研究这三个治理机构的决策和活动是如何协调一致的。

在阅读这一部分时，很重要的一点是要能区分治理机构与在全书中都谈到的企业形式这两个概念。企业形式包括所有者控制制、兄弟合作制和家族合作制，它们所指的是企业权力和权威的分配，通常是与所有权相一致的。例如，在所有者控制制的家族企业里，CEO 可能是最重要的或者唯一的企业所有者；在这类企业中，唯一可能需要的治理机构就是称职并且独立的董事会。但是，随着所有权和管理权的分离以及家族分支的发展，企业需要考虑更多的治理结构方面的因素。在兄弟合作制这一阶段，家族理事会和董事会可能是必要的或者理想的。家族合作制因为具有更复杂的所有权结构，所以可能要求有一个有效的股东大会、董事会和家族理事会。总之，对家族企业而言没有完美的治理结构。这一章提供的只是对某个特定的公司或者家族在其发展过程中某一阶段而言一些有意义的可能的选择。

为了形象地说明一个家族企业中三大支柱机构之间的界限，我经常让企业所有者想象他们拥有一家公司，公司的主要资产是一架 747 客机。正如任何投资一样，股东都有权要求一定的回报率。他们也可以硬性要求一个总的风险回报率，这是管理必须完成的目标。股东有权坚持要求飞行员必须能够胜任工作，并且使客机得到最佳的维修和保养。然而，所有者没有权利进入机舱或者自己驾驶飞机。他们也没有权利告诉飞行员应该按哪个按钮，拉哪个控制杆，以及怎样读取标度盘。驾驶飞机是飞行员的职责，因为那是培训和雇用他们的目的。

在所有者的权利、特权以及责任和管理者的权利、特权以及责任之间有一条不可逾越的界限，那条界限就是驾驶舱的门。如果所有者被赋予了他们的权利，他们也必须了解他们所受到的限制。就算所有者在私有的（或者家族控制的）公司里拥有最终的决定权，他们也不必然有权利经营它。

同样，尽管董事会在任何一个公司里拥有法定的最终决定权，然而事实上，董事会在家族企业中的特权却严重地受到该家族的价值观和传统的约束。在我们的比喻中，飞机可以有多种用途：搭载乘客，长距离运送货物，为联合国运送食品等等。董事会有责任决定飞机的最佳用途以确保投资者得到充分的回报，但如果它的战略违背了被家族视为神圣不可侵犯的某种价值观或者原则，它就跨越了界限。例如，如果家族信奉它的成功是基于维持最高的安全标准，那么董事会就会被警告不要着手实施有可能破坏那些标准的降低成本的战略。

在发展的最初几年，家族企业通常规模较小，并且它的管理也可能是不正规的。如果一个公司成立了董事会，那么董事会通常也是由管理公司的家族成员所组成的。企业的创始人通常是最重要的所有者，也是经营企业的CEO，同时也常常凭借他对家族资源的掌控而成为家族中占支配地位的领导者。在这一体系的早期，家族习惯性地把管理等同于治理。

然而,我们已经看到,随着企业的成长、家族的壮大、家族股东以及潜在家族股东人数的成倍增长,整个公司所面临的压力也日益增大。伴随家族扩张而来的是三组人群——家族成员、股东以及参与经营管理的人员——之间利益的差异化,见图 12-2:

图 12-2　家族企业的体系

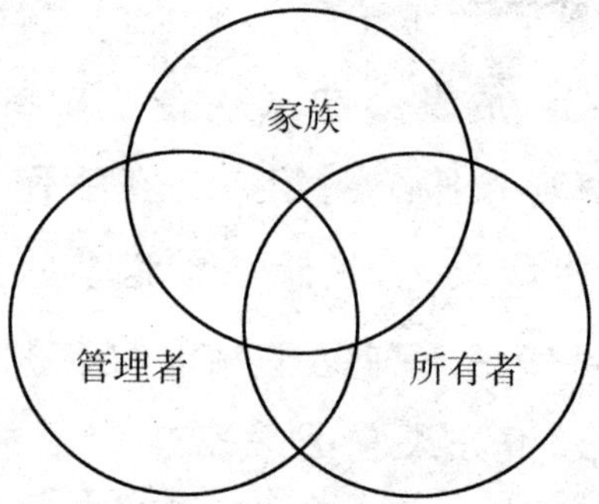


如果不培训各组人群,使他们清楚各自的权利和职责,那么家族和企业问题以及所有者和管理者之间的区别就会逐渐地被混淆。对这些区别的混淆可能表现为:

- 股东过多地干涉管理者的日常工作;管理者对董事会隐瞒信息,仿佛他们不对董事会负责。
- 诸如雇用某位家属或者关于某一家族成员在工作之外的表现这类家族关心的事,总是不断在董事会上被讨论。
- 在家族的社交聚会上,谈话主要集中于对公司决策的议论，这样的做法有时候会让未参与公司事务的家族成员产生被冷落的感觉，并会滋生怨恨。

许多家族企业是由一位所有者负责管理，它们将这一简单的所有权结构代代相传。另一些公司则经历了比较复杂的道路。它们勇于接受挑战，主动学习怎样应对这些复杂情况。它们会考虑到各种可能出现的问题，并准备好必要的机构和政策以有效地处理这些问题。当整个组织处于相当大的压力之下时，董事会、家族理事会以及股东大会各自都为必然的领导权转移发挥着重要的作用。现在让我们来研究一下这三个基本的机构是如何组织起来的，研究与它们各自的角色相匹配的权利、职责和特权以及它们之间的区别。

## 股东大会

尽管家族企业拥有众多的利益相关者，但所有者的权利却是至高无上的。董事会在法律上有责任保护所有者的利益并实现他们的目标，但是在有关所有权问题的决定上，董事会需要股东的指引。那些问题涉及如何将所有权进行分配和组织以保持家族的控制力。股东们应该注意的部分问题有：

- 公司是否因为过多地参与风险活动，而使股东的资产处于危险的境地？
- 公司的增长速度是否足够快，以确保股东们能比投资他处获取更多的利润？
- 占据最高管理职位的是否都是最有能力的人？

- 董事会在监督管理活动以及维护股东利益方面所做的工作是否出色？
- 红利政策是否应该更加保守，还是相反？
- 管理人员有哪些计划来满足股东的资金流动性的需求？
- 下一年度将要求股东们作出什么样的牺牲？
- 公司是否可以设置一个内部的股票买卖市场或者一个回购基金，以应付某位股东想将股票变现的情况？
- 董事会是否讨论过公司上市的计划？
- 是否有过重组所有权的计划？
- 管理人员是否考虑在不远的将来进行业务并购或是剥离？
- 如果家族控股的公司的股票可以公开交易，那么家族成员的行为将如何影响股票的价值？

股东们需要一个机构，允许他们综合处理这些问题。年度会议常常不能胜任这个工作，要么是因为这些问题不可能在年度会议上轻易地得到解决，要么是因为参加年度会议的人数太多或者差异过大，以致不能进行具有建设性的讨论。此外，大多数的家族企业没有很好地利用年度会议。年度会议往往是纯报告形式的，董事会成员以及高层经理向一群被动的听众作关于过去一年所取得的业绩以及来年计划的报告。而由所有权引发的任何重要问题都要提交给一个委员会，然后该委员会再将其上报给来年的股东大会作出解释。

股东大会通常是由所有超过 21 岁的家族股东组成，但是它的构成人员也非常地多样化。有的大会包括没有表决权的所有者配偶;有的包括年纪较轻的家族成员,以便从早期开始就对他们进行关于股东事宜的培训教育。

随着家族这棵大树逐渐分枝,股东们常常委托一个委员会来处理关于所有权的问题,这个委员会在两次股东大会的空隙期间代表股东们的利益。在那些家族股票交由托管基金负责的公司里,行使股东权利的法定权力掌握在受托人手中。在一些公司中,股东大会是由拥有公司股票的信托受益人组成的。一些企业中的托管机构具有家长式作风,以使受益人能够自我保护。这样的托管机构常常是由一些终身任命的非家族受托人来控制的。在其他一些综合性更强和更愿意放权的信托机构里,受托人在本质上被看作受益人的代表。在这些公司中,由受益人来挑选一些或者所有的受托人,他们的任期都是错开的,以保证可以轮换工作。

一些家族将在公司工作和不在公司工作的股东进行区分。身处高级管理层的家族股东,有可能对公司的情况更加了解,于是关于所有权问题的当前职责都交给他们。[2] 一个例子就是由德·加斯比·博宾家族——加拿大电视传媒有限公司的所有者——所设立的圆桌会议(roundtable assembly)。只有任职于公司的有表决权的股东才有资格加入股东大会,并且他们必须由圆桌会议的成员投票选举产生。然而,股东大会也可以选举不任职于公司的极具才干的家族成员为大会成员,或者如果必要的话,甚至为这些具有天赋的个人提供资助,以帮助他们购买股票使得他们得以加入这一群体。

在加斯比家族，圆桌会议设立了关于所有权的规章制度，并且定期地向CEO以及董事会传达大多数的企业所有者对每一件事情——从公司战略到家族价值观——的看法。

股东组织所召开的会议是对董事会以及管理人员的工作绩效和计划提出问题的比较适宜的场所。董事会成员和管理人员有义务为在这些会议上所提出的各个问题寻求解决方法。此外，股东大会是一个使家族所有权的精神永存的很好的平台，而这种精神对于企业的传承是非常重要的。通过培训年轻的股东，使他们在保护他们的投资成果方面发挥积极的作用，可以培养他们对家族遗产的责任感。当然，有的问题与所有权无关，更适合放在其他的机构进行讨论。比如，家族成员所提出的在公司工作的要求以及老一代的遗产之类的家族问题，就不应该在股东大会上讨论。家族大会更适合解决这些问题。也不应该在股东大会上对政策问题和公司决策进行广泛的讨论，这些都是管理人员和董事会的职责。如果全体股东都在讨论这些问题，这就明确表明，治理机构之间还没有明确的界限。

### 股东协议

为维护股东的团结，股东协议是不可或缺的。这一由所有家族股东签署的协议是家族控制公司的关键。它清楚地说明了有关股票转让和股票表决权的规定，以及托管机构在整个所有权结构中的地位。不管越来越庞大的家族体系的成员相处得多么和睦，稳妥的办法是，先假设在后辈中会有家族合作者想出售他们的股票以获取现金。股东协议是避免家族所有权被削弱的关键，尤其在那些股票公开交易并且对外界有强大吸引力的公司，家族所有权的削弱可能导致家族控制力的削弱。在家族内部提供一个买卖股票的机制，这有助于保证公司仍然被家族成员所控制，同时有助于阻止成员将股票出售给可能分裂公司的外部人员。提前规定家族内股票买卖的条款，也可以防止成员间的争吵分裂家族从而动摇公司的基石。

如果公司设立了一个基金用于回购股票，那么股东协议可能会要求股票必须卖给公司；或者它可能包括“优先取舍权”，即相对于外部买者，家族成员有优先受让的权利。协议中通常还包括在打算出售股票的情况下，用于计算股票价格的公式以及一个对由运用公式所引发的争议进行公断的方法。

在这些交易中，股票的价格可能对公司的运营有本质的影响，如果价格定得太低，会影响它的贷款能力（当然此外还有别的）。许多股东协议有意识地将公司的股票价格定在一个较低的水平上，目的在于减少纳税以及防止家族股东出售股票。然而，当家族企业到银行去以它的股票为抵押而进行贷款的时候，它就处于不利的地位，因为它所能借贷的款额是以股票价格为基础的。在这种情况下，出于借贷目的而提高股票价格的需要就有可能与家族的纳税策略相抵触。

在由后代经营的家族企业中，股东协议常常制定出规则，以防止因为家族成员出售股票而使家族分支中的权力平衡发生变化。例如，有的规定可能要求卖者在考虑其他分支中的潜在买者之前，必须优先向他们自己分支中的成员发出要约；或者如果一个分支中的家族成员出售股票给另一分支，可以要求为保持两个分支先前的股票比例而进行一笔远期交易。尽管这类协议可能看起来过度地墨守成规，但由于它们预料到可能存在的问题，并制定规则，使得在陷入重大的争论之前就将问题解决，因而还是有助于促进家族和睦的。

### 授权给年轻的家族股东

股东大会为股东们提供了对董事会成员和管理人员进行质询的机会。不幸的是，很少有人充分利用了那些机会。尤其在那些强调论资排辈以及尊重权威的文化之中，股东们常常不愿意在年度会议上发问或者对领导层提出质疑。这一根深蒂固的胆怯使他们无法认识到公司绩效中什么是与他们得失息息相关的，也使得他们无法保护自己的经济利益。

在许多家族企业里，年轻的成员继承了股票，但却没有认识到那些伴随所有权而来的问题。长辈们可能出于税收的原因，早早就将股票赠予他们的孩子，但却没有将与之相关的职责也一起移交给他们。就算年轻一辈拥有大多数的股票，长辈们也可能通过有表决权的股票来牢牢地控制公司。如果晚辈们从未在公司工作过，他们可能会把公司看作一个用之不竭的金矿。即使他们也是所有者，他们的感觉是，他们几乎无法发挥积极的作用。他们甚至可能认为，公司是不可能衰落的，因为它总能满足他们的需求。在今天这个瞬息万变的市场上，最真实不过的是，哪怕是大型公司，在面临激烈的竞争挑战时，也可能很快就不复存在了。

股东大会应该有让股东了解与所有权相联系的职责的功能。它让他们知道，管理人员以及董事会是对他们负责的；它教会他们提出恰当的问题；它也让管理人员和董事会知道，他们是对一个更高层的机构负责。在管理有方的家族企业里，董事长以及委员会的负责人必须作好回答问题的准备。（某种程度上，在年度会议上，董事会扮演的角色就像是最高管理者的缓冲器，如果最高管理者面临了过多的来自股东的质询和批评，他们的工作效能就会被削弱。）年轻的继承者并不是天生就清楚地理解企业治理与企业管理的界限——这些东西必须有人去教他们。在培养接班人的过程中，家族企业常常很重视管理教育。它们同样需要重视的是让年轻的股东以及未来的股东接受与所有权相关的一些问题的教育。会计和金融知识以及对家族企业的治理，尤其是对董事会如何发挥作用的一个基本认识，对股东们是至关重要的。

## 董事会

从法律角度讲，董事会的存在是为了保护股东的利益。事实上，一个家族企业的董事会在领导企业和家族方面扮演着更为广泛和积极的角色。沃德曾经这样写到："由高效率的董事会所提出的一个客观、机密和周全的建议有助于企业所有者保持明智和优秀的领导。”[3] 支持这一结论的事实是：许多历经了数代仍然由创始人的后代控制的大型家族企业，都拥有这样的董事会。

和公众公司一样，家族企业董事会的职责也是监管公司的运营。董事们的职责在于使公司尽可能高效率地运营，并且能为股东们带来最大的利润。董事会的职责包括：

- 重新考虑公司目标；
- 监督公司业绩；
- 批准公司的并购以及子公司剥离计划；
- 批准战略规划以及运营预算；
- 为 CEO 以及他的管理团队提出建议；
- 批准资产负债率；
- 指导接班计划。

通常，家族企业中参与管理活动的企业所有者往往非常重视董事会的监督功能，以致忽视了这样一个事实：一个拥有经验丰富的独立董事在内的强有力的董事会可以成为高层管理者的巨大资源。董事们为公司带来了一系列的技能和专业知识，因而能提高公司的管理水平。此外，他们在使管理人员持续关注公司的宏观图景、长期目标和战略方向以及公司实现这些目标的整体情况方面，发挥着决定性的作用。

在许多家族企业中，董事会除了受公司的委托承担监督公司运营的责任，还有一项功能，即确保企业进行管理活动的指导方针是家族所珍视的社会以及伦理原则，这对企业所有者而言是同样重要的。

一些家族希望他们的企业遵循某一宗教的教义。另一些家族则关心公司对社会以及环境产生的影响。工厂所排放的污水是否正在污染当地的水源供应？公司是否录用了足够多的少数族裔员工？在国外工作的高管为了开拓业务，是否应该贿赂外国的官员（如果该国有这样的风气）？公司是否应该涉足合法的（并且竞争对手也参与的）但违背家族价值观和传统的业务？

每天，来自各种类型的公司的管理人员几乎都会面临有关伦理价值观和两难困境的决策。董事会负责使管理活动遵循属于家族遗产和传统的那些价值观。正如我们所看到的，将这些原则和价值观清楚地阐述出来并传达给董事会是家族理事会的首要任务之一。

### 独立董事的贡献

马萨诸塞州共同生命保险公司（Massachusetts Mutual Life Insurance Company）和阿瑟·安德森有限公司在美国对企业所有者作了多项调查，结果表明，大多数已经延续了一代以上的家族企业至少吸收了两个或者三个独立董事进入董事会。另一项由哈佛商学院的路易斯·巴恩斯（Louis Barnes）和马克·施瓦茨（Marc Schwartz）所作的研究表明，每新加入一位外部董事，董事会的效率就会有所提高，但最多不能超过三人。这个结论和企业所有者的感觉很相似。[4]

许多企业的所有者不是太愿意组建一个活跃的、包括优秀外部董事在内的董事会，并赋予它真正的职责，因为他们害怕失去对公司的控制。他们担心的是，他们的决策会受到挑战，隐私会受到侵犯。然而，经验表明，拥有董事会的所有者们所得出的结论几乎都是，他们先前的担忧是毫无根据的，并且来自外部的董事确实提高了董事会决策的质量。在生产庄臣蜡和雷达产品的庄臣公司的董事会里，独立董事在数量上占绝对优势，即使 90% 的股票是归家族成员所有的。现任主席塞缪尔·C. 约翰逊曾写到："我的父亲深信应该获取来自外部的建议，以此来提高我们内部的能力，现在我们也发扬了这一传统。我深信，公司能够取得成功的原因之一是，我们能够吸引并留住国内最优秀的外部顾问。"[5]

至于隐私问题，董事们受公司的委托，有责任保守那些他们了解到的机密信息。一个对独立董事的严格的筛选过程以及明确的保密协议有助于确保董事们因为这一职责而深感光荣并且尊重家族的隐私权。然而，防止泄露那些可能危害公司或者家族的秘密的最好方法，就是没有什么需要隐瞒的不道德或违法行为。

具备丰富商业经验的独立董事为公司带来了专业知识和经验，这些可能正是家族所急需的。CEO 可以召集他们，让他们在关键的决策上提供参考意见；另外，家族成员也可以向他们请教问题。一些外部董事会逐渐对家族有深入的了解，甚至成为领导者后辈们的导师。

在此应该提及的是，所有的董事都是遵循大多数股东的意志来行使职责的。如果某个董事行为不端，比如泄露家族机密或者成为董事会中的分裂势力，那么就可以召集一次股东会议并开除此人。然而，拥有强势董事会的家族企业作出的承诺是，让董事会成员充分发挥他们的作用，并自由地表达他们的观点，无论所有者是否同意他们所说的每句话。当他们听到与自己相反的观点时，他们并不会立即开除董事会成员或者解散董事会。外部董事自己也知道，股东们拥有最终的决策权，并且如果他们失去了家族的信任，他们通常会辞职。如果一家公司的筛选过程是有效的，这样的事件就会很少发生。

### 董事会的规模与组成

在有关非家族企业和上市公司的文献中，就一个董事会理想的规模和人员组成这一问题，有相当多的争论。我认为，一个小组要想有效率地运作，它的人数是有限制的。一个理想的董事会应该由七到九个人组成。我的观点得到了对任务执行型小组的研究结果的支持。[6]

家族企业往往任命了过多的董事，尤其在由后辈掌权的公司里，公司的领导们觉得有义务让尽可能多的家族成员加入董事会。然而，如果董事会组成人员多于九人，它的工作效率就降低了。会议时间难以确定，工作难以协调一致，观点过多，并且达成一致意见要花费相当长的时间。

除了对董事会的席位应该有限制以外，考虑董事会的最佳人员组成也是很重要的。怎样才能对内部和外部董事以及家族和非家族董事进行合适的组合？如果家族企业只有一个董事会，那么在通常情况下，它几乎全都是由家族成员组成的，而其中的一些成员可能不太能胜任他们的工作。通常导致这种情况的原因是，领导者们出于善意希望给予每一位想为家族出力的家族成员一个这样的机会；或者这可能意味着，领导者们对董事会并不重视并且也不打算给予董事会真正的职责和自主权。在任何一种情况下，如果董事会里有太多不称职的家族成员，到最后它通常都会变得效率低下，因为它的成员扰乱了家族和公司的议事日程。此外，有能力的独立董事也不太愿意加入这样的董事会。

需要有多少独立董事才能保证董事会持续关注关键性的问题？对大型的家族企业来说，更为普遍的是，董事会成员大部分都是独立董事，就像庄臣蜡的董事会。无论如何，在一个董事会中至少要有三名独立董事，以保证董事会中有一股决定性的力量以鼓励大家表达自己的独立见解。如果只有一两个外部董事，他们可能有被孤立或者孤独的感觉；他们的意见很可能被压制。

挑选独立董事的过程是非常重要的。企业所有者常常优先考虑他们自己的小圈子里的候选人——他们的律师、会计师、银行家，尤其是亲密的朋友。因为与所有者的关系过于亲密，以致这些人往往无法提出客观的建议，所以通常情况下，他们都不是最佳选择。首次寻找独立董事的家族企业可以设置一个甄选委员会，首先详细说明一个理想的董事应该具备的素质，然后列出一个候选人名单，或者聘请一个专门从事董事招募的猎头公司。一旦董事会成立了，今后的接班人招募和甄选工作都委托给董事会的一个任命委员会，这个委员会最主要的构成人员是独立董事以及年长的家族成员代表。

最佳的候选人包括企业所有者自己，他们知道怎样领导一个公司，管理大量的人员，作艰难的决策，以及与股东和公众打交道。某个经验丰富的顾问给家族企业的建议是，不应该只期待找到与他们水平相当的人，他们更需要的是比他们优秀的人。在此，他指的是这样的一些企业领导者，他们的公司已经取得了一个更高层次的发展，并且成功地扫除了他们所面临的或将要面临的障碍。总地说来，董事候选人的理想素质有：

- 能站在战略高度思考问题；
- 解决公司现实以及未来问题的经验；
- 赢得家族信任以及与家族中的年轻人和老一代共事的能力；（年龄是一个重要因素，年龄介于年轻人以及年老者之间的董事可以更好与他们双方沟通。）
- 熟悉处于同一成长阶段的其他家族企业的接班进程；
- 希望作出贡献，而不只是想获取名利；
- 与行业和政府拥有良好的关系。

战略标准是最需要考虑的因素，这是因为企业未来的发展方向将决定董事会成员最需要具备的是什么样的能力和经验。甄选委员会必须考虑高层管理团队所具备的能力以及独立董事可能为公司带来的哪些专业技术与知识是有助于实现战略目标的。公司是否正开始大规模地进入房地产和信贷领域？如果是，那么了解这些市场的董事将在很大程度上有助于公司的发展。公司是否准备进行全球化管理？如果是，那么具有多国市场经验的外部董事将是理想的选择。公司是否正在进入高科技领域？如果是，那么熟悉那些科技的董事很明显是有用的资源。

一些家族企业处在这样一个阶段：对政府的了解以及与投资银行家的关系起着至关重要的作用。例如，有一家公司预见到，美国国会的一项还未通过的立法将严重影响它的业务。于是，它很明智地招聘了一名外部董事，这名外部董事与华盛顿的政府机构有着良好的关系。另外一家公司一直都采用一项新的尖端科技，它于是吸收了一名具有高科技背景的董事。在招募董事的过程中，公司应该大面积撒网，而不应该只考虑它们社区或者本国的候选人。例如，有着海外业务的公司可以考虑招募了解它们的行业并且满足其他条件的外国人。

候选人应该证明，自己具备对家族企业运营方式的了解和敏感性。对企业最有用的技能可以包括，在接班计划和解决冲突方面的经验。已经经历了从一种家族企业形式到另一形式转变的公司的所有者能够为将要经历同一过程的企业提供有价值的参考意见。另一方面，那些认为家族问题与公司无关而对其置之不理的大型公众公司的执行总裁们，可能对企业是没有益处的，无论他们其他方面的能力有多强。

一般来讲，最好的朋友往往最不能胜任董事一职。独立董事公正客观的意见应该得到重视。他们应该在必要的时候对公司的政策提出质疑。很明显，就算好朋友具备这种能力，他们也不愿意扮演这一角色。诸如律师和会计师这些提供服务的人员，他们也不是最佳候选人。无论他们的服务多么有用，他们都是立即取得报酬的，他们很少为董事会带来重要的附加值。如果让提供服务的人员担任董事，有可能会导致利益冲突。例如，如果董事会提议更换为公司提供服务的会计师或者律师事务所，应该怎么办？

大多数经验丰富的企业领导者之所以答应加入董事会，主要是因为他们希望提供帮助。除了名利以外，更吸引他们的是，与人分享他们的见解的愿望以及帮助公司实现目标的挑战。虽然应该对外部董事给予充分的报酬，但那些仅仅为名利所驱动的董事可能并不是最好的选择。

### *内部董事与外部董事，家族董事与非家族董事*

使内部董事和外部董事的比例保持平衡，是非常重要的。如果加入了太多的内部管理者，那么到最后，董事会所发挥的作用就和一个高管委员会差不多了。在各种会议上，人们都过于关注日常的企业决策和危机处理，而不重视长期目标、战略以及管理人员的整体绩效。相反，如果加入了太多了独立董事，那么董事会就与企业日常的现实问题脱节。例如，如果CEO是董事会里唯一的内部管理人员，那么他就可能会对应传达给其他董事的信息进行事先的过滤，这样一来，就剥夺了其他董事获取可能导致不同观点的内部原始信息的权利。公司应该瞄准处于中间的某一个点：内部和外部董事的数量应该保持大致的平衡。[7] 例如，在一个七人董事会中，四人是独立董事，或者说三个是内部董事，这样就是最优的配置。

类似地，在家族董事和非家族董事之间也应该保持平衡。和非家族董事一样，对家族成员的挑选也应该基于他们能为董事会带来的经验和判断力。他们应该充分理解董事会的职责，并能够作出巨大的贡献——提升董事会工作的价值，而不只是占据一个席位。同样，家族董事应该具备什么样的素质这一问题必须得到明确。非常重要的素质包括：熟悉企业，忠诚于企业的未来，以及与经验丰富的独立董事积极互动的能力。候选人应该对经济学、企业战略以及企业管理的原则有一些了解。他们也应该知道一些财务方面的基本原理，并且至少可以读懂并解释资产负债表和损益表。然而，这些对董事资格的要求，并不是为了把欠缺某些专业技能的有天赋的家族成员排除在考虑范围之外。对于那些想为公司出力的家族成员，公司可以为他们提供教育机会和培训项目，以帮助他们弥补所欠缺的知识。

对整个家族的忠诚，是对家族董事提出的一个重要条件。他们必须通过行动来表明，他们之所以为公司工作，不是为了满足个人或者家族分支的私欲，而是为了促进所有家族成员的共同福利。在较大的家族里，每次只有少数家族成员能够加入董事会，因此有必要设计出一个代表机制。如果是在几个家族分支之间分配所有权，那么每个家族就可以在董事会中至少有一名代表，他将让本分支中的其他成员知道董事会所商讨的议题。在正从兄弟合作制向家族合作制转变的公司里，应该设计出一个代表机制，来防止家族分支之间产生破坏性的敌对关系并巩固大家族的团结。方法之一是，让所有家族成员投票选举加入董事会的分支代表。这一机制要求家族董事不仅要向本分支的成员，而且也要向其他分支中的家族成员报告工作，这样也鼓励了各个分支之间的相互交流。当然，就算在有代表机制的情况下，选入董事会的家族成员同样应该具备一名董事的基本素质。

然而，董事会中的分支代表机制可能是一把双刃剑。在由兄弟合作制向家族合作制转变的过程中，一旦确立这一原则，它就会永远地融入组织之中，并导致接班的家族成员之间不正常的敌对关系。在未来，一些家族分支可能对公司不再是重要的。这也就解释了，为什么公司越早开始以能力和他们对整个家族利益的忠诚度为基础来选择家族董事，就越有利于家族的延续性。

### 任期、薪酬和薪酬支付方针的确定

不论是家族董事还是外部董事，他们的工作年限都应被限制在五到七年之间。当任期结束时，董事们通常已经和董事会中其他成员分享了他们长年积累的经验与知识；即使任职年限再长，他们也已经无法作出更多的贡献。另外，他们的任职年限应该相互错开，以免过多的董事在同一时间离开公司。这样一次只更换几个董事席位，就可以保证董事会工作的连续性，并且可以定期吸收新鲜的血液。

董事们的薪酬没有统一的标准，它通常反映的是企业所有者对董事会的重视程度以及企业的规模。[8] 尽管薪酬不应当成为激励优秀独立董事的主要手段，但董事的薪酬却是说明家族企业对董事会重视程度的重要指标。一个经验法则是，高水平、经验丰富的独立董事的时间价值可以等同于公司高层管理人员的时间价值。[9] 为了确定独立董事的薪酬水平，公司可以累加一下挣取最高薪酬的高管们——董事长、总裁或者 CEO 的工资、奖金以及期权，并由此得出独立董事的薪酬。

有关家族董事的薪酬问题会引发更多敏感和棘手的问题，这些问题无法按照任何公式进行解决。原则上，家族董事有资格获得与独立董事一样多的报酬，并且如果他们确实是有能力的话，他们通常都受雇于其他大型公司。这里有一个陷阱：如果家族董事获得了报酬，家族成员就可能将董事会的席位视为一种资格而不是一种重要的职责。这就会加剧有能力和无能力的家族成员对席位的争夺。被任命到董事会中也可能沦为给予那些无法参与到公司管理中的亲属的安慰奖，或者被看作分配收入给贫困亲属的方式。一些公司作出的妥协是，付给家族董事的薪酬少于独立董事，但这样的安排会让家族董事觉得自己是“二等公民”。很明显，最理想的政策是，对做同样工作的有能力的家族董事和独立董事支付相同的薪酬。这一政策是否能在任何一家特定的公司内成功地付诸实施，将取决于公司的资源以及家族回报管理人员的整体方案。

## 组织董事会

家族成员以及非家族的高管们都应该有机会与董事会的候选人见面并了解他们。与任职于大型公众公司的同行相比，家族企业的独立董事们与股东们维持着更好的关系。在与候选人最初几次碰面时，甄选委员会的成员——通常包括公司的各类首席官员和重要的股东——有机会判断他们能否与候选人融洽相处。如果双方之间存在一种相互信任和尊重的氛围，外部董事就能够成为董事会中的平衡力量，能够扮演一种被喻为情感冲突时期的平衡轮的角色。

应该把最终被选定的家族以及非家族董事介绍给主要的管理人员，并向他们简要介绍企业运营和战略的各个阶段，以及董事会议事日程上主要的政策问题。在大多数董事会真正承担责任并积极发挥作用的家族企业中，都有一个精心设计的正规的上岗培训计划，新董事在上任之前都需要经历这一阶段。

大多数的董事会并非定期举行会议。[10]因此，在大多数这样的企业中，即使董事会发挥了作用，这种作用也很有可能是微不足道的。每月甚至每周都举行会议的董事会，就像拉丁美洲国家的一些董事会一样，通常会陷入到日常的运营活动中，并且管理往往过于细化。每季度举行一次会议的效果是最佳的，因为这样能让董事会集中关注宏观的战略以及政策问题，而不是细节。

这并不意味着，董事会在休会期间就不工作；相反，某些重要的工作正是在此期间完成的。有效率的董事会可以分解成几个委员会,以分别在各领域发挥其专业特长,例如审计委员会、接班委员会、战略规划委员会、任命或者公司治理委员会,等等。委员会的负责人由董事长任命,他们负责协调成员在会议期间的工作,探究在之前的会议中所讨论的问题,并为下一次会议准备报告材料。委员会的负责人应该可以不受约束地雇用外部专家,并且应该给予他们完成工作所需要的资源。

在某些公司频繁出现的情况是,董事们只有在进入会议室准备开会的时候才得到一份关于议事日程和背景信息的材料。要想充分地发挥董事会的作用,就必须要求董事们在会议之前就充分获取了重要的信息,这样他们才能有时间消化信息,并形成自己的观点。董事长以及他的员工们为每次季度会议收集董事会所需要的信息并且拟定出一个议事日程——在一些公司这是一项繁重的任务,这样一来,就可能只需要少量的人员。

为会议收集信息和准备议事日程的过程对参与此项工作的高管们来说,是一项非常有用和有教育意义的锻炼。家族企业的领导者们在为举行控股公司的董事会议作准备时会发现,一份合并资产负债表是很有用的。在发展的早期阶段,这些公司会将他们的各项业务分别制作资产负债表,但却没有一个可以让他们的董事会了解全局并对不同业务部门的财务业绩作比较的全面的资产负债表。某位CEO曾经告诉我,在准备议事日程的过程中,他发现了他的公司在收集和使用数据方面的严重不足。董事会的询问促使他发现了评估公司业绩的更有效的标准。他说:“如果你无法衡量它,那就无法管理它。我们的董事会所关注的是那些适合衡量的变量。”通过变革组织,他为他的管理人员提供了他们有效完成工作所需的重要信息。

## *家族理事会*

与家族企业相联系的第三类人凭借他们家族成员的身份,享有某些权利也承担某些职责。庞大的家族群体不仅仅包括现有的家族股东和管理人员,还包括其他的家族成员,例如不持有公司股票的配偶、父母以及祖父母,他们的生活受企业里所发生的事件的影响。有关家族与企业的关系的一系列问题必须受到重视,但是这些问题几乎不能得到有条理的周密细致的讨论,除非由一个单独的治理机构——家族理事会来负责。如果没有一个单独的机构来促进家族成员的福利水平,解决家族问题,这些问题就可能加重董事会以及管理人员的负担,这对家族和企业运作来说都是一个高额的成本。

许多美国的中小型家族企业已经认识到,组建家族理事会是有好处的。[11]众多发展成熟的跨国公司也有这样的理事会,这些公司包括西班牙的阿格欧利门·普易格和安东尼奥·普易格兄弟公司(Agrolimen and Antonio Puig)、瑞典的邦尼尔集团(Bonnier Group)、美国的纽约时报、庄臣公司、加拿大的电视传媒有限公司和爱玛仕 (Hermes)公司——法国的一家皮衣、领带以及其他服装的制造商。其他的一些大型公司在将权力移交给下一代的过程中,也开始着手建立这样的正式机构。

在制定家族政策和解决诸如对亲属的雇用和解雇、企业额外津贴的分配以及家族度假村的使用之类事件上所发生的冲突方面,家族理事会的作用是至关重要的。它最重要的功能之一就是清晰地阐明家族的核心价值观。尽管许多家族企业都有很强的价值观,并且希望看到这些价值观在企业的两种文化中得以升华,但他们却很少花费必要的精力来明确地界定这些价值观。

家族理事会还有其他一些重要职责。它引导家族成员认识到自己与公司相关的权利、职责以及特权;它提供了一个讨论企业延续性和接班问题的平台;它有责任保护并传承家族遗产以及向年青一代灌输管理意识。概括起来,家族理事会的活动包括:

- 阐明家族在董事会的指导方针、高层管理以及家族慈善活动方面的价值标准;
- 规划出所有成员都认同的关于家族和公司未来的有挑战性的愿景——共同梦想;
- 规划家族成员的教育项目;
- 制定政策以管理亲属加入或者退出企业;
- 确立家族成员在群体中的行为规范;
- 制定一个家族使命宣言或者信条;
- 促进年轻家族成员的发展,例如设立奖学金或者风险基金;

- 组织家族遗产的庆典；
- 设置家族办公室来处理与家族的主要业务无关的各项投资；
- 发出并监管家族的慈善倡议；
- 协调各项措施以保护家族成员的个人安全；
- 为家族提供休闲娱乐活动；
- 制定政策以解决家族成员所从事的不同商务活动之间的利益冲突。

### *家族理事会的成员和关注点的变更*

伴随不同问题的出现以及成员的变更，家族理事会的职能也随着时间的推移而演变。最初，家族理事会可能只由父母和他们的子女组成。讨论内容可能集中于计划家族假期，子女的职业兴趣，或者在学校时，如果别人发现他们是富有的商业家族的成员，他们可能遇到的难题。在最初，这些会议可能只是一年召开两次，但以后会变得越来越频繁。

早期的会议为未来设立了一个正式讨论家族问题的模式。同时，这些讨论激发子女们思考他们自己的职业抱负，无论他们是否已经下定决心加入家族企业。强烈建议父母们应该做的是，借助早期的会议来形成一种自由公开讨论的传统，并帮助他们的子女朝着自己希望的方向发展。

通过家族理事会的讨论，家族为成员们认同的共同梦想的形成铺设了基石。在这些早期的对话中，父母们能够与孩子们分享他们对家族企业的自豪和热情以及参与其中所需的专业知识。当子女们成年以后,与他们详细而明确地进行关于企业的需求以及公司内的职业发展道路的讨论,是更合适的做法。然后家族理事会可能开始考虑,子女们应该具备什么样的教育水平,是否应该先在公司之外工作几年再加入公司,以及期望他们达到什么样的绩效标准。家族理事会也可能组织家族活动或者发行家族刊物来强化管理意识。

在庞大的商业家族里,家族理事会很可能拥有一个分支代表机制,并且采用正式的规则来规范家族成员加入企业。家族理事会可能安排导师在事业方面来协助年轻的成员,并为他们创造其他的教育机会。它也可能制定老一代的退休政策,使他们以新的方式为企业服务,比如在家族基金会里工作。如果某些家族成员创办了自己的企业,家族理事会可以制定政策来管理那些公司与家族企业之间的业务往来。

另外,在公司作出任何重大决策之前,如改变或者扩展企业使命,对公司进行重组,或者向外举债,一些家族所有者都会例行公事地征询家族理事会的意见。一些家族明确规定,任何一项需要 5 000 万美元或者更多花费的采购,以及为期五年或更长的合约,都需要向家族理事会咨询。

一个有代表性的家族理事会议事日程可以包括如下的问题:

- 我们家族最重要的价值观是什么?我们如何表达这些价值观?
- 这些价值观如何与指导企业运营的原则相联系?
- 如何保持这些价值观并将其传授给企业和家族中的

后辈？

- 应该允许或者鼓励家族中的哪些人加入企业？应该为希望加入企业的家族成员设定什么样的能力要求？
- 哪些人有权利使用企业的设备，并分得公司的额外津贴？
- 作为一个家族，我们怎样才能提高沟通能力和冲突管理的技能？
- 我们是否应该为家族成员制定一个在企业中的行为守则？
- 家族成员、客户以及其他外部人员是怎样看待企业的？企业是如何影响成员的声誉的？
- 我们怎样才能让后辈作好准备承担伴随所有权而来的职责？
- 不参与企业活动的家族股东们的权利、特权、职责以及任务是什么？
- 我们是否应该编写一部家族史志来记载家族成员在企业中的活动？

### *创建家族理事会：规模、构成以及组织*

组建家族理事会的过程因为各家族的具体情况会有所不同。一般来说，会召集一次家族会议来设立一个负责组建理事会的委员会。在选择成员的时候，委员会制定了一系列理事会候选人的标准，并且提名最优秀的家族成员来为企业服务。对家族遗产的忠诚度很显然是重要的，同样重要的是自愿为理事会的工作花费必要的时间。可信赖度、领导能力、与各个家族分支沟通并且赢得其尊重的能力也是至关重要的。另外,解决冲突的技能也非常有用。

对董事会适用的规模限制同样也适用于理事会。超过九个成员的小组就变得太臃肿以致无法按时、高效地完成工作。一些家族鼓励姻亲们在理事会中工作,通常来讲,这是一个很好的主意,因为它使姻亲们有机会直接了解到企业中出现的影响他们生活的新情况,而不是间接地听取这些信息。为各个会议设立一套正式的程序性的规则是非常重要的。对于较大的家族,我通常建议,每位理事会成员都要向10—15名有表决权的家族成员汇报工作,这些成员包括本分支以及其他分支的家族成员。和选举家族董事的情况一样,理事会成员应该由整个家族投票选出,目的在于促进团结和对整个家族的忠诚。然而,只有当代表了整个家族的时候,理事会才有可能以最佳的状态工作。在创建理事会的过程中,家族应该广泛听取各方的意见,包括男女老少、各家族分支、血亲和姻亲、积极参与和不参与企业活动的成员、家族受托人和受益人等等。

一般说来,理事会成员的任期会比董事会成员的长。无论多长,理事会成员的任期都应该有一个固定的限制。他们的任期也应该相互错开,这样做的好处在于,当有人任职期满离职的时候,其他的成员便有机会参与理事会的工作。理事会的组织结构应该大体上与董事会的结构相平行,每一位成员负责管理一个或者几个领域的事务。一般情况下,理事会被分成几个工作委员会,它们负责处理诸如招聘与解雇政策、家族办公室、家族与家族发展、信用问题、家族历史、家族娱乐、家族慈善事业以及家族章程之类的问题。

选举理事长的目的在于让他代表理事会和管理人员以及董事会打交道。在那些重视家族治理的公司里，理事长的地位与董事长的地位基本相同，并与之频繁地接触。很明显，理事会选举出来的应该是一个善于表达、为各家族分支的成员所尊重、在主持会议方面有着丰富的经验，并且能够熟练地化解冲突的人。在选举领导者之前，理事会可以对此职位所需的一系列理想特征达成一致意见，并以此为标准来评估各位候选人。在某些公司里，家族因为来自传统的压力，被迫将工作给予那些资历最深的成员。在这类情况下，如果资历较深的成员年龄比较大的话，就可以指派一名协调人员来协助理事长的工作。

大家族里的理事会成员要花费大量的时间和精力处理一些事情，这常常使他们不得不放弃自己的工作或者其他赚取收入的机会。这就引发了与激励相关的问题。他们代表家族所做的工作是应该被看作自愿的行为，还是应该得到报酬？这常常演变成一个公平问题，因为未获得报酬的理事会成员会认为在董事会或者公司里工作的家族成员以其他方式获得了报酬，而他们自己却未因为在理事会的工作获取任何报酬。事实上，一些大型公司会付给理事会成员一份生活补贴。至少，理事长或者理事会发言人应该得到报酬，如果公司能够负担的话，他们还应该有自己的办公室和用于人员和出差的预算。

付给理事会成员薪水所传达的信息是，理事会的工作是重要的。然而，许多公司常犯的一个错误是，认为薪水是唯一能产生激励的奖赏方式。虽然薪水的确很重要，不过其他形式的报酬同样也能产生激励的作用。[12]例如，一些家族总在尽力表彰参与到管理活动、家族仪式以及家族时事通讯的人们所作出的贡献。另外，参与者常常可以暗中了解到其他人无法得到的与家族相关的信息。他们有机会与外部董事见面，也可以借此扩大自己的人际网络。他们甚至经常被允许使用诸如客房和公司的飞机等公司资源去参加会议。

我自己的经验证明，家族文化越强，成员对遗产的忠诚度越高，那么依靠内部回报而不是薪水来激励从事治理工作的人员就越容易。然而，家族在组建治理机构的时候往往没能说明对参与者的期望以及他们工作的目的。保护遗产就像是在一个民主国家里投票一样，是一份令人自豪的职责。领导者应担负起激励那些献身于企业的人的职责。例如，如果一个专门制定与进入企业工作相关的规则和要求的委员会明白它的价值在于将企业世代传承下去，那么它将受到更大的鼓舞来完成这项任务。如果参与者在了解他们使机构运行的具体职责的同时，不清楚治理机构的总体目标，那么他们的热情和忠诚可能很快就消失了。

### 对理事会成员在治理程序方面的辅导

一些家族认为，在规章制度、会议记录、委员会等正式形式都很完备的例会上讨论家族问题是很尴尬的。但是随着家族体系越来越庞大，如果不具备正式的程序，它将无法有条理、建设性地处理与企业相关的问题。在许多缺少这样一个程序的家族中所发生的情况是，治理问题是在餐桌的谈话或者家族的社交聚会和庆典活动中被讨论的，并且是非正式和不完全的。在这些社交场合中，很难获取完全和准确的信息，令人满意地解决家族问题以及对家族中的大事作出规划。

家族理事会的发展常常成为家族生活中的一件举足轻重的大事。许多家族常犯的错误是，在解决棘手的、与情感紧密联系的问题——比如置地计划——之前，并没有给出时间让成员作准备工作以熟悉会议的程序。在接触严肃问题之前，理事会成员需要接受程序方面的辅导，例如他们的职责范围、会议的规则和程序、如何准备议事日程等等。在最初的几次会议中，可以主要了解家族历史或者计划家族本年度的活动。同样，也可以在会议的最后阶段安排一些时间来了解家族中新生婴儿的消息、工作交接的情况以及在一些家族成员中可能存在的健康问题。最理想的做法是，每一位家族成员都应该有机会与他人分享在这段时间内自己生活中所发生的事情。这样的交流有助于拉近整个家族团体的距离。

非常重要的一点是需要营造一种气氛，使得家族成员可以随意地表达自己的观点并可以自由地提出各种问题。在家族理事会中，和与家族治理相关的大多数问题一样，好的开始是成功的一半。如果早期的会议进展顺利并且家族成员认为它们是有用的，那么就可以期待接下来的关于更棘手问题的讨论也将是顺利的。在组建理事会的时候，尤其应该牢记这一点。一些家族认为，应该雇用一个人，使他在会议中发挥促进和协调作用，尤其是在家族企业的成长阶段。

### 保护家族遗产并使其增值

一旦用于管理家族与企业关系的一些基本的机制建立起来以后，许多成功的公司就开始探寻改善家族成员生活和事业以及传承家族遗产的其他途径。在一些大型家族企业中，家族理事会可能会组织并监管如下的活动，见图 12－3：

图表中的机构包括：

- 家族办公室：它集中进行财政规划，使家族成员能够作为一个整体来对他们的财产进行投资，从而增强他们的购买力并降低投资管理的成本。家族办公室是独立于企业的工作机构，尽管某些人可能参与两边的工作。家族办公室管理者的职责是，监控投资、监管纳税、集体保险、财务计划以及诸如股票赠予和置地计划之类的家族内部的交易。
- 家族基金会：它将基金投向那些与家族的慈善理念和社会价值观相一致的活动或事业中。除了像福特、洛克菲勒、卡内基基金会这些知名的机构以外，还有成千上万个私有的家族基金会在资助无数社会团体的活动。通常，在通过捐助社会团体而提高家族声望和地位的同时，这些基金会也享有税率优惠。

- 奖学金或者风险基金：它有助于理事会更好地行使它的一个职责，即对年青一代的职业发展和创业热情进行资助。奖学金项目有时是靠公司的赢利赞助的，它可以帮助有资质的年轻家族成员完成大学或者大学后的深造。另外，一些大型的公司还为那些试图自己开办公司的具有创业精神的家族成员设立了一个风险基金。
- 回购基金：它针对的是那些希望以一个合理的价格出售自己的股票，以将这笔钱投资到别处，追逐自己的职业兴趣，或者用于其他目的的股东。通常，设立基金的方法是，每年都将一定比例的利润投入其中。家族理事会的一个委员会将监管申请变现的额度并确保它符合股东协议的条款。

这些活动使家族成员有更多的方式为家族福利和遗产作贡献。例如，当家族企业里工作机会很少的时候，风险基金为年青一代的家族成员提供了新的出路。年轻的创业者们可以积累应对风险和管理他们自己公司的经验，如果他们后来又加入到家族的企业里来，这些经验就非常有用。同样，对金融和投资感兴趣的年轻家族成员在家族办公室工作的同时，可以提高自己的学识。

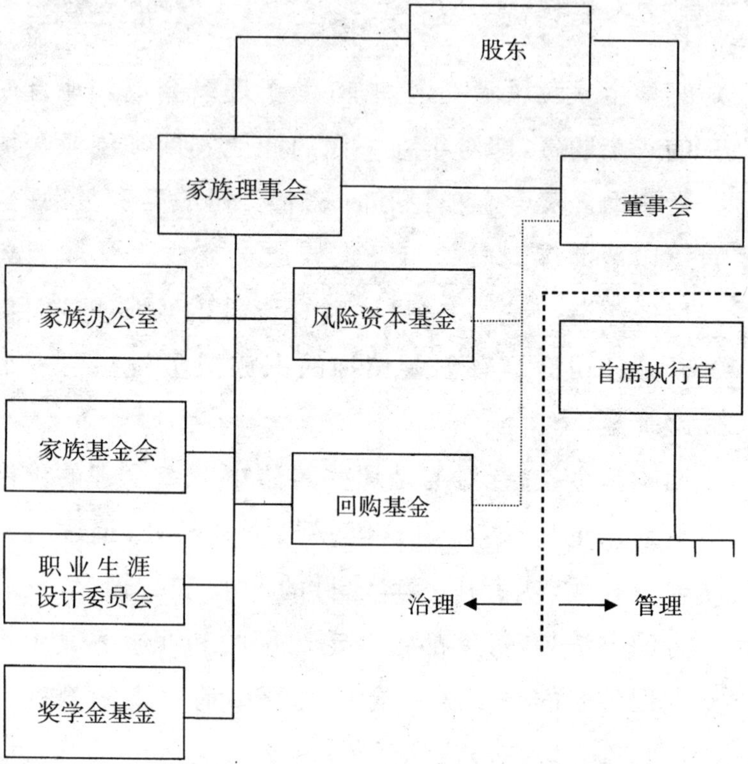


图 12－3　家族企业的治理结构

家族理事会有责任确保这些机构能够有效地运行并实现它们各自的目标。此外，通过定义家族的道德准则以及社会价值观，理事会有助于使家族成员集中精力于应该优先进行的慈善活动。当各种受众多第三代家族成员所推崇的项目可能削弱家族基金会的影响的时候，这一点尤其重要。

理事会的预算资金出自家族成员的腰包，而不是来自企业。有时候，家族成员会为理事会的各种费用而抱怨，但同时他们忽略了其在促进家族和睦以及长期的延续性方面所作的贡献。另外，理事会的一些活动事实上为家族节省了不少开销。作为一个整体，家族可以从中享受更大的协商优势以及各种较低的服务费用。例如，通过整合资源以投资于家族办公室，理事会能够吸引有能力为投资者赚取高额回报的最优秀的基金经理。类似地，理事会常常可以为家族集体购买保险进行协商而享受较低的费用。此外，如果年轻的家族成员利用理事会提供的风险基金来创办自己的企业，家族整体的繁荣程度也会得到提高。

### 结构、过程以及协调机制

我们已经讨论过的家族企业的三个治理机构之间的关系在图 12－3 中表示得很清楚。尽管在三者的名称、职责范围以及构成人员上，各个企业可能不同——各个企业和家族往往根据自身的实际情况来设计，但成功的跨国家族企业通常都有这三个机构，只是形式可能不太一样。然而，很明显的是，仅仅设置这些机构对完成他们的目标来说是不够的。如果缺乏对治理过程的了解，那么治理机构就形同虚设。

我所说的“过程”在最初的阶段是需要花费时间并通过实践来学习的，通常这是在一个起促进作用的专家的指导下进行的。事实上，越来越多的专家正在专门研究如何帮助各个家族建立并学会利用这些治理机构。另外，一些家族在与其他一些企业所有者的交谈中获益匪浅，那些企业家设立了此类的结构并且在这方面积累了长期的经验。这样的学习过程一直都在进行着，因为每个机构的问题都可能随着时间的流逝而在质和量上发生变化。

我们将看到，一个家族企业中的某些最棘手的问题并不能明确地划归到这三个治理机构中某一个的职责范围内。尽管企业活动的参与者、家族以及股东群体都应该明确自己的角色并且谨慎行事，以免侵入别人的职责范围，然而这三个群体所关心的问题却是相同的，并且他们的工作应该协调一致。下一章将集中关注拥有独立董事的董事会在家族企业中——特别是在接班时期——发挥的重要作用。第十三章也将更详细地探寻家族理事会在将家族成员团结在它的核心价值观周围，在与企业的未来相关的重大问题上对董事会进行指导，以及制定囊括家族愿景、使命、价值观、正式机构和程序的章程方面所扮演的角色。

# 第十三章　行动中的治理

当家族企业所有者在为如何设计董事会寻求指导的时候，通常只有IBM、通用汽车、花旗或者其他声名显赫的大型公众公司才是他们参考的对象。也许是为了改变家族企业给人们留下的近亲繁殖和不够专业的固有印象，这些企业所有者希望他们所能找到的最有见地并且受到赞誉的企业领袖来他们的董事会就职。他们对董事会的想象非常吻合他们所聘请的律师或调查公司所习惯做的——他们正在为大的公众公司设计董事会。结果是，即使董事会中拥有很多独立的非家族成员，但却过分偏重于企业方面的事务。所选的独立董事并不具有企业中的家族成分所需要的特殊知识和独特的商业敏感性。相反，他们恰恰因为相反的原因而入选。他们来自大公司，被认为能给希望变得专业化，并且在大的市场中竞争的成长中的家族企业带来灵丹妙药。

然而，这种选择董事的方式是一把双刃剑。独立董事能为董事会带来丰富的经验和战略技术，但是对家族和企业的相互作用却缺乏了解，对于解决在家族企业中出现的治理困境，他们可能毫无准备。

无论是否愿意，家族企业董事会中的独立董事总是被卷入对企业的未来有强大影响力的家族事务中。他们中的多数在力量形成的过程中推动着竞争并扮演积极的角色。独立董事的存在是必需的，但还不足以推动董事会承担起处理接班和延续问题的职责。正如梅斯（Mace）所认为的那样，家族企业董事会中的独立董事极易受到来自家族内部的管理者的影响，共同回避对接班进程的规划和管理。[1]

董事会必须维护股东利益这一义务使董事提出这样的问题，即家族和所有权问题为什么不仅会对企业的经济效益而且会对一个家族企业的长期生存能力产生影响。董事们为完成这项义务，必须协调重要的利益相关者的各种关系，使他们在感觉董事们没有插手家族私事的情况下，有机会讨论产权和家族所关心的事务。董事会这一积极的态度，是对接班和延续问题的负责任的表现。董事们不可能在研究企业的长期持续性的时候，不考虑企业所有者已经对不动产计划作出的安排（也可能尚未作出）；同样地，负责任的家族企业董事会不能忽略接班人的培养、评估以及甄选的程序。

### *帮助明确梦想*

董事会可以在帮助家族成员明确企业的未来愿景中扮演关键的角色。如果没有这样一个对未来的愿景，将不可能制定接班和延续计划。使家族成员拥有共同梦想并为其制订实施方案并非易事。董事们有时可以利用其个人影响力使家族的两代成员明确什么是他们和他们的企业所需要的。这一过程也许会导致令人惊讶的结果：权力的移交与计划中的完全不一致。下面的例子深刻地说明了独立董事作为一个外人如何扮演了必不可少的角色：

当我进入（这家公司的）董事会的时候，董事长告诉我，他有一对30岁的双胞胎儿子，他们就像从一个模子里刻出来的一样，都非常能干，而且专注于继承企业的遗产和传统……在之后的几年里，我成为那两个儿子的好朋友，并有机会欣赏他们丰富的想象力和卓越的才华。但是当我越来越了解他们，越来越清楚他们的爱好和志向的时候，就越来越清楚他们最想做的就是离开商界。一个想回母校做英文和戏剧老师；另一个希望去旅行、写诗、作画。他们的父亲根本没有意识到这些被小心伪装并隐藏起来的感觉。在一次董事会议上，我问两个孩子："你们真地愿意在今后的五年里管理这个公司，并这样干一辈子吗？"两个孩子犹豫了一下，然后几乎异口同声地说："不，我不想把我的一生都奉献给这个企业。"父亲被吓呆了，震惊得说不出话来，简直就是难以置信。这是两个儿子第一次揭露出这样一个事实：父亲想让自家人接班的愿望将无法达成。在那之后的几个月，这位董事长慢慢接受了儿子的想法；并且，像一个思想僵化的老古董那样，他觉得最好的解决办法是把公司卖给一个合适的买家。他谈妥了公司的转让事宜，两个儿子一个在母校教书，另一个在西班牙写诗。父亲本以为很了解自己的儿子，但是却用了30年的时间才发现他们真正的爱好。[2]

董事会可以扮演这样一个关键角色：质疑关于公司持续发展的固有的假设，并且对包括延续性和销售潜力等一系列战略选择的利弊进行更严格的权衡。"我们将来是否真地想在一起共同为这个家族企业工作？如果是，为什么？"董事们帮助家族对这一基本问题寻求现实答案的时候，要最大限度地考虑股东的利益。虽然在企业接班计划的问题上，董事会不能直接地参与——那是高层管理者的职责，但却可以对整个家族就此事进行有序的讨论起促进作用。例如，董事会可以通过这样一个途径影响企业系统，即如同要求提供经营情况的报告那样，它也可以要求家族提供关于接班计划的信息。董事会可以直接访问现任领导者，提出这些基本问题：

- 你是如何勾勒企业的未来愿景的？
- 你打算如何把股份分配给你的子女？为什么？
- 你打算在下一代采取哪一种家族企业形式？
- 在你所选择的那种企业形式下，接班人所需要的技能是什么？
- 需要做哪些工作以培养接班候选人的上述技能？
- 你认为高层管理者之中的哪一个更有可能带领这家公司继续发展？
- 你和家族的其他成员讨论过这些问题吗？
- 他们有什么意见？

## 监督战略性甄选

董事会也可以在协助企业所有者评估企业发展的可能性这方面扮演重要角色。通过帮助家族成员明确他们的个人梦想和共同梦想，董事们可以成为激励人们不断审视这些梦想的强有力的催化剂。对接班人战略选择的优点之一就是，它允许董事对现任领导者关于候选人任何可能是毫无根据的假设提出质疑。换句话说，这个过程是对候选人的现实检验。

对公司治理的研究显示，董事在选择领导者的过程中所扮演的角色近来有所演变。梅斯较早的研究发现，在选拔和培养接班人方面，现任领导者与董事相比负有更主要的责任。[3]其实，大型公众公司的董事根本不愿意卷入接班活动中。如美国经济咨商局（Conference Board）最近的一份报告指出：

> 传统上来讲，董事会常常认为他们甄选新的CEO的责任仅仅是一种义务，他们只不过是将现任CEO亲自提携的接班人安排在空缺职位上而已。过去，很少有董事会和CEO一起面对接班所带来的种种问题。在大多数董事的议程上，确保稳定的过渡并不占据首要位置；并且，董事会理应扮演的角色——劝说现任CEO在企业业绩尚佳或者接班迫在眉睫时自愿让权——很少被提及。董事们并不能坦然面对这些职责，即使是那些迫于环境做这些事的人也很少在公开的场合分享他们

的经验。[4]

美国经济咨商局对美国和欧洲超过500家大型公司的调查显示,这些公司的董事会正日益独立,他们在接班过程中发挥着越来越重要的作用。"所有国家的研究参与者都报告,董事会正在更多地参与设计和执行系统的接班计划。"该报告这样总结到。

例如,董事会已经开始强调在甄选和培养潜在接班人的过程中战略标准的重要性。他们坚持要求CEO定期报告他们以及人力资源部门确定的候选人名单和准备接班团队的进展情况。一些广为人知的CEO被革职事件,如克莱斯勒的李·亚科卡(Lee Iacocca)和美国运通公司的詹姆斯·罗宾森(James Robinson),都是企业董事会更多地参与到接班计划中的佐证。根据美国经济咨商局的报告,这种趋势可归因于三个基本因素:机构投资者发言权的增加、媒体对企业绩效低下的敏感度的提升、独立董事影响力的增强。

如果公众公司的董事会直到现在仍对介入接班过程感到不安的话,那么家族企业的独立董事也许在卷入可能引起家族强烈的情绪动荡的领导权交接过程这个问题上会更加地小心翼翼。如许多公众公司一样,家族企业倾向于由创始人或CEO凭经验亲自挑选接班人。董事常常成为我所说的接班"同谋"的一分子——在位领导者周围的人们达成了这样一个共识,即对因忽视领导权的代际传承而产生的紧迫问题缄口不言。[5]然而,这个领域的专家已经使企业所有者越来越清楚地看到外部董事在打破这种沉默方面的重要作用。

代际更替临近的时候，董事会必须在管理和组织权力交接的进程中变得更加活跃。他们有义务确保甄选过程以一种公平、公正的方式进行，这种方式不仅要考虑到家族的梦想和渴望，还要同样地考虑到企业的需要。董事会可以提高培养和甄选接班人过程的可信度和合法性，特别是当这些董事被认为是富有经验和公正无私的时候。

董事会也可以在坚持用可靠的绩效标准衡量接班候选人的任职能力方面发挥基础性作用。董事可以要求定期地获得管理者的绩效信息。同样重要的是，他们有助于保证家族和非家族管理人员的最佳绩效标准的一致性。评估是一件困难的工作，并且经常受到不同利益集团之间的斗争冲突的破坏。管理者在组织的阶梯上爬得越高，他们的工作就变得越复杂，并且从作出决定到产生结果所需要的时间也更长。[6] 在有多个部门的公司中，比较不同事业单位的绩效可能是一项复杂的工作；然而，就绩效标准达成一致意见对于评价接班候选人的成长记录非常关键。

我研究过一个家族企业，家族不同分支的两个堂兄弟与一个非家族高层管理者竞争 CEO 的职位。董事会认为，他们三个的领导能力和经营能力大致相当。为了确定用以判断谁的绩效更优的硬性指标，他们经历了相当艰难的一段时期。问题的主要原因就是缺少对三个人进行绩效评估的统一标准。如果以利润为标准，那么那个掌管着公司一个主要部门的非家族主管毫无疑问有着最好的成绩。如果比较三个竞争者各自经营的业务所占的市场份额，则是两个堂兄弟中的一个领先。但如果以现金流作为标准,两个堂兄弟中的另一个则占据微弱优势。董事会中不同候选人的支持者各自认可对其最有利的绩效标准,讨论很快变得政治化。

抉择如此艰难,作为最后的手段,董事会决定将三种绩效标准的选择(也默认为三名接班候选人的选择)委派给三名独立董事。为判断三种绩效标准中的哪个对企业的未来最有利,这三名董事作了一次全面的行业调查。他们的调查显示,市场份额是行业的关键变量,因此提升市场份额最多的那个家族成员被选作下一任 CEO。

作出这个有争议的决定之后,董事会认识到如果在实施接班之前就能使所有者们就衡量绩效的标准达成一致意见,他们对接班的控制力度将大大增强。更重要的是,董事会认识到缺少公认的绩效标准将使最终选定的接班人得到认可的难度大大增加。

### *指导上下两代人*

在权力交接的最后阶段,即将上任的和即将离任的领导者都需要支持。即使是在最好的情况下,过渡也可能经常使离任者和接班人关系紧张。独立董事可以作为两代人之间的情绪缓冲器而发挥建设性的作用。

博思咨询公司著名的创立者埃德温·博思(Edwin G. Booz)和詹姆斯·艾伦(James Allen),就曾经以庄臣公司董事的身份扮演过这样的角色。在《家族企业的本质》(*The Essence of a Family Enterprise*)一书中,庄臣蜡的董事会主席塞缪尔·约翰逊回忆了这两个董事在将领导权从他的父亲H. C. 约翰逊转移到他本人的过程中是如何起到推动作用的：

> 我可以告诉吉姆·艾伦(Jim Allen)我正在为什么事烦心；我可以坦率地表露我的错误，可以说出足以使我被倒着扔出我父亲的办公室的话。艾伦从来都是仔细倾听，绝不发火。他会说："好吧，萨姆(Sam)，我在这件事上同意你的观点，但在那件事上我不同意你的观点。"我不会为他指出我的错误而发火，因为通常存在于父子之间的紧张状态在我们之间是不存在的。此外，我可以信任艾伦，因为他是声誉极好的顾问，并且我知道他晓得如何谨慎地对付我的父亲……你知道，如果他把我的观点告诉我父亲，父亲会说："萨姆在这点上错得离谱。他简直是疯了，这孩子在想什么？"我听到这种反应的话，我们的工作关系将会一落千丈。[7]

从约翰逊的话中我们可以看出，独立董事可以指导有抱负的接班人去承担起他们的责任，关注真正重要的问题。出于象征性的和个人的原因，家族企业的老一代领导者更关注那些负有最多责任的职能和活动，而晚辈——部分地出于他们对自己不被承认的担心——更关注的是在接班过程中尽早获得职位，而非巩固对企业管理的实际控制权。董事可以对下一代领导者提供有价值的建议，告诉他们如何分清接班过程中的轻重缓急。举例来说，那些受到广泛认可但不直接涉及公司日常事务的角色，可以留待接班进程的最后关头再进行转换。

鉴于许多老一代领导者对接班计划的抗拒，家族企业的董事会可以在监控接班过程并保证其在正轨上运行方面扮演主要的角色。我们已经看到，一些现任领导者是如何试图拖延接班计划的进程并重新制定其期限的，这也许出于他们对退休的矛盾心理，也可能因为他们对年轻人是否能够胜任领导者职位并没有完全的把握。有时，即使接班人已经取得了卓越的成绩，他们也会推迟接班进程。而董事会可以帮助建立一些里程碑以限定接班旅程的进展。

例如，在一个家族企业，企业所有者就到底需要多长时间他的女儿才能在他直接指挥下，接管特定的职责不断地进行协商。在董事会的批准下，父女俩对一个两年计划达成一致意见。计划规定，如果女儿能证明其能力可以胜任每次新委派下来的任务，那么每个季度都将有新的职责移交给她。最重要的和最难的职责将留到最后。但是无论何时，只要父亲对她的成绩有一丝的怀疑，他都会立即武断地推迟任何新的职责的交接。即便非常清楚这些问题的原因是外部经济因素而非女儿管理上的决策失误，这一幕也会发生。女儿和她的管理团队非常失望，原定两年的过渡期拖成了四年。当董事们最终发现接班过程被拖得太久时，他们才坚决要求父亲按照时间表行事。

正如我在第十一章所描述的那样，即将离任的领导者必须处理好许多伴随他们卸下管理职责和所有权而产生的复杂心理问题和组织问题。他们对接班计划的抗拒心理大多缘于他们觉得总是他们在独自思考、面对这些问题。董事会成员所能作的最重要的贡献之一，就是教会关键的家族和非家族管理者独立思考接班的真实意义。这种角色对于帮助现任领导者理解并安排他们的退休进程是特别关键的。

即将离任的领导者希望有一个受他们尊敬的人作为传声筒，帮助他们表达自己对接班过程的想法。更为重要的是，他们在回答他们面临的个人未来的问题上需要获得帮助。比如，一旦我不再参与家族企业，我的生活将变成什么样子？退休将对我的人际关系——我一直亲密相处的客户、供应商、高层管理者、社会团体，乃至董事会本身——有什么影响？这种变化将对我在家族中的地位产生什么影响？有一种较为可取的方式，即在家族企业中至少有一个独立董事，他与现任领导者年龄相仿，并且已经成功地使自己过渡到退休阶段。这样的一个人可以为老一辈的领导者树立一个处理退休问题的榜样，并帮助他关注于退休的积极方面，从而为激励领导者按时完成接班进程提供了必要的鼓励和支持。

### 家族理事会的重要作用

在接班的时候，家族理事会可以成为稳固的基石，为塑造系统的未来打下坚实的基础。我们已经看到，在领导权的交接过程中，竞争的压力经常使以前的假设面临挑战而且要求企业重新进行战略定位。现实的市场环境经常与家族的价值观和传统发生冲突，并且致使两代人之间擦出火花——

既有可能提升系统适应代际传承的能力，也有可能阻碍这种能力的发挥——这取决于如何处理这些摩擦。家族理事会的基本职责是创造条件使企业在面临复杂的选择时能作出正确的决策。理事会有责任界定家族卷入企业的程度，并有效地为家族成员在这样一种治理机制之下工作作好准备。

最重要的是，理事会应该把他们所希望的下一代的家族和非家族领导的组成状况清楚地传达给董事会。如果理事会决定将管理权保留在家族手中，它必须指示董事会建立一个能够胜任最高管理职位的年轻家族成员的人才库。如果没有杰出的家族候选人胜任 CEO 的工作，或者家族希望避免对这个职位潜在的破坏性竞争，理事会就有可能要求董事会列出一个可能在下一代管理企业的非家族职业经理人的名单；或者家族会希望由董事会培养一个家族和非家族的领导团队来管理公司。

除接班过程之外，理事会在引导董事会和管理人员维护家族坚守的原则和价值方面也一直发挥着自身的作用。第一，家族必须给出对管理者和董事会的一般性指导，使其明确什么是企业的首要问题。当企业的价值和家族的价值冲突的时候，哪个是第一位的？第二，家族应该清楚他们在社会、宗教和政治方面的价值观，这些价值观是他们希望为企业所推崇的，或者至少是企业在经营过程中所不能违背的。

### 协调董事会和理事会的工作

在许多没有家族理事会的公司中，董事会对家族关于一些蕴涵着价值冲突的问题的偏好一无所知。思考一下一个美国保险公司的案例，这个保险公司由一个犹太家族所有，并有机会进行一笔有利可图的交易——为巴勒斯坦解放组织的军火运输提供保险。非家族 CEO 已经谈妥这个百万美元的生意，它完全合法而且会大大增加公司的收入。在不清楚家族的所有者是否会同意的情况下，CEO 向董事会寻求指导。在家族理事会也有一席之地的董事长将这个问题在一次家族理事会的会议上提出。经过讨论，家族决定，作为犹太人，他们不能支持一个与以色列为敌的组织。家族对巴勒斯坦解放组织的敌对意识，对他们而言，比将要得到的利润更重要。于是，这个交易流产了。

在企业中，需要价值判断的决定比家族成员通常预想的更频繁。看一个案例，一个公司的管理人员为了在工资上获得竞争优势，决定把他们主要的工厂迁移到南部。新上任的接班人认为，为了恢复大量的利润并且夺回失去的市场份额，迁移是必要的。但是家族十分留恋原来的地方，他们在这里生活了四代而且是享有声誉的雇主。虽然他们明白迁移所带来的经济利益，许多家族成员还是反对。这就需要家族理事会仔细地权衡并向董事会传达他们的意见，董事会将作出最终的决议。

在其他的情况下，家族的投入可能是不必要的甚至可能引起混乱。第十章中提到的寻找比较三个接班候选人的绩效标准的公司就是一个例子。这个公司同时还希望开发一个奖金体系来奖励模范绩效。在过去，公司用净利润作为衡量绩效的变量。然而，一些董事认为，市场份额的增长应该被作为决定奖金的关键变量。与此相反，整个行业开始朝着用现金流量作为决定奖金的关键变量的方向发展。不管董事会采纳的是净利润、市场份额还是现金流量作为衡量标准，都会使高层管理者的奖金规模不同，他们中的一些人是家族的成员。这是一个强有力的证据，证明了薪酬系统应该是"家族中立"的，并且应该严格由董事会进行决策。上述案例中，董事会最终采纳了一种对三种衡量标准进行加权的奖金体系，只是市场份额占有比利润和现金流更大的权重。

治理机制对于解决股东之间的分歧是绝对必要的。没有这样的机制，这些分歧经常导致代价高昂的诉讼甚至是变卖公司。

迄今为止，我们已经强调了在恰当的机构中持续讨论恰当的问题的重要性。这里的悖论是，家族企业中的构成要素必须在它们被有效地整合之前首先被有效地区分。所有者必须完全理解职责之间的根本区别，并且学会尊重其界限，此后才可以进行建设性的工作而不致引起混乱。在最后的分析中，许多问题要求三个治理机构协调行动。这三个机构必须围绕着能够将所有人团结在一起的未来愿景和管理理念而通力合作。

一些困难的问题不是董事会或理事会可以单独解决的，而需要两者的协商。例如，最终的红利政策的决定是董事会的责任，但是董事会不能武断地制定政策，它必须考虑股东资产的流动性需要，而这种需要是通过家族理事会传递给董事会的。如果家族一些与企业无关的投资能够增值的话，他们可能愿意放弃一年的红利；理事会就会通知董事会在这一年利润可以被用于再投资。在其他时候，家族可能需要现金来资助一个重要的慈善行动，这可能要求董事会增加分红。

这两个机构的成员应该有一定程度的重叠。至少，董事长应该在家族理事会有一席之地，而且家族理事会主席也应该是董事会成员。这对于保证两个机构的良好沟通是非常重要的。除非企业中最有权力的领导也同样活跃于家族理事会中，否则，其他家族成员可能会觉得理事会的工作没有被认真严肃地看待，而且可能会觉得他们的政策和愿望在董事会没有影响力。在一些家族公司，董事会和理事会至少一年聚会一次，对双方关心的事务进行开放的讨论。

清楚表达出经理事会认可的家族价值观，可以帮助董事会在许多情况下进行决策。如果董事会的成员对将这些价值观运用到某些特殊决定中存有疑虑，他们必须向家族理事会寻求指导，就像上述保险公司的案例一样。最后，家族规章可以提供协调三个机构的工作和政策的指导方针，并且澄清任何在权限和责任方面的灰色地带。

### *把它们都写下来：家族规章*

虽然到现在为止，还很少有家族注意到需要一个全面的家族协议或者规章，然而那些已经整理出这样一份文件的家族发现，所花的时间和精力还是值得的。无论是从实体还是过程的角度来看，编制家族规章都是非常重要的。从规章实体上说，家族规章的制定为家族提供了一个机会，去明确其自身的价值、原则和政策，它们将指导家族治理，从而帮助规范家族与公司的关系。从编制过程上说，规章的编制可以号召整个家族的参与，并且最终的文件将使家族成员身为所有者的感觉得到加强，这种感觉可以提高家族规章被尊重和遵守的概率。

规章界定了家族对未来的愿景以及它的核心价值和信念。它详细说明了家族理事会、董事会、受托人和股东大会的目的、责任、成员标准以及三者之间的相互关系。至于接班问题，文件会明确规定在家族和在公司中甄选领导者的过程。文件还会明确规定就职于董事会的家族成员如何选拔。另外，规章会规定，家族理事会有责任培养家族成员供职于董事会的兴趣，并保证他们得到必要的训练和资格。

家族规章可能包括的组成部分还有：

- 定义家族和企业的根本愿望的使命陈述。一个典型的陈述可能是这样的："我们，玛丽(Mary)和乔治·道(George Dow)的后代，发誓要为我们的孩子、我们的雇员和他们的家庭以及我们的社区保持和提升创始人的遗产。我们会以一种促进我们家族和谐并促进每一个人最大限度发挥其潜力的方式来共事。"
- 对家族的基本价值观和信仰的陈述。这个陈述可能包括谚语和引文来表现家族的共同经历以及种族和宗教根源。例如，"有一个好名声比出名更好。""授人以鱼不如授人以渔。""我们家族的名称是我们最重要的财产。""朴素和谦卑是成功的本质。"

- 家族的行为规范。详述家族成员应该如何相互对待和指导自身行为的准则。一个典型的行为规范会作出这样的具体规定:"家族成员在任何时候都应该保护家族的隐私而且绝不做任何将家族成员置于危险中的事情。""家族成员不应公开争吵。""家族成员应该努力以直接的方式解决他们之间的矛盾,而不使无辜的第三方卷入。"
- 规范家族和企业之间关系的政策。例如,一个关于雇用家族成员的条文可能规定:"家族的任何成员如想进入公司工作,必须在大学完成与商业相关专业的教育,取得商科学位或者有相当的工作经验,而且必须在家族企业之外工作至少五年。"另一个规定可能是:"在进入公司后的头五年中,家族成员只能被委任在其绩效可以被可靠衡量的业务岗位上。"
- 绩效政策。例如,家族规章中可能会这样规定:"我们期望那些在公司中工作的家族成员在绩效方面胜过他人。如果在进入公司两年之后他们没有达到我们前25%的高层经理的业绩水平,公司将要求他们离开。"另一个规定可能是:"为方便绩效检查,在任何可能的情况下,在公司中工作的家族成员都不得向另一个家族成员汇报。"
- 退休政策。例如,"超过 70 岁的家族成员不能再继续担任经理职务;超过 75 岁的家族成员不能再继续担任董事会董事职务。”

- 解雇政策。例如，“解雇一个家族雇员的权力属于他的直接主管。在解雇一个家族雇员之前，主管应通知家族理事会，以便对被解雇成员所在的家族分支对此事的反响进行预期和有效的管理。”
- 股票回购政策。文件可能为一个资产流动政策列出目标，这样的政策可以把有兴趣出售股票的股东给家族带来的破坏降到最低。例如，可以在所有这些交易中设立一个目标，即家族各分支保持权力平衡。
- 所有家族股东都愿意遵守的非竞争协议。例如，这样一个协议可以限制对家族名称的商业性使用。
- 治理结构中关键职位的工作描述。这一部分写明家族理事会主席、董事长以及家族基金会的董事长的义务、任期、职责和特权。一些家族规章确定了这些职位的任职程序。
- 治理机构的资金筹集机制。董事会的活动由企业埋单，但企业中一定来源的资金又被要求用于支付家族理事会和股东团体的活动。因此，家族规章可以要求建立一个基于预算的针对家族成员的年征基金。

### 规章制定的程序

家族理事会有责任设计这样一个程序，通过这个程序家族成员集合到一起，了解家族的治理并作出符合家族价值观和传统的决定。规章的制定过程本身就是一个激励家族成员共事以确保董事会关注有关接班和延续性的困难问题的有效方法。因为家族规章的权威完全在于家族成员遵守其命令的意愿，制定的过程和内容本身一样重要。除非在这一过程中整个家族有一种所有者的感觉，否则文件很有可能会被扔进废纸堆，并最终被遗忘。

规章一旦开始起草，非常重要的一点是，家族理事会必须集合所有的家族成员并且详细解释文件及其细节上的应用。规章应由所有家族成员正式投票通过，以便培养共有者的意识，这是使文件得到有效实施的重要条件。

有一种观点认为，家族规章所构想的治理结构就像柏拉图的理想国一样，它总是一成不变而且只能通过不断的努力去接近。我的观点是，不存在完美的理想，必须根据现实的变化不断重新检验和重新调整治理结构。规章中，不是所有的细节都可以事先制定出来。实际上，规章经常制定得十分笼统——像美国宪法（U. S. Constitution）一样，以便在每一次接班的新纪元里留下重新解释的空间。必须定期地加进一些新的政策，以解决规章起草时没有预见到的问题。一个规章要想起作用，就必须成为一个有生命力的文件。

## *关于治理结构的一些疑问*

致力于保持自己的凝聚力和团结的家族明白，他们的行动不仅对家族有利，而且对企业有利。对于家族企业来说，一个团结的股东团体是一笔巨大的财富，是良性运转的家族企业相对于非家族企业的一个独特的竞争优势。成功的家族企业知道，从开放的资本市场积聚资金远比使家族股东参与并忠诚于保持家族企业遗产所花费的时间和精力的代价更高昂。

然而，当考虑到所有在未来可能发生的问题以及为了保持对公司的控制和家族的团结必须作的计划时，一些家族会感到很不安。他们经常问，既然问题是遥远的未来的事情，而且这些问题或许根本不会出现，为什么他们必须现在作这些决定呢？为什么生活变得如此复杂，而过去任何事看起来都那么简单？

当然，答案是家族和企业都已经变得复杂了。治理结构和政策是基础性的预防措施。一次又一次的经验告诉我们，除非有适当的治理机制来解决商业家族中某些不可避免的问题，否则这些问题很少被有效地解决。

南玻·德·加斯比·博宾，一位加拿大女士，她的家族投入了很大精力来发展这样的结构。她认为"这是重要的……在需要之前就制定规则"。加拿大电视传媒有限公司公司的菲利普(Phillipe)和南玻都相信，复杂的结构对于解决他们和他们的孩子在未来将遇到的问题来说是很重要的。他们习惯于与世界各地相似的家族企业的领导者交谈来获得管理公司的思想。

对于确保许多家族企业的复杂的问题能以一种公开和有序的方式得到解决，治理结构是相当重要的。如果得到很好的管理实施，治理结构是非常有效的。充满生气的讨论会能促进家族中持续的讨论而且能使参与者感觉到他们被倾听和公平地对待。结构、政策和程序当然不是万能药。它们能解决一些问题，但是不能解决所有的问题。沃德发现，过于强调治理结构在解决和预防冲突方面的作用，可能导致家族成员总是想着拥有和管理企业的令人沮丧的方面。因此，在建立治理结构的时候，领导者应该强调它们在规划家族美好未来、传承企业中的积极价值。

以我的经验，当参与企业管理的家族成员们带着保持和延续家族遗产的强烈使命去应对挑战时，他们会对同呼吸共命运的生活最为满意。那些在企业中工作了数代的人往往认为他们有责任维护、提升企业，然后以一种比他们接手时更好的状态把企业一代代传给子孙。这一管理理念将企业视为人的系统，许多人依赖它生活，包括雇员及其家庭以及其他利益相关者。每一个成功的家族企业都努力灌输这种社会责任感给每一代领导者，并启发他们的领导者意识。

在管理的概念中表达了这样一个期望，现在的家族领导者将会做一切可能的事情以保证在他们的任期中家族“战舰”有良好的状态；而后，他们将把一艘更大更雄伟的战舰移交给与他们有着密切关系的人，尤其是他们的子孙。

# 家业

# 第十四章　结论：提高成功的概率

本书探讨了商业家族在代际传承过程中所面临的挑战。我们有两个基本假设：第一，企业的持续发展和在家族内的传承确实是可以计划的；第二，这种计划确实可以提高企业持续发展的概率。在一开始，我们就注意到专家们这样的观点：家族企业传到第二代和第三代的时候，消亡率是很高的。[1] 毫无疑问，有许多原因可以用来解释为什么无数企业只过了一代就被出售或是关门大吉。许多企业仅仅是因为缺少合格的并且愿意继承事业的接班人。其他的则只因为在快速的兼并中输给了更大的企业。尽管很难证明，但是大量失败的例子确实是因为企业根本没有接班计划，或是想到这一点时为时已晚。[2]

我已经强调过，如果家族能够尽早地开始接班计划，并且养成一起讨论各自的以及共同的梦想的习惯，代际传承成功的概率将大大提高。在很大程度上，是否成功取决于家族、股东和高层管理者得到多少指导，作了多好的准备去面对接班计划带来的挑战，取决于企业是否有适当的治理结构以确保重要的利益相关者互相沟通并且高效地解决问题，取决于依照计划的时间表来实施接班计划的执行力。最重要的是，必须用心、彻底地完成接班过程的每一步。

然而，即使作了最充分的计划和准备，也并不意味着一定能成功。纵观世界上所有的接班计划，成功的公司有时也会因为致命的错误和经济环境的剧烈变化而很快走下坡路。就像我在本书一开始所提到的，我父亲在委内瑞拉建立的保险经纪人公司的失败就曾让我亲历这一痛苦的教训。

逆境是一位伟大的老师，并且这么多家族企业的衰亡教会我在实施接班的过程中应该做什么和不应该做什么。一个最大的教训是，接班计划必须处于持久的监控之下，以保证出现失败的迹象时能够采取正确的措施对其进行及时的纠正。可能出现令人意想不到并且左右为难的困境，企业的领导者必须时刻保持警惕并随时作好准备根据环境变化而改变行动路线。

一些接班失败的原因是，在没有充分的证据表明接班人的能力时，家族就任命他为领导者。其他家族企业的失败则是因为他们只顾按计划进行，哪怕已有充足而确凿的证据表明接班人与企业需要相去甚远。如我们在第十章提到的那样，建立家族王朝的梦想使得最开明的家族对接班候选人与设想不符的信息也会视而不见。在接班计划的推进过程中，如果发现已选定的接班人的领导能力有问题，那么整个企业以及家族的财富都将是危险的。家族要想成功地传承，就必须在证据确凿的基础上作出无畏的选择。

在家族企业延续性问题上，考虑到如此残酷的统计数据，我怎样才能证明本书中对于接班计划的乐观态度是有道理的？我又如何解释我对家族能够做得更好并提高成功延续的概率的信心？

不可否认，对许多家族来说，企业的代际传承就像是不可能完成的任务。如果我们把所有仍然希望保持家族控制的公司看作一条钟形分布曲线的话，大概有四分之一的家族企业总会因为这样或那样的原因，将出现在没有能力完成过渡的那一端。也许老少两代对企业的愿望无法调和；也许企业的资源不足以同时支持老一代的退休和新一代的接班；也许有变卖股票以保持现金流动性需求的股东数量的增加给新的领导者带来难以忍受的压力。无论何种原因，这些家族所能采取的最明智的办法就是承认无法维持企业。这时他们的任务就是在最合适的条件下把企业卖掉，把家族内部的冲突减到最小。本书中的思想也许可以促使那四分之一的家族企业意识到，他们最好的办法也许是摆脱他们作为企业家族的负担和责任。探索替代方案的话，可能会出现另一种解决方案，比如，一些股东全部买下其他股东的股票或把公司拆分成两个或更多的小公司。

我估计在我们所假设的曲线的另一端那四分之一的企业有足够的能力和技术完成领导权的过渡。对于这些企业，本书对他们凭直觉领悟到的方法提供了有益的支持材料。

位于钟形分布曲线中间的大量企业——另 50% 的家

族——将最大地得益于逐渐积累的有效的过渡计划所需要的经验和知识。这些企业可以在判断能否控制过渡以及如何提高成功的概率方面,从专业人员那里得到最大的帮助。

我并不指望本书中的思想和观点可以轻松地应用于任何一个特定的家族企业的复杂现实中。不过,我已经论述了多种简单有效的方法。在我看来,大多数成功的家族企业特别注意从外界搜寻好的意见。让我们来总结十个关键的经验,希望读者能够从中受益。

**经验一:对所有可能的选择、潜在的后果作积极深入的研究,这是接班计划成功的基本要素。**

许多家族草率地对未来的发展方向作出根本性的定位。本书所要传达的重要信息之一就是,避免作出使家族企业可能最终陷入麻烦的选择。之所以说直面抉择是重要的,不仅是因为它使家族明确接班计划,而且因为它能加强那些将要负责维持企业的人对企业的忠诚。没有选择就没有真正的忠诚。如果家族成员认为延续家族事业的使命是强加在他们身上的,而非他们自愿的选择,那么家族与企业的联系就会像包办婚姻那样脆弱甚至难以为继。

如果在某个特定的关头,所有可能的前景都不明朗,或者几乎没有可靠的信息来衡量系统面临的各种操作方案的利弊,那么就应该避免选择。不幸的是,企业所有者常常不清楚他们自己、家庭和企业需要的究竟是什么。即使他们清楚自己的梦想,也对实现梦想所必须采取的步骤缺乏详细的了解。

我们也看到，这种重大的抉择如果掺杂了复杂的家族争斗，其结果将是被延迟。如果家族感情不和，那么企业的领导者往往会忽略计划中的长期问题，他们转而把自己埋葬在他们感到可以控制的日常决策中。事情在紧要关头就这样被拖延，也许是被无限期地拖延。

第一项也是最根本的一项选择就是是否把企业继续传承下去。许多家族都从未意识到他们还存在着这样的选择。家族企业就是他们身份完整不可分割的一部分，对其质疑似乎是不合适的，甚至是异端邪说。但是无论企业有多久的历史，如果它的成员没有决意这样做并为之全身心投入，那么企业就不应该继续传承下去。

代际传承也使家族内的不同成员在是否保留管理权和所有权这个根本问题上发生矛盾。在这里又出现了那个经常出现的问题，即家族成员是否愿意担任管理者或所有者。许多人进入企业是因为他们不知道做什么更好，并且对在其他领域可能遭受的失败存有顾虑。不久，他们就会感觉被这个并非出于自己的真心选择的角色套住，无法挣脱。为数不少的公司中，家族成员都是通过继承获得股份或像接受礼物那样接受股份。这些礼物来自热心而慷慨的亲戚，随之而来的却没有关于所有者应担负的责任的教育。

显然，接班和延续计划并不是选择领导结构和甄选新的领导者那么简单的事。作出选择后，艰苦的思考和执行工作也随之开始。这一过程要求家族成员密切关注这样一些问题：该何时作出关键的决定？为了顺利地贯彻决定，该做些什么？计划将涉及哪些人？变化过程如何监控？谁负责监督全过程？

**经验二：为家族成员讨论梦想和共同的未来制造轻松的气氛。**

我之前提到过，家族成员的期望以及如何将这些期望组建成家族未来的愿景，接班计划的传统方法并没有给予充分的重视。诚然，梦想是难以捉摸的，甚至有时是混乱的；对很多实际经营企业的人来说，这个概念听起来像新世纪的幻想。但是梦想是一个不能被忽略的真实的存在。一些专家把接班和延续计划当作一种纯感知的活动，这有双重的危险：第一，他们致力于推进精心制定的计划，但在系统中并没有顾及个人的情感需要和发展需要，因而这样的计划无法实现；第二，他们没能利用共同梦想以使其产生巨大的激励能量。

共同梦想是一个情绪的蓄水库，家族从中聚集能量，去成就伟业。梦想带来灵感、更高的目标以及应对逆境时所必需的方向感。总之，它帮助家族企业回答这个问题："为什么我们正在做的事是值得的？"

家族可以以多种方式推动共同梦想的发展。第一，他们可以创造互相尊重互相支持的氛围，使成员把他们的渴望明确地表达出来——在这种环境中，孩子们从幼年就可以有培养自己"想象的可能性"。家族成员互相帮助去实现梦想的时候，就是家族处于其最佳状态的时候。年长者给孩子们讲述工作中那些激动人心的故事使他们认识到，在家族企业中的事业是大有可为的。

理想的状态是，明确共同梦想的工作应在企业延续计划的正式步骤（如战略规划和接班计划）开始之前。然而，对一些家族来说，陷入对梦想的争论是很危险的。对这些家族来说，较为明智的做法是，计划应始于正式确定实际的战略和接班计划，希望这样的交流可以帮助他们解决日后与共同梦想相联系的情感问题。我们看到，如果没有家族成员对梦想的共识，所谓计划也许会变成无用的练习。

同时，梦想也激励家族度过接班过程中的阴霾和失落。毕竟，这项工作中有很多容易出错的地方需要给予密切的注意，以便制定适当的预防性措施。因此，也容易错过家族企业成长和发展的真正机会。对梦想的关注，使家族怀抱实现梦想的期望，积极去应对各种问题。

**经验三：不断对共同梦想的可行性进行再评估。**

一个企业和一个家族好比赫拉克立特的“河流论”：一个人不能两次踏入同一条河流。当环境发生变化，新的信息被整理和吸收，人们的梦想也发生变化。共同梦想也应随之修正。如果在企业中合作的兄弟姐妹之间发生严重的冲突，最好把他们彻底地分开，并设计出新的梦想。一个有很多分支的家族，也许忠于家族合作制，但是如果企业还没有大到能留住一个大的股东团队，他们也许不得不调整他们的预期。有时，一个企业不再产生利润的情况是最初勾勒共同梦想时就已经预料到的。一个在某一领域经营了几代的家族，如果企业明显不再有竞争力，注定被更强大的竞争对手或技术进步所淘汰时，也同样不得不调整其梦想。在这种情况下，家族就该考虑将企业卖掉，转而投资其他领域，以实现其梦想。

同样，家族也经常面对新的机遇，在构建共同梦想时也应将这些机遇考虑进去。家族企业有其固有的特征，例如传统、标志物和对故土的热爱等等，他们或许应该考虑延伸经营范围，开发临近市场潜在的利润。

如果不考虑这些机会和约束条件，就如同建筑房屋时不考察根基和土壤。这种对家族梦想和经营状况的探索必须是一个持续的过程，这是因为，机遇和限制因素不可能在战略和计划刚刚开始时就全部显现出来。

关心企业的需要意味着必须逐渐培养家族成员对于成功运营企业所需的专业知识的理解和尊重，因为它能把企业带向成功。即使是大公司也可能受到市场的冲击，一些家族习惯于成功，进而自负，甚至认为在残酷的市场中可以刀枪不入，这是很危险的。当他们想到最基本的延续性计划时常常为时已晚。

**经验四：如果不考虑家族的需要，企业短期内最好的做法不一定对长期有利。**

看上去像个悖论，解释起来也许很简单：那些声称家族必须不惜一切代价以保证企业的成功的人，很可能发现家族的破裂、不和睦恰恰是企业持续发展的最大威胁。

为数不少的家族企业要求个人的梦想服从企业的需要。在这里有一个假设：如果企业一切运转正常，那么家族也会平安无事。然而实际情况却并非如此。家族企业必须被看作是家族和企业紧密联结在一起而组成的概念，家族和企业必须互相扶持，荣辱与共。

研究者和顾问经常把家族企业划分为企业优先和家族优先两种类型。在我看来，这种二分法是一种误导。接班计划必须努力兼顾家族和企业。

有人会说，站在企业的立场上，与团队领导相比，个人领导是更有效的领导结构。但是设想兄弟姐妹中存在单独的领导和严格的层级，那将无法合作，并可能带来家庭问题。从家族生活质量的角度考虑，怎么可能冒险尝试这样一个计划呢？如果一个解决方案对企业来说虽不是最好的，但已经足够了，而且可以保证 20 年的平静和家庭的和睦，这个方案值得采纳吗？

解决接班和延续问题最好的方案，是那些把家族的需要和企业的需要联结在一起的方案。勾勒出这样一个领域正是所有志在帮助家族企业的专家的职责。任何没有覆盖整个领域的方案——根据我们的定义——都不是一个解决方案。

**经验五：企业的延续发展和接班计划要求发展有效的治理结构和程序。**

企业家犯了一系列错误，他们把企业转向更为复杂的方向，但并没有随环境的变化而对组织结构和政策作必要的调整。企业发展的每一个阶段都会出现特殊的问题和困境，需要灵活处理。我所描述过的治理结构——家族理事会、董事会、股东大会——会对系统进行监控，以确保能够对与管理权和所有权变更相关的种种问题给予充分的关注。

治理结构使关键的利益相关者的社会契约制度化，确定他们之间的权力关系，并推动建立公平的程序和管理规则。各治理机构应对其成员就权利、义务和特权不断进行培训。他们需要讨论这些问题，例如谁对有关企业接班和持续发展问题的关键决策负责？谁来规定各个领导者的任务，以及如何选择最合适的人去担任？系统中的哪个部分关系到家族的根本利益？谁来监督系统以确保其决策符合家族的价值观？如果企业要进行代际传承的话，这些都是治理的基本问题。

**经验六：企业接班计划要求事先预见到未来的挑战和政策的变化。**

计划自然是针对家族和企业的未来并关注两者的长期需要的。然而一些家族对企业在战略和财务方面可能遇到的挑战思虑周全，却忽略了其成员的心理变化和接班计划预示着什么后果。成人发展理论——如我所说的那样——会成为有力的工具，帮助家族预见成员在人生的不同阶段可能出现的问题和关心的事物。把家族成员按年龄排列，并逐年向前作系统的规划（如 15 年），通过这种简单的方法，家族会对未来要走的路有不少的了解。

他们也可以通过访问刚刚成功完成代际传承的企业获得这方面的经验。跨家族的学习变得日益普遍，这种方式对两方的家族都有好处。当然，在进行这种学习之前，两个家族必须互相认识并取得对方的信任，以保证交流是坦诚的，并且互相尊重机密和隐私。采用了这种方法后，访问的一方通常会发现这种对照检查是最好的方法之一，他们会了解到接班的过程是什么样子，会遭遇哪些障碍，以及可以用什么方法渡过难关。

**经验七：企业接班和延续计划的执行要求领导风格是顾问型的。**

那些有魄力进行变革的领导者必须具有强硬的领导风格，但这种强硬的领导风格并不适用于接班计划。对代际传承的有效管理要求强有力的顾问型领导者。他们是那种愿意为作出更英明、更能为人们所接受的决策而广泛征求他人意见的领导者；是那种懂得什么是必需的，愿意投入必要的时间来培养家族的下一代，乐于帮助下一代建立忠诚一致的氛围的领导者；是那种能够关注年青一代的业绩历史，并且必要时毫不畏惧采取矫正措施把计划拉回正轨的领导者。简而言之，这一过程需要一种公仆型领导者[3]，为了最大程度地提高企业过渡的成功概率，他们可以把个人的需要和自尊心放到次要位置。

与此同时，接班人不但要表现出卓越的领导能力，还必须忠诚于家族的长期利益。接班人还必须兼具果断和富有同情心的品质。他们必须是敏感的倾听者，愿意参与家族成员的对话，并对他们的需求和关心的问题作出回应。为了建立权威，他们必须发掘和培养最有才能的家族成员去承担管理责任。他们必须有能力处罚那些绩效水平低或举止不当的家族雇员，但应谨慎、得体地去做这种事。

弱势的领导者不敢任用那些可能对他的决定和政策提出质疑的董事会成员，因此身边大多是一些马屁精。强势的继任者才是系统能力的保护者。事实上，判断一个新上任的领导者是否可靠的最好的标准之一，就是看他敢不敢任用那些能力和经验胜过自己的人。

**经验八：在接班计划的执行过程中，好的领导是建立在可靠的追随者之上的。**

领导者在执行接班计划的过程中离不开对计划的成败有影响的人的合作和支持。有这种力量的人包括：家族里不在企业工作的股东，在企业中没有正式角色、却可能对家族产生相当影响的家族成员的配偶，少数家族之外的股东。接班计划的成功与否，取决于在这些人之中有多少是可靠的追随者。

可靠的追随者懂得有必要授权领导者充当变革进程的先锋；他们参与到过程中，尽其所能支持两代人，促进领导权的过渡。例如，他们投入必要的时间去理解复杂的问题和过渡引起的困境。他们也在治理机构中工作，在理事会中献计献策，并在雇员和外人中寻求支持。

代际传承中，人们总是对过程评头论足，却很少为解决问题贡献力量。他们就像民主政治中的群众，不停地抱怨领导者，却不在选举中投票。在任何治理体系中，领导者及其追随者都必须有责任心。家族企业中的好公民必须勇于承担责任并持续地参与到这一过程中。如果利益相关者对接班过程漠不关心，那么代际传承的牺牲将是巨大的。肯尼迪总统的那句忠告在这里也许可以这样套用："不要问你的家族能为你做些什么，而要问你能为你的家族做些什么。"

**经验九：家族企业的延续要求发扬探索精神，并投入到终身的学习和拓展中。**

在我的经验中，大多数成功的企业家懂得，他们所知有限，并总是在寻求新的信息。像隆巴尔迪这样的公司总是不断鼓励其成员去寻求最好的教育和培训，他们投入必要的时间和资源使家族发展成一个问题解决系统。[4] 这些家族信奉探索精神，不断地反思他们做事的方式，以及是否应该采用更新的方法去做。他们为家族成员和高层管理者安排定期的教育计划。他们如饥似渴地阅读有关家族企业经营的书籍和文章，并频繁加入一些支持他们和其他企业家联系的网络。

大约 42％的家族企业打算在五年内把企业转手。[5] 我们不断积累的关于成功过渡所需要的经验和知识给了我们乐观的理由。现在的企业家有更多的机会使自己学会如何去面对问题，也更坦率地与家族和其他商业家族讨论这些问题。例如，美国现在有超过 150 个基于大学的家族企业论坛给他们提供了这样的机会。他们所获得的建议和支持的质量也在提高，这是因为来自各个领域——法学、心理学、会计学、家庭治疗、银行与保险等——的专业人员走到了一起，共同为找到这个领域中最佳的实践方案而努力。的确，最近的一项调查显示，越来越多的家族企业所有者正忙于接班计划。[6]

**经验十：整个计划的成败取决于家族建立信任和合作的能力。**

本书的一个中心主题就是，沉默和不沟通是企业接班和延续计划的大敌。只有通过开放的交流和辩论，不可避免的敏感问题才能被提出并解决。几乎每个问题的解决都要求家族有能力跨越辈分界线一起讨论问题和合作——在更复杂的系统中还要跨越家族分支。

合作依赖于维持并加强家族信任的纽带。信任是一个复杂的现象，包含五个主要的成分——我称之为“五个 C”。第一，信任的产生需要家族成员对彼此的能力（Competence）有信心，也就是说，在完成分配到的任务时，每个人都可以依靠他人的经验、技巧和可靠性。第二，当一个家族成员的言行一致（Congruent）时，换言之，当别人可以相信他能够做到言必信，行必果时，信任感会增强。[7]信任感还依赖于稳定（Consistent）的行为，即行为是可预测的而非反复无常的。在家族企业中，最值得信赖的是始终把整个家族的利益放在个人的利益之上的人。信任水平的提升不是说出来的。信任的提升要求有值得信任的行为。同样地，这需要家族在情况不明朗时不作出对犯错成员不利的判断，以此表现出不断的信任，直到一个不被看好的行为证明是正确的。

第四个 C 是同情心（Compassion）。当领导者必须作出有利于企业但使某些人失望或威胁到其财政状况的艰难决定时，他们必须向各方面的利益相关者说明，决定是在综合考虑了各方利益，设身处地地考虑了各方所受影响的情况下公正地作出的。

第五个C——交流（Communication）——是建立信任的基础。忠于企业延续的家族，懂得其中的关键是其成员学习如何清晰、融洽和及时地交流感受和思想。他们特别重视开发更有利于互相倾听和诉说的途径，并不断地实践和推崇这种习得的技巧。

通常，家族并不把自己看作一个需要经常维护的系统。我曾指出，一个成功的家族企业为了在成员中促进协作，保持协调，需要投入相当多的时间和努力。每一个成员都有强烈的责任感把自己分内的事做得符合标准，并保持团队的信任水平。

如果一本关于接班和延续计划的书不提到经营一个家族企业和回顾企业在几代人间传承的历史所带来的满足感，那么它是不会结束的。虽然我强调过这个计划的风险和巨大的工作量，但是我仍希望有效地执行计划的人可以发现它将带来的巨大回报。掌管一个关系到很多雇员的生活的企业，没有什么比这更有挑战的经历了。当一个企业与能力、恩赐和仁慈联系到一起的时候，它的所有者会感受到巨大的精神上的回报——就像物质回报一样。家族企业的成员不断地斟酌人生的重大问题："我们代表着什么？""我们为这个世界做了什么有意义的事？""我们怎样才能被人们所铭记？"

对于孩子们来说，先辈们留下的遗产所带来的不只是负担，还有机会；不只是财富，还有归属感和自豪感。一个延续了几代的受到广泛赞誉的企业，推动着人们去超越他人，去学习与别人合作，超越狭隘的个人利益。总而言之，对于已经成功实现了这一过程的家族来说，家族企业提供了一条通往现代生活和家族团结的道路。这是非常值得花费心血走下去的旅程。

# 注　　释

## 引言

1. 迄今为止，已经有许多关于企业家失败的频率和原因的研究。在一个著名的研究中，Altman 发现，1970 年一年间便有 279 家资本超过百万美元的公司倒闭了。他指出，在破产的企业中，有 1/3 的企业寿命不足三年，53%的企业寿命不足五年，只有 23%的企业有超过十年的寿命。Altman et al.，1971. 也可参见 Kimberly (1980)。

2. 参见 Ward (1987)。

## 第一章　为接班之旅设计新的路线图

1. Christensen C. R. 1953.

2. Levinson 1971.

3. Becker and Tillman 1978，278.

4. Benson et al. 1990，169.

5. 同上，36 页。

6. 同上，228 页。

7. Danco 1992.

8. Danco 1975.

9. 有趣的是，42.3%的被调查者说，联合 CEO 中的一个应该是个女性。这似乎暗示着在未来几年内混合性别的领导团队会被广为采用。这项调查也强化了一种观念，即许多企业正严肃地考虑采用领导团队，即使长子继承权是一种很难被改变的选择标准。

10. Selz 1994.

11. Forbes (Oct. 16, 1995),56-64.

12. Spector and McCarthy 1995.

13. Hollander 1990.

14. Toffler 1990,180-182,187-189.

15. Simon 1996.

16. Vancil 1987. 如需了解更详细的关于行为动力学在非家族企业中的"高层管理人员团队工作"的资料，参见 Nadler, Gerstein, and Shaw 1992,209-232;Katzenbach 1998;Hambrick 1995 and 1997。

### 第二章 接班的类型

1. Berle and Means 1932;Galbraith 1967; Mason 1958,1.

2. Zeitlin 1976.

3. Ward 1991. 也可参见 Herschon 1975。在中国也有类似的对家族企业的分类，参见 Wong 1993。

4. Colby 1984.

5. Muson 1993.

6. Danco 1975,37.

7. Schein 1985,209-222.

8. Gersick 等人于 1997 年提出了另一种兄弟合作形式。他们把这种形式的兄弟合作制称为"半父母制"。在这种合作关系中，有一个人对其他兄弟姐妹有着强大的影响力，以至于这个人能够使用一种父母对待子女的方式对待其他的兄弟姐妹。一般情况下，在半父母制形式中，那个处于领导地位的兄弟与父母的关系非常亲近而且持久。有的时候，处于领导地位的兄弟会采用一些象征父母角色的行动，例如住在父母的家中、负责家族所有的典礼。半父母制中处于领导地位的兄弟往往非常独裁，且以被其他兄弟姐妹所依靠为荣。Sam Steinberg，第二代家族成员中的领导者，也是加拿大超市业巨擘斯坦伯格有限公司的创建者，是一个非常典型的半父母型领导者。合作关系在

Sam 死后一落千丈,因为 Sam 强大的影响力遮盖了兄弟之间数年以来的怨恨。

9. Marcs 1991.

10. Johnson 1988. 最近几年中,三位广受爱戴的接班人继承了庄臣公司的高层管理职位,这意味着庄臣公司在历史上第一次采用了兄弟合作制。

11. 一个企业主离婚后再婚,在其晚年的时候又拥有了一个家庭和年轻的孩子,会导致混合家庭的产生。这种混合家庭的逐渐增多,使得兄弟合作制的循环,即从年长的兄弟到年幼的兄弟的循环,在未来的几年内会变得日益普遍。

12. 当兄弟合作体系中有一个兄弟姐妹活跃于企业的管理中,那么基本的规则就比较容易去制定。但是即使在这种相对罕见的情况中,处于管理者地位的兄弟姐妹仍然要去考虑与其他兄弟姐妹的合作,以一个股东的身份与其他兄弟姐妹协商一些企业治理的事宜,例如接班人和企业的延续。

13. Friedman 1964.

14. 我研究的诸多案例清晰地表明,这种类型的接班中,额外资本的注入大多有以下几个来源:一个家族成员所拥有的成功的投资、配偶突然继承到的遗产,以及因为婚姻而得到的允许个人购买股票的财产。

15. 我非常感激 John Ward 的建议,即把一个家族合作制企业比作一支足球队。

16. 我使用"结构冲突"这个词来说明冲突是由人们所处的环境引起的。尽管这种冲突往往看起来是由个性或者管理风格的碰撞所引发的,但是事实上,它们是体系中深层结构发生改变的副产品。

## 第三章 隆巴尔迪家族

1. 因为这个案例是现实存在的,应这个家族的要求,人名和地名都是虚构的。

## 注释

### 第四章　家族梦想:接班的起源

1．如需更详细的资料,请参见 Nanus 1992。

2．我把梦想这个词的首字母大写是为了强调这个词在本书中的特定含义。

3．Levinson 1978,91.

4．参见 Winnicott 1971。

5．Schein 1985.一个领导者个人的梦想融入家族企业文化的精确的过程类似于沙因的描述。组织文化由以下五点决定:(1) 领导人关注的焦点;(2) 领导人对关键事件和组织危机的反应;(3) 领导人所提供的有意的角色塑造、教导和训练;(4) 领导人采用的分配奖金和职位的标准;(5) 领导人采用的招募、甄选、提拔和辞退员工的标准。

6．Shapiro and Sokol 1982.

7．Reiss 1982.

8．在家族企业的文献中,只有 Ward 关注到了商业家族是如何培育对于未来的愿景的。他对于家族所能够培育的不同的愿景的分类基于政治学的构架。因此,他根据政治学中的意识形态的不同来区分家族的愿景。这些意识形态包括:放任主义、王权主义、社会主义、社会民主主义、民主资本主义、议会民主主义、纯资本主义和乌托邦主义。我和 Ward 存在两点本质上的差异:第一,我对于愿景的区分基于心理学而非政治学的构架。我感兴趣的是,基本的延续的选择是如何而来的,以及这种选择是如何去决定家族成员的个人经历的。第二,我认为,如果想要通过共同梦想去控制执行任务所必需的激励因素,那么共同梦想必须从每个个体的个人梦想发展而来。尽管我相信家族企业中会重复发展出一些原型的愿景,但是个人梦想为共同梦想的构建提供了原材料,从这个意义上而言,家族并不能自由地在任意时间点选择自己想要的愿景。Ward 承认,愿景、价值观和家族特有的意识形态三者之间需要找到一个平衡点,因此,他根本的假设是:在任意一个既定时点，一个家族都能够从一堆家族能够采用的愿景中挑选一个。

9. Lansberg 1992. 这给我们提出了一些有趣的问题：发展旅途中的一些重要的里程碑是否会影响家族企业的参与者？例如，这些人会不会比普通人更晚地面对他们中年生活的巨变？与 Minuchin 相反，Levinson 的成年人发展理论认为，转变点并不是特定背景的结果，而是相对固定而且短暂的某个点。因此，大多数的中年生活的变迁大多发生在五十多岁的早期这个事实并不是偶然的，之所以会这样是因为那个年纪是我们生命历程的一半。在这个阶段，根本性的重新评估是关键性的。参见 Gersick 于 1988 年撰写的关于时间对于人类行为的影响的理论研讨。

10. 参见 Correll 于 1989 年对于当接班人的梦想屈从于家族企业的利益时接班人个人的心理变迁的描述。

11. Gilligan 1982. 也可参见 Brown and Gilligan 1992。

12. 如需更详细(同时也会令人更沮丧)的关于这方面的讨论，参见 Levinson 1996。

13. 参见 Matthew Arnold 的"Dover Beach"一文。

14. 梦想形成于成年的早期，因此也被融入了这个期间所具有的兴奋和活力。梦想的激励因素很可能是因为与这个事实的内在关联。我们可以假想，如果一个年轻人的生活环境使其无法在这个阶段发展出自己的梦想，那么在其生命的晚些时候再创造出一个充满激情的梦想可能会非常困难。

15. Selz 1994.

16. Watson and Petre 1990.

17. 如需更详细的关于兄弟合作制和法国大革命之间潜在联系的分析，参见 Hunt。

18. Marcus 1991. 另见 Marcus and Hall 1992。

19. 这个实例基于我和 Greta 的面谈，并且于 1988 年被哈佛商学院发表。精密工具企业的案例讲述的是一家二战后由 Huebel 家族

(名称虚构)建立的瑞士企业。这个案例的作者是 Louis B. Barnes 教授和一位哈佛商学院所有者总裁管理项目的教师。

## 第五章　与梦想同行

1. Beckhard 1977,25. 这个想法最先由 David Gleicher 在他的公式 C=(ABD)>X 中提出,其中,C=变化,A=对于现状的不满水平,B=明确想得到的东西,D=对于想得到的东西所采取的第一步行动,X=变化的代价。

## 第六章　梦想的可行性评估

1. "牵绊(enmeshed)"这个术语来自于家族体系理论。牵绊型家族的成员们心理上紧紧相连。在这种家族中,成员之间的相互关联是如此紧密,以致一个成员想去变革的企图会招致其他人迅速的反对。相反地,松散型(disengaged)的家族内几乎没有相互联系。在牵绊型的家族中,相互关系的强度相当高,一个成员面对的相对微小的问题都可能会迅速地上升为整个家族的头等大事。在松散型的家族中,即使一个成员面临着非常困难的问题也不会引起其他成员的注意。牵绊型和松散型这两种极端的形式通常是由于严重的家族紊乱所导致的。如需这方面更详细的资料,请参见 Hoffman 1981; Minuchin 1974。

2. Lansberg 1985. 也可参见 Lansberg and Astrachan 1994。

3. 如需参考一个有趣的关于父子工作团队在工作之外来通过网球比赛来巩固他们关系的案例,请参见 Drozdow 1989。

4. Selz 1994.

5. Murdock and Murdock 1991.

6. 如需更详细的关于财政架构被贯彻的方式,请参见 de Visscher 1995。

7. Bowen 1978.

8. Bank and Kahn 1982,197.

9. Deutsch 1975.

10. 如需更详细的关于群体构成和绩效的研究评论，请参见 Jackson，1992。群体间个体的异质性达到何种程度最有助于高绩效，这个问题仍然存在争议。Hackman 和 Oldham 反对在工作群体中存在太多的异质性。他们认为："成员中基本共同点的不足会导致交流的困难，并且会使得成员之间可交换性低于必需的水平。"他们的研究表明，在同质性和异质性之间保持适度的平衡才最有助于团队绩效。

11. Sherman 兄弟——诸多迪士尼电影中最受人喜爱的歌曲的创作者——给我们提供了一个兄弟协作的有趣的案例。在一次电台采访中，Sherman 兄弟中的一个描绘了两个人共同度过的一生是如何给他们的创作提供了丰富的素材的。幼年时随他们的父亲去公园的旅行、他们成年后的争斗、他们在音乐界所创立的事业——所有的一切都有助于 Sherman 兄弟之间的成功协作。

12. Sulloway 在 1997 年认为，出生的顺序会导致在兄弟之间产生这种效果。每个孩子都会发展自己的技能和个性，从而能够在家族中拥有自己特有的身份和发言权。例如，第一个出生的孩子可能非常友善而且喜爱社交，第二个出生的孩子则可能沉默寡言而且内向。相同的压力可能会产生互补的技能：喜爱社交的男孩可能会有销售方面的天赋，精于数字的女孩可能会成为一个强有力的 CFO。Sulloway 的理论也为正处于某个特定阶段的企业去选择一个适合其战略需求的领导者提供了一些暗示。在他看来，年龄大一些的孩子倾向于更具责任感且更保守，对于那些试图努力保住现有地位的企业而言，这是一个不错的选择；而年龄小一些的孩子倾向于更创新且更富有侵略性，对于那些正处于艰难变革期的企业而言，这个选择显然更好。

13. 三角管理的概念来源于家族体系理论。三角管理暗示，一个两人的情感系统处于紧张时期时会倾向于变成一个三人体系。例如，如果两人之间的紧张状态开始升级，那么其中那个感觉更不舒服的一方会通过引入第三者的方式来缓解压力，这种引入可能仅仅是对那个第三者倾述一些事情。然后，紧张关系会转移到原先的另一方和第三者之间，使得原先的两个人之间的紧张状态得到缓解。但是这个局外人一旦加入其中之后，可能会通过与其中一个人结成联盟的方式来应对这种紧张状态，因此这个局外人很快就成为了圈内人。如需更详细的关于三角管理的资料，请参见 Hoffman 1981；也可参见 Bowen 1978。如需社会心理学方面相似的论著，请参见 Cartwright and Harary 1956。

14. Friedman 1991.

15. Gibbon and Hadekel 1990.

16. 这个话题出现在一则关于攻占奥林匹斯山的希腊神话中。在故事中，宙斯率领着他的一群兄弟姐妹推翻了他们的父亲、众神之神——克洛诺斯的统治。作为这次反抗的结果，宙斯成为了诸神的主宰。但是，宙斯是一个十足的魁首。当他开始统治他的兄弟姐妹的时候，他要求他们尊称他为“上帝宙斯”，以致他的兄弟姐妹们把他绑起来并打了一百个结，以期教会他谦虚。宙斯并不是他那一辈中最年长的(最年长的是波塞冬)，而这也使他的兄弟姐妹们对他的飞扬跋扈更加不满。如需这个神话的详细情节，请参见 Graves 1955，53-55。

17. Marcus 1991.

## 第七章　接班人的成长

1. 这些挑战和问题的详细描述请参见 Gersick et al. 1997。

2. Erik H. Erikson 的发展阶段理论的观点出现于他的多本书籍中。其中最详细的描述请参见 Erikson 1963。

3. 如需 Daniel J. Levinson 的成人发展模型的详细介绍，请参见 Levinson 1978；也可参见他逝世后出版的关于成年女性发展的专著，Levinson 1996。

4. Levinson 的观点和生物学上的“间歇性平衡”理论存在着诸多相似之处。在进化理论中，这种观点主张物种的发展并不是持续不断的而是跳跃性的。这种跳跃发展缘于环境的巨变或者一个新的更适应于现有环境的突变生命体的出现。如需更详细的关于间歇性平衡对成年人发展和群体行为的重要意义的描述,请参见 Gersick 1991。

5. Davis and Taguiri 1989.

6. Lansberg 1991.

7. Gilligan 1982.

8. Lansberg 1991.

9. Bettelheim 1988.

10. Bibb 1993.

11. 同上。

12. Bandura 1986.

13. Bateson 1972;Watzlawick,Jackson, and Beavin 1967.

14. Levinson 1978,255.

15. Rogal 1989.

16. 一些家族企业的所有者与其他一些处于同一行业的家族企业有着非正式的协议,即互相给对方的子女提供初级职位。当这些企业是竞争关系,尤其是当企业所处的行业中独有的信息会产生竞争优势的时候,这种交换很明显会带来风险。此外,许多企业可能并不愿意投入时间和资源去培养那些并不属于它们的年轻管理人员,并且这些年轻的管理人员最终也会加入他们自己的家族企业。

17. 虽然有关于家族企业薪酬实践的详细信息很难得到,但是 Coopers & Lybrand 的调查表明,尽管家族企业和非家族企业的高层管理人员的平均薪酬几乎相等,家族企业中层管理人员(第五个管理层级以下)的薪酬还是比非家族企业的中层管理人员低 17 个百分点,而一般认为,中层管理职位较多地是由年轻的家族成员和非家族雇员占据。Sincdelar 1994.

18. Kotter 1979.

19. Rogal 1989.

## 第八章 培养计划

1. Davis and Taiguri 1989.

2. 由富有经验的长辈对年轻一辈进行培养的传统深植于几乎每一种文化中。荷马的史诗《奥德赛》中，在 Odysseus 因十年的冒险旅途而远离家乡的这段日子，他选择了他的一位朋友作为他的儿子 Telemachus 的导师。那位导师与 Odysseus 没有血缘关系这一点对于家族企业中接班人的培养是一个尤为重要的借鉴。另外，这个故事还有很重要的一点就是，那个导师实际上是希腊女神雅典娜。这位女神装扮成各种样子从而掩饰了自己的身份，并最终把 Odysseus 培养成了一名英雄。这则神话给了我们一个启示：成功的培养需要男性和女性的共同参与，两者对于培养一名“英雄”而言都是非常重要的。

3. 如需关于中世纪行会体系更详细的介绍，请参见 Mitterauer and Sieder 1977；也可参见 Gies and Geis 1987。如需医学界的标准，请借鉴《医德操守准则：现有的观点及其评论》(Code of Medical: Current Opinions with Annotations)，美国医学协会(1994)，# 8. 19, p. 124。

4. Watson and Petre 1990.

5. Hackman and Oldham 1980.

6. Simurda 1995.

7. Hollander 1983.

8. Levinson 1978,253.

9. 同上，101 页。

10. Kramm 1988.

## 第九章　选择与接任

1. Kenney 1992.

2. Levinson 1978,144.

3. Machiavelli 1981.

4. 为了保护隐私，所有的人名都是化名。

5. J. W. Ward，个人交流。

6. Brown 1997.

7. Menninger 1995.

## 第十章　一个更系统化的甄选过程

1. Simon 1996. 相应地，上市公司中 CEO 的平均任期只有 4—5 年。经验研究表明，当上市公司或者运动队没有达到预期的目标，那么领导者或者教练的辞退被认为是首选的补救措施。在家族企业中，一个领导者的最终离职对于企业和家族而言都是非常艰难的。如需更详细的关于组织绩效和领导权交替的影响的讨论，请参见 Allen Panian and Lotz 1979；也可参见 Gamson and Scotch 1964；Gursky 1963；Gursky 1964；and Brown 1982。

2. Hall and Gilmore 1988.

3. 如需关于战略甄选的更全面的概念，请参见 Gerstein and Reisman 1983。

4. Rifkin and Harrar 1992，197.

5. 改编自 Gilmore 1988，134。

6. 如需关于家族企业"三环"模型的更详细的资料，请参见 Gersick et al.，1997。

7. J. W. Ward，个人交流，1997。

8. 参见 Vancil，1987。在 1996 年，科宁公司又向非家族领导迈进了一步。在 James Houghton 退休之后，Roger Ackerman 被任命为公司的首位非家族 CEO。Houghton 有一个儿子和一个侄子，他们都已经处于公司的较高职位了。但是，由于他们过于年轻，所以不能够被接纳进入最高管理团队。

9. Fombrum, Tichy, and Devanna 1984.

10. Mintzberg 1994.

11. Ward 1987，162.

12. Gilmore 1988.

## 第十一章　离任

1. Rosenblatt, de Mik, Anderson, and Johnson 1985.

2. 如需家族企业中多重压力对于接班计划阻碍的更全面的资料，请参见 Lansberg 1988。

3. Ward 1987，22-23. 这个问题非常普遍，以至于纽约州和伊利诺伊州这两个关注于家族企业倒闭所引发的失业问题的州，为此专门设立了一个机构，去协助那些没有家族接班人的年老的企业所有者来规划企业的传承延续。

4. 南加州大学安德拉斯老年医学研究中心的 Herbert de Vries 认为，一个接受合适的身体调理计划的 70 多岁的老年人能够增加 30%的工作能力。参见 Herbert de Vries 1986。

5. Merck Manual of Diagnosis and Therapy 1992，1542。

6. Seabrook 1995.

7. Erikson 1968，140.

8. Erikson 1963，268.

9. Erikson 1968，140.

10. Sonnenfeld 1988.

11. 自恋在精神病领域被定义为一种与众不同的人格紊乱。*Merck Manual*（16th Edition，p. 1546）是这样描绘这种症状的："自恋的人会自视甚高，并且会沉浸于巨大成功的幻想中。矛盾的是，这种人通常也会充满妒忌。他们到处招摇以寻求持续不断的关注。这种人也会表现出如下特征：炫耀显著的头衔、对自我的推销以及对失败和批评的过度敏感。"参见 Williams 1994，168-189。关于在商业组织中的这种人格类型的讨论，请参见 Kets de Vries 1984。

12. Sonnenfeld 1988.

13. 引自 Sonnenfeld 1988，199。

14. Sigelman and Shaffer 1995. 也可参见 Posner 1995。

15. Fry 1992；Seleen 1982.

16. Atchley 1976.

17. 同上。

## 第十二章　确保连续性的治理结构和过程

1. “董事会内部的信任”，1996 年。

2. 然而，如果把这种权力交给处于管理岗位的家族股东，则会造成利益的冲突。这种冲突会在治理决策中暴露无遗(例如有关红利和出售公司的决策)，在这种决策中，所有者的利益和管理者的利益存在冲突。

3. Ward 1991.

4. Schwartz and Barnes 1991.

5. Johnson 1988.

6. Hackman and Oldham 1980. 关于工作群体的最佳规模的观点大相径庭。在回顾了这个领域的诸多研究之后，Johnson 得出结论“群体规模的研究证据表明，考虑到群体的整体性，学习型群体的最佳规模应该是 4—6 人。这种群体规模对于差异性和资源的多样性而言足够大，同时这种群体规模又足够小，使得群体中每个成员的资源都能够被利用到，并且每个成员都能够从个人的贡献中获取回报。”Johnson 1997.

7. 拥有最优公司治理的公众公司越来越倾向于在公司董事会中安插更少的内部董事。最近，*Business Week* 的一份关于公司治理的调查证明，在董事会中有超过两个的内部董事(一般而言这两个人是董事长和 CEO)会危及董事会的独立判断。参见 *Business Week*，December 8，1997。

8. Arthur Andersen 1995 年对 3 800 个家族企业所作的一项调查表明，有接近三分之二(65.5%)的家族企业根本不给他们的董事支付报酬。接近 10%的家族企业给他们的董事每年支付 4 000 美金至 25 000美金的报酬，只有少于 5%的家族企业给他们的董事每年支付超过25 000美金的报酬。然而，Anderson 的调查只包括了一些规模中等的企业。这些被调查的企业的销售额的中位数是 950 万美元，它们的平均雇员人数是 50 人。

9. Ward 1991.

10. Arthur Andersen 的调查发现，在美国，53%的家族企业每年只召开一到两次董事会；而 17.3%的家族企业根本不召开董事会；18.1%的家族企业每年召开三到四次董事会；同时，只有 11.6%的家族企业每年召开五次或者五次以上的董事会。

11. 创建一个正式的组织来达成家族的目标，这个创意已经被不少前人提及过了。在法国大革命期间，组织起来的家族理事会为那些长期被统治性的家长权威剥夺了权利的家族成员而呐喊。参见 Hunt 1992。摩门教徒有一种家族频繁聚会的传统。这种摩门家族的晚宴起到了一种类似于家族理事会的功能，比如亨茨曼化学公司（Huntsman Chemical Co.）的亨茨曼家族（在第二章中提及过）。这种聚会促进了家族中的交流，维持了成员们严谨的习俗、相互关系，为年轻的家族成员提供道德引领，并且能够规划家族活动。

12. 心理学家们定义了两种广义的报酬类型：内在报酬和外在报酬。这两种报酬激励人们去做任何种类的工作。内在的激励是精神上的，比如因完成一个任务而从中得到的乐趣和纯粹的享受；再比如因为锻炼了能力和天赋以及因为看到了辛勤耕耘结出的果实而得到的深深的满足。相反，外在报酬来自于外部。我们得到的奖金、升职以及因为出色地完成一项工作而得到的公开的表扬，都是外在报酬。当在家族企业中创建治理结构的时候，预先弄清楚激励的问题相当关键。领导者必须找到两种激励类型的平衡点，去激励那些将为公司耗费大量时间的员工。如需关于内在报酬和外在报酬的更详细的分析，请参见 Deci 1975，也可参见 Staw 1976。

## 第十三章　行动中的治理

1. Mace 1986.
2. 同上，186 页。
3. 同上，65 页。
4. Berenbeim 1995，40.

5. Lansberg 1988.

6. 这个基础的想法最初由 Elliot Jaques 提出。Jaques 把这种现象称为“判断的时间周期”。

7. Johnson 1988.

## 第十四章　结论:提高成功的概率

1. 最著名的关于存活率的研究出自于芝加哥洛约拉大学的 John Ward。他研究了收录于 *Illinois Manufacturers Guide* 上的 200 家制造商。每年的名单上包含了企业创建的日期,以及高级职员和董事会成员的姓名,这可以可靠地确认企业是否为家族所拥有。通过对 60 年名单的研究,Ward 得出结论,少于三分之二的家族企业能够延续到第三代,而仅有 13%的家族企业能够延续到第四代。参见 Ward 1987,附录 G。

2. Arthur Andersen 和 MassMutual 的 1997 年家族企业调查对超过 3 000 家的企业进行了研究。调查表明,23%的年老一代持股者除了遗嘱之外没有制定任何的财产规划。只有 31%的年老一代持股者写下了战略规划。Arthur Andersen 在 1995 年对 4 000 个家族企业的调查表明,只有大约三分之一(32%)的家族企业召开家族会议。

3. 公仆领导者的概念来自于 Greenleaf 1983。

4. 如需关于终生学习和增强家族人力和智力资本的更具体资料,请参见 Hughes 1997。

5. Arthur Andersen and MassMutual Family Business Survey 1997.

6. 同上。

7. 在 Argyris 的理论中,这发生于使用中的理论与广受拥护的理论相一致的时候。Argyris 1966.

家
业

# 参 考 文 献

Allen, M., S. Panian, and R. Lotz 1979. Managerial succession and organizational performance: A recalcitrant problem revisited. *Administrative Science Quarterly* 24:167-180.

Altman, E. I., 1971. *Corporate bankruptcy in America*. Lexington, Mass.: Heath.

Argyris, C. 1966. Interpersonal barriers to decision making. *Harvard Business Review* (March-April).

Arnold, M. Dover beach. 1960. In *The pocket book of modern verse*, revised edition, edited by O. Williams. New York: Washington Square Press.

Arthur Andersen/MassMutual Family Business Survey 1997.

Atchley, R. C. 1976. *The sociology of retirement*. Cambridge, Mass.: Schenkman.

Bandura, A. 1986. *The social foundations of thought and action*. Englewood Cliffs, N. J.: Prentice Hall.

Bank, S. P., and M. D. Kahn. 1982. *The sibling bond*. New York: Basic Books.

Bateson, G. 1972. *Steps to an ecology of the mind*. New York: Ballantine Books.

Becker, B., and F. Tillman, 1978. *The family-owned business*. Chicago: Commerce Clearing House.

Beckhard, R. 1977. *Organizational transitions: Managing complex change*. Reading, Mass.: Addison-Wesley.

Benson, B., E. T. Crego, and R. H. Drucker. 1990. *Your family business: A success guide for growth and survival*. Homewood, Ill.: Dow Jones-Irwin.

Berenbeim, R. E. 1995. Corporate boards: CEO selection, evaluation and succession. Report #1103-95-RR. New York: The Conference Board.

Berle, A. A., and G. C. Means. 1932. *The modern corporation and private property*. New York: Macmillan.

Bettelheim, B. 1988. *The good enough parent*. New York: Vintage Books.

Bibb, P. 1993. *It ain't as easy as it looks*. New York: Crown Publishers.

Bowen, M. 1978. *Family therapy in clinical practice*. New York: Jason Aronson.

Brown, B. 1997. Arming your firm against crises. *Family Business* 8 (4): 34-42.

Brown, L. M., and C. Gilligan. 1992. *Meeting at the crossroads*. Cambridge: Harvard University Press.

Brown, M. 1982. Administrative succession and organizational performance: The succession effect. *Administrative Science Quarterly* 27: 1-16.

Cartwright, C., and F. Harary. 1956. Structural balance: A generalization of Heider's theory. *Psychological Review* 63: 277-293.

Christensen C. R. 1953. Management succession in small and growing enterprises. Boston: Graduate School of Business Administration, Harvard University.

Code of Medical Ethics: Current Opinions with Annotations. American Medical Association. 1994. #8.19.

Colby, G. 1984. *DuPont dynasty: Behind the nylon curtain*. Secaucus, N.J.: Lyle Stuart, Inc.

Corporate boards and corporate governance, Report # 1036. 1993. New York: The Conference Board.

Correll, R. W. 1989. Facing up to moving forward: A third generation successor's reflections. *Family Business Review* II (1): 17-30.

Danco. L. 1975. *Beyond survival: A business owner's guide for success*. Cleveland, Ohio: University Press.

——. 1992. Greed and animosity in the second generation. *Family Business* 3 (3): 11-12.

Davis, J. A. and R. Taiguri. 1989. The influence of life stage on father-son work relationships in family companies. *Family Business Review* II (1): 47-77.

de Visscher, F. 1995. Financing transitions: Managing capital and liquidity in the family business. *Family Business Leadership Series*. No 7.

de Vries, H. 1986. *Fitness after 50*. New York: Scribner's.

Deci, E. L. 1975. *Intrinsic motivation*. New York: Plenum Press.

Deutsch, M. 1975. *The resolution of conflict*. New Haven, Conn.: Yale University Press.

Drozdow, N. 1989. A conversation with Tory and Victor Kiam. *Family Business Review* II (5): 277-292.

Dyer, W. G. 1989. *Cultural change in family firms*. San Francisco: Jossey-Bass.

Erikson, E. 1963. *Childhood and society*. 2nd Edition. New York: W. W. Norton.

——. 1968. *Identity: Youth and Crisis*. New York: W. W. Norton.

Fombrum, C. J., N. M. Tichy, and M. A. Devanna. 1984. *Strategic human resource management*. New York: John Wiley & Sons.

Friedman, L. M. 1964. The dynastic trust. *Yale Law*

*Journal* 73：547-592.

Friedman，S. D. 1991. Sibling relationships and intergenerational succession in family firms. *Family Business Review* IV (3)：3-21.

Fry，P. S. 1992. Major social theories of aging and their implications for counseling concepts and practice：A critical review. *Counseling Psychologist* 20：246-329.

Galbraith，J. K. 1967. *The new industrial state*. Boston：Houghton Miffin.

Gamson，W.，and N Scotch. 1964. Scapegoating in baseball. *American Journal of Sociology* 70：69-72.

Gersick，C. 1988. Time and transition in work teams. *Academy of Management Journal* 31(1)：9-41.

——. 1991. Revolutionary change theories：A multilevel exploration of the punctuated equilibrium paradigm. *Academy of Management Review* 16：10-36.

Gersick，K. E.，J. A. Davis，M. M. Hampton，and I. Lansberg. 1997. *Generation to generation：Lift cycles of the family business*. Boston：Harvard Business School Press.

Gerstein，M. S.，and H. Reisman. 1983. Strategic selection：Matching executives to business conditions. *Sloan Management Review* (Winter)：33-49.

Gibbon，A.，and P. Hadekel. 1990. *Steinberg's：The*



永续

*breakup of a family empire*. Toronto: Macmillan of Canada.

Gies, F., and J. Geis. 1987. *Marriage and family in the middle ages*. New York: Harper & Row Publishers.

Gilligan, C. 1982. *In a different voice*. Cambridge, Mass.: Harvard University Press.

Gilmore, T. N. 1988. *Making a leadership change*. San Francisco: Jossey-Bass.

Graves, R. 1955. *The Greek myths*. London: Penguin Books.

Greenleaf, R. K. 1983. *Servant leadership: A journey into the nature of legitimate power and greatness*. New York: Paulist Press.

Gursky, O. 1963. Managerial succession and organizational effectiveness. *American Journal of Sociology* 69: 21-31.

——. 1964. Reply to scapegoating in baseball. *American Journal of Sociology* 70: 72-77.

Hackman, J. R., and G. R. Oldham. 1980. *Work redesign*. Reading, Mass: Addison-Wesley Publishing Co.

Hall, D. T. 1989. Dilemmas in linking succession planning to individual executive learning. *Human Resource Management* 25 (2): 235-265.

Hambrick, D. C. 1995. Fragmentation and other problems CEOs have with their top teams. *California Management Review* (Spring): 30-39.

——. 1997. Conflict and strategic choice: How top management teams disagree. *California Management Review* 39 (2): 43.

Herschon, S. A. 1975. The problem of management succession in family businesses. Unpublished doctoral dissertation. Graduate School of Business Administraton, Harvard University.

Hoffman, L. 1981. *Foundations of family therapy*. New York: Basic Books.

Hollander, B. 1983. Family owned businesses as a system: A case study of the interaction of family task and marketplace components. Ph. D. dissertation. University of Pittsburgh.

——. 1990. Hail to the chiefs. *Family Business* 1 (3): 40-43.

Hughes, J. F. 1997. *Family wealth: Keeping it in the family*. Princeton Junction, N. J.: NetWrx, Inc.

Hunt, L. 1992. *The family romance of the French Revolution*. Los Angeles: University of California Press.

"In Boards We Trust," quoted in *Across the Board*. 60-61. 1996. New York: The Conference Board.

Jackson, S. 1992. Team composition in organizational

settings: Issues in managing an increasingly diverse work force. In *Group process and productivity*, edited by S. Worchel, W. Wood, and J. Simpson. Newbury Park, Cal.: Sage.

Jaques, E. 1976. A *general theory of bureaucracy*. New York: Halsted Press.

Johnson, D. W., and F. P. Johnson. 1997. *Joining together: Group theory and group skills*. Needham Heights, Mass.: Allyn and Bacon Publishers.

Johnson, S. C. 1988. *The essence of a family enterprise*. New York: Curtiss Publishing Co.

Katzenbach, J. R. 1998. *Teams at the top*. Boston: Harvard Business School Press.

Kenney, C. C. 1992. *Riding the runaway horse: The rise and decline of Wang laboratories*. Boston: Little, Brown & Co.

Kets de Vries, M. 1984. Narcissism and leadership: An object relations perspective. *Human Relations* 38 (6): 583-601.

Kimberly, J. R. 1980. *The organizational life cycle*. San Francisco: Jossey-Bass.

Kotter, J. 1979. The psychological contract: Managing the joining-up process. In *Career management for the individual and the organization*, edited by M. Jelinek. Chicago: St. Clair Press.

Kramm, K. E. 1988. *Mentoring at work: Developmental relationships in organizational life*. Lanham Md.: University Press of America.

Lansberg, I. 1985. Family firms that survived their founders. Paper presented at the annual meeting of the Academy of Management, San Diego.

——. 1988. The succession conspiracy. *Family Business Review* I (2): 119-143.

——. 1991. On retirement: A conversation with Daniel Levinson. *Family Business Review*, IV (I): 59-73.

——. 1992. The family side of the family business: A conversation with Salvador Minuchin. *Family Business Review* V (3): 59-73.

Lansberg, I., and J. H. Astrachan. 1994. The influence of family relationships on succession planning and training: The importance of mediating factors. *Family Business Review* VII (1): 39-60.

Levinson, D. J. 1978. *Seasons of a man's life*. New York: Knopf.

——. 1996. *Seasons of a woman's life*. New York: Knopf.

Levinson, H. 1971. Conflicts that plague family businesses. *Harvard Business Review* (March-April): 134-135.

Mace, L, M. 1986. *Directors: Myth and reality*. Boston: Harvard Business School Press.

Machiavelli, N. 1981. *The prince*, translated by G. Bull. New York: Penguin Classics.

Marcus, G. E. 1991. Law and the development of dynastic families among American business elites: The domestication of capital and the capitalization of the family. *Family Business Review* IV (1): 75-113.

Marcus, G. E., and P. D. Hall. 1992. *Lives in trust*. Boulder Col: Westview Press.

Mason, E. S. 1958. The apologetics of managerialism. *Journal of Business* (January): 1.

Menninger, R. W. 1995. In the shadow of giants. *Family Business* 6 (1): 40-47.

*The Merck Manual of Diagnosis and Therapy*. 1992. 7th edition. Rahway, N.J.: Merck & Co.

Mintzberg, H. 1994. *The rise and fall of strategic planning*. New York: The Free Press.

Minuchin, S. 1974. *Families and family therapy*. Cambridge, Mass.: Harvard University Press.

Mitterauer, M., and R. Sieder. 1977. *The European family*. The University of Chicago Press.

Murdock, M., and C. W. Murdock. 1991. A legal perspective on shareholder relationships in family businesses: The scope of fiduciary duties. *Family Business Review* IV (3): 287-301.

Muson, H. 1993. How to build a dynasty. *Family Business* 4 (3): 25-30.

Nadler, A. D., M. S. Gerstein, and R. B. Shaw. 1992. *Organizational architecture*. San Francisco: Jossey-Bass.

Nanus, B. 1992. *Visionary leadership*. San Francisco: Jossey-Bass.

Posner, R. A. 1995. *Aging and old age*. The University of Chicago Press.

Poza, E. J. 1990. *Smart growth*. San Francisco: Jossey-Bass.

Reiss, D. 1981. *The family's construction of reality*. Cambridge, Mass.: Harvard University Press.

Rifkin, G., and G. Harrar. The ultimate entrepreneur. Quoted in Kenney, C. C. 1992. *Riding the runaway horse*, Boston: Little, Brown & Co. 197.

Rogal, K. H. 1989. Obligation or opportunity: How can could-be heirs assess their position? *Family Business Review* II (3): 237-256.

Rosenblatt, P. C., L. de Mik, R. M. Anderson, and P. A. Johnson. 1985. *The family in business*. San Francisco: Jossey-Bass.

Schein, E. H. 1985. *Organizational culture and leadership*. San Francisco: Jossey-Bass.

Schwartz, M., and L. Barnes. 1991. Outside boards and family businesses: Another look. *Family Business Review* IV (3): 269-286.

Seabrook, J. 1995. Spinach kings. *The New Yorker*, February 27.

Seleen, D. R. 1982. The convergence between actual and desired use of time by older adults: A predictor of life satisfaction. *Gerontologist* 22: 95-99.

Selz, M. 1994. Family portraits: Scions rue the sale of parents' firms. *Wall Street Journal*, March 24.

Shapero, A., and L. Sokol. 1982. The social dimensions of entrepreneurship. In *Encyclopedia of entrepreneurship*, edited by C. A. Kent, D. L. Sexton, and K. H. Vesper. Englewood Cliffs, N. J.: Prentice Hall.

Sigelman, C., and D. Shaffer. 1995. *Life-span human development*. 2nd edition. New York: Brooks/Cole.

Simon, H. 1996. *Hidden champions*. Boston: Harvard Business School Press.

Simurda, S. J. 1995. Eric Monsen's mentoring team. *Family Business* 6 (1): 24-30.

Sincdelar, K. 1994. Unequal pay at the top. *Family Business* 5 (1): 25-29.

Sonnenfeld, J. A. 1988. *The hero's farewell: What happens when CEO's retire*. New York: Oxford University Press.

Spector, R., and P. D. McCarthy. 1995. *The Nordstrom way*. New York: John Wiley & Sons.

Staw, B. M. 1976. *Intrinsic and extrinsic motivation*. Morristown, N.J.: General Learning Press.

Sulloway, F. 1997. *Born to rebel: Birth order, family dynamics and creative lives*. New York: Pantheon Books.

Toffler, A. 1990. *Power shift*. New York: Bantam Books.

Vancil, R. 1987. *Passing the baton: Managing the process of CEO succession*. Boston: Harvard Business School Press.

Ward, J. L. 1987. *Keeping the family business healthy*. San Francisco: Jossey-Bass.

——. 1991. *Creating effective boards for private enterprises: Meeting the challenges of continuity and competition*. San Francisco: Jossey-Bass.

Watson, T. J., Jr., and P. Petre. 1990. *Father, son & co.: My life at IBM and beyond*. New York: Bantam Books.

Watzlawick, P., D. Jackson, and J. Beavin. 1967. *Pragmatics of human communication*. New York: W. W.

Norton.

Williams, N. 1994. *Psychoanalysis diagnosis*. New York: Guilford Press.

Winnicott, D. W. 1971. *Playing and reality*. New York: Basic Books.

Wong, Siu-lun. 1993. The Chinese family firm: A model. *Family Business Review* IV (3): 327-340.

Zeitlin, M. 1976. Corporate ownership and control: The large corporation and the capitalist class. *American Journal of Sociology* 79 (5): 1073-1119.

# 作者介绍

伊万·兰兹伯格成长于一个商业世家，现在是康涅狄格州纽黑文市的组织心理学家。兰兹伯格博士有着丰富的经验，曾为美国、加拿大、欧洲和拉丁美洲的一些复杂的家族企业作过咨询。他同时也是兰兹伯格—戈希克公司的共同创始人和高级合伙人，这是一家从事家族企业和家族慈善机构咨询和研究的公司。兰兹伯格博士曾执教于哥伦比亚大学商学院，现任教于耶鲁商学院，并担任耶鲁大学社会和政策研究所的研究员。

兰兹伯格博士经常为大学和企业界提供讲座，并执教于世界各地重要的家族企业研究中心。他成功地帮助了许多学校创建家族企业的研究项目和经理人项目，也担任了不少家族企业的董事会董事。

他还是家族企业学会(Family Firm Institute)的创建者，同时也是《家族企业评论》的建刊编辑。他还担任《家族企业》杂志的专栏作者。他关于家族企业方面的作品还见诸于《财富》、《新闻周刊》、《纽约时报》和《华尔街周刊》等报纸杂志。他也参与了《代代传承：家族企业的生命周期》(*Genera-*

*tion to Generation*：*Life Cycles of the Family Business*）一书的写作，该书的作者还有凯林·E.戈希克、约翰·A.戴维斯（John A. Davis）和玛丽昂·麦科洛姆·汉普顿（Marion McCollom Hampton）。

兰兹伯格博士在哥伦比亚大学获得了学士、硕士和博士学位。他和他的妻子玛格丽塔以及他的两个儿子丹尼尔和西蒙现居住于康涅狄格州的吉尔福德。